Verbale Aggression im Beruf bewältigen

Hartmut Samtleben

Verbale Aggression im Beruf bewältigen

Hartmut Samtleben
Amsterdam, The Netherlands

ISBN 978-3-662-69303-2   ISBN 978-3-662-69304-9 (eBook)
https://doi.org/10.1007/978-3-662-69304-9

Die Deutsche Nationalbibliothek verzeichnet diese Publikation in der Deutschen Nationalbibliografie; detaillierte bibliografische Daten sind im Internet über https://portal.dnb.de abrufbar.

© Der/die Herausgeber bzw. der/die Autor(en), exklusiv lizenziert an Springer-Verlag GmbH, DE, ein Teil von Springer Nature 2025

Das Werk einschließlich aller seiner Teile ist urheberrechtlich geschützt. Jede Verwertung, die nicht ausdrücklich vom Urheberrechtsgesetz zugelassen ist, bedarf der vorherigen Zustimmung des Verlags. Das gilt insbesondere für Vervielfältigungen, Bearbeitungen, Mikroverfilmungen und die Einspeicherung und Verarbeitung in elektronischen Systemen.
Die Wiedergabe von allgemein beschreibenden Bezeichnungen, Marken, Unternehmensnamen etc. in diesem Werk bedeutet nicht, dass diese frei durch jede Person benutzt werden dürfen. Die Berechtigung zur Benutzung unterliegt, auch ohne gesonderten Hinweis hierzu, den Regeln des Markenrechts. Die Rechte des/der jeweiligen Zeicheninhaber*in sind zu beachten.
Der Verlag, die Autor*innen und die Herausgeber*innen gehen davon aus, dass die Angaben und Informationen in diesem Werk zum Zeitpunkt der Veröffentlichung vollständig und korrekt sind. Weder der Verlag noch die Autor*innen oder die Herausgeber*innen übernehmen, ausdrücklich oder implizit, Gewähr für den Inhalt des Werkes, etwaige Fehler oder Äußerungen. Der Verlag bleibt im Hinblick auf geografische Zuordnungen und Gebietsbezeichnungen in veröffentlichten Karten und Institutionsadressen neutral.

Planung/Lektorat: Marion Kraemer
Springer ist ein Imprint der eingetragenen Gesellschaft Springer-Verlag GmbH, DE und ist ein Teil von Springer Nature.
Die Anschrift der Gesellschaft ist: Heidelberger Platz 3, 14197 Berlin, Germany

Wenn Sie dieses Produkt entsorgen, geben Sie das Papier bitte zum Recycling.

Vorwort

Dieser Ratgeber soll Menschen ermutigen und befähigen, auf eine verbale Aggression souverän zu reagieren und mit einem strukturieren und pragmatischen Vorgehen eine Konfrontation in Kooperation zu verwandeln.

Zunehmend drängende Fragen
Wie bewältigt man verbale Aggression?
　Wie geht man mit einem Angriff in einem geschäftlichen Meeting und in anderen Situationen am Arbeitsplatz um? Wie kann man sich selbst behaupten und dabei die zwischenmenschliche Beziehung intakt lassen?

Mit diesen Fragen sah ich mich beim Coaching und Mentoring von Kollegen wiederholt konfrontiert. Ich musste feststellen, dass ich weder eine brauchbare Methode noch eine intuitive Herangehensweise hatte, um meinen Kollegen im Umgang mit diesen stressigen Situationen zu helfen.
　Von den jungen Führungskräften, die ich als Mentor betreute, hörte ich immer wieder Klagen wie „Ich war wie gelähmt", „Wäre ich doch schlagfertiger gewesen" oder „Hätte ich doch einfach souverän gekontert". Auch Zweifel wie „Ich weiß gar nicht, was in mich gefahren war" und „Ich verstehe nicht, wie ich nur so dumm sein konnte" wurden geäußert.
　Wiederholt wurden sie durch abwertende Äußerungen aus dem Gleichgewicht gebracht, mit welchen ihr Gegenüber ihr Ansehen schwächen oder selbst Überlegenheit erlangen wollte. Diese Angriffe riefen in ihnen Reaktionen hervor, die weder Selbstvertrauen ausströmten noch die Aggression effektiv unterbanden oder das Gespräch in eine konstruktive Richtung lenkten.

Meine Kollegen tendierten dazu, Methoden anzuwenden, welche sich in ihrer Vergangenheit bewährt hatten. Dabei versuchten sie in der Regel, sich zu rechtfertigen, den Fokus auf die Fakten zu lenken, sich beleidigt zurückzuziehen oder zu beschwichtigen. Sie mussten jedoch erkennen, dass dies in den meisten Fällen weder dazu beitrug, die Situation zu entschärfen, noch nach dem Austausch eine positive Beziehung sicherzustellen.

Mir selbst fehlten konkrete Vorschläge, die realistisch und wirkungsvoll gewesen wären und mit denen ich meinen Kollegen hätte helfen können. Und auch ich selbst erlebte verschiedene Situationen, in welchen ich mich angegriffen fühlte, vergeblich nach einer passenden Reaktion suchte und im Anschluss unzufrieden über mein eigenes Verhalten war.

Mit der Umstellung auf rein virtuelle Meetings während der Coronakrise nahm die Häufigkeit von Fällen verbaler Aggression zu, da zwischenmenschliche Bindungen mit der Zeit verloren gingen und die Hemmschwelle für Aggression in der virtuellen Umgebung sank. Dadurch wurde dieses Thema für die von mir betreuten Kollegen zunehmend belastend, und der Bedarf für einen realistischen Lösungsansatz nahm deutlich zu.

Das Problem als Chance für Wachstum

Dies brachte mich zu dem Entschluss, dieses Problem in eine Chance für persönliches Wachstum umzuwandeln, indem ich Ansätze für einen besseren Umgang mit verbaler Aggression im Beruf recherchierte, erlernte und trainierte.

Ich erinnerte mich daran, was die Leiterin der x+1Akademie®, Ulrike Kruse, in ihrer Coaching-Ausbildung wiederholt erläutert hatte: Gerade in den Bereichen, in denen wir uns anscheinend mehr abmühen als unsere Mitmenschen, besteht eine Chance, sich mit diesen besonderen Schwierigkeiten auseinanderzusetzen und neue Ansätze zu ihrer Bewältigung zu erlernen.

Und da ich noch meine Zertifizierung zum individualpsychologischen Coach bei der Akademie abschließen wollte, indem ich meine Abschlussarbeit schreibe, vereinbarten wir als Thema das Bewältigen von verbaler Aggression in geschäftlichen Meetings.

Der Mensch im Mittelpunkt

Während meiner Recherche war ich überrascht von dem Mangel an Literatur zum Thema verbaler Aggression unter psychologischen Gesichtspunkten.

Ein Großteil der Sachbücher, Artikel und Selbsthilfeliteratur, die ich las oder überflog, legte den Schwerpunkt auf Schlagfertigkeit und das

„Gewinnen" eines Streits. Sie erschienen mir weder konstruktiv noch sonderlich realistisch zu sein, sofern man nicht bereits darauf ausgerichtet und trainiert war, sich auf Konflikte einzulassen. Und beim Lesen etlicher Ratgeber dachte ich: „Wenn man das so machen würde, würde im Unternehmen ein Hauen und Stechen herrschen."

Ich fand durchaus eine Reihe aufschlussreicher Empfehlungen bezüglich verschiedener Aspekte verbaler Aggression. Hierzu gehörten die Differenzierung verschiedener Arten von Machtmanövern sowie die physiologische Reaktion auf einen wahrgenommenen Angriff, welche ich in meine Arbeit einfließen ließ. Ich fand jedoch keinen umfassenden und durchgängigen Ansatz, um verbale Aggression zunächst unter Kontrolle zu bekommen, zu bewältigen und dann zu einem konstruktiven Ergebnis zu lenken.

Gleichzeitig war ich beeindruckt von den detaillierten Erkenntnissen über das menschliche Verhalten und den zwischenmenschlichen Umgang in den Primärquellen zu der Individualpsychologie. Die in den Werken von Alfred Adler, Rudolf Dreikurs und anderen dargelegten Konzepte erschienen mir hochaktuell und erklärten viel über die tieferen, verdeckten Motivationen hinter verbaler Aggression, die darauffolgenden Reaktionen und ihre Konsequenzen.

Dadurch wurde mir deutlich, dass der Mensch mit seiner ihm ganz eigenen Wahrnehmung und seinen unbewussten Motivlagen in den Mittelpunkt gestellt werden muss, um ein realistisches und konstruktives Vorgehen zum Umgang mit verbaler Aggression zu finden.

So entstand ein strukturiertes und pragmatisches Vorgehen, um Konflikte zu befrieden, ein fruchtbares Miteinander zu bewahren und damit dauerhafte Zusammenarbeit zu ermöglichen.

Wie meine Abschlussarbeit zum Ratgeber wurde

Die Kombination all dessen, was ich an der x+1Akademie® und durch Lektüre der Primärquellen über Individualpsychologie gelernt hatte, ergab zusammen mit den Erkenntnissen aus der Literaturrecherche eine deutlich erweiterte Perspektive auf dieses Thema.

Diese konnte ich mit meinen eigenen über 30 Jahren Berufserfahrung kombinieren, insbesondere aus 25 Jahren im hochdynamischen internationalen Beratungsgeschäft. Das Konfliktpotenzial bei Verhandlungen in Millionenhöhe und der Leitung unternehmenskritischer Projekte sowie die zwischenmenschlichen Reibungen bei der Führung von über 100 Mitarbeitern verschiedenster Nationalitäten und der Verantwortung für die Geschäftsergebnisse großer Abteilungen lieferten neben meinem Coaching von aufstrebenden Führungskräften reichhaltiges Anschauungsmaterial für verbale Aggression.

Die grundlegenden Mechanismen verbaler Aggression und die Verhaltensweisen der Menschen gehorchten dabei unabhängig von der Unternehmenskultur und der Herkunft der Menschen stets denselben Prinzipien.

Das vertiefte Verstehen der Menschen, ihrer Interaktionen und ihres Strebens erlaubte, diese Erfahrung in diesen größeren Kontext zu setzen, schaffte Klarheit über die Abläufe in den Menschen und eröffnete damit neue Möglichkeiten für den Umgang mit Aggressionen.

Ich war dadurch in der Lage, die individuellen Wahrnehmungen und Verhaltensweise in ein umfassenderes Vorgehen zu vereinigen. Dieses beinhaltet die folgenden drei Phasen:

1. Ein Prozess der persönlichen Reflexion, des Trainings und der situativen Vorbereitung.
2. Zielgerichtete Techniken, welche angewandt werden können, um eine Situation im Moment der Aggression unter Kontrolle zu bringen und in Richtung der Schaffung eines konstruktiven Miteinanders zu lenken.
3. Folgeaktivitäten und Reflexion, um die zukünftige Zusammenarbeit sicherzustellen und persönliches Wachstum zu ermöglichen.

Die dieses Vorgehen erläuternde Abschlussarbeit wurde durch die x+1Akademie® positiv bewertet und anerkannt. Die Elemente des Vorgehens vermittelte ich zunehmend im Coaching meiner Kollegen.

Durch ihr vielfältiges Feedback, dass die von mir vermittelten Ansätze tatsächlich wirken und zu einer Entlastung und Befriedung beitragen, und aufgrund der direkten Anwendbarkeit des Vorgehens beschloss ich, auf dieser Basis den vorliegenden Ratgeber zum Bewältigen verbaler Aggression im Beruf zu entwickeln.

Das Ziel dabei war, dass dieses Vorgehen von jeder Person angewandt werden kann, auch wenn sie bisher Schwierigkeiten im Umgang mit Konfliktsituationen hatte und auch wenn sie noch kein Vorwissen über Individualpsychologie besitzt.

Ich hoffe, dass dieser Ratgeber für meine Leser von Nutzen sein wird. Ich werde mich über jede Rückmeldung und jeden Vorschlag freuen, welche ich zur weiteren Verbesserung verwenden kann. Eine Kontaktaufnahme kann formlos über eines der verbreiteten sozialen Business-Netzwerke erfolgen.

Und ich hoffe weiterhin, dass meine Leser diesen Ratgeber einsetzen werden, um in Konfliktsituationen eine Konfrontation in Kooperation umzuwandeln und damit in Gelegenheiten, ein konstruktives Miteinander zu schaffen und das Gemeinschaftsgefühl zu stärken.

Februar 2024   Hartmut Samtleben

Danksagung

Mein herzlicher Dank geht an Dorothea, die mir Gemeinschaftsgefühl ohne Konflikt und Beitrag ohne Erwartungshaltung gezeigt hat, für ihre Unterstützung, Ermutigung und unendliche Geduld beim Schreiben dieses Buches, und für ihre bedingungslose Liebe, sowie an Armin und Iris, die wundervolle Spiegelbilder unserer selbst sind und mir erlauben, über mich selbst zu lernen und zu lachen.

Ich danke Heidi und Peter für die Schaffung und Kultivierung einer liebevollen, ermutigenden und inspirierenden Atmosphäre in unserer Familie sowie für die vielen Verbesserungsvorschläge für dieses Buch. Und ich danke Burkhard und Helmut für die Reibung, die es mir ermöglicht hat, mich zu strecken und zu wachsen, für frühe und lehrreiche Erfahrungen mit Aggression und für den Zusammenhalt, wenn es drauf ankommt.

Ein besonderes Dankeschön geht an Ulrike, die als Leiterin der x+1Akademie® und dessen Beraternetzwerkes für mich die Welt der Individualpsychologie erschlossen hat, für ihr Coaching und ihre Führung, und die vielen auch über die ursprüngliche Lehre Alfred Adlers hinausgehenden Konzepte, Anregungen und Korrekturen, die in diesen Ratgeber geflossen sind.

Des Weiteren bedanke ich mich bei den Mitgliedern des Beraternetzwerks der x+1Akademie® – Anja, Anja, Horst, Oliver, Peter, Petra, Relindis, Sandra, Thomas und Volker – für die vielen Ideen und Denkanstöße und für das Vorleben von anständiger Haltung und beitragender Gesinnung. Gleiches gilt für meine Kommilitoninnen aus meiner Coaching-Ausbildung – Andrea, Esther und Merit – die mit mir die Begriffe und Konzepte der Individualpsychologie diskutiert und mir die positiven Aspekte immer wieder vorgelebt haben.

Danke, Chris und Prajakta, für die Durchsicht und die Unterstützung mit der englischen Version dieses Ratgebers. Danke, Bregje, für die Inspiration für das Buchcover und für die Unterrichtung in der Bewältigung physischer Aggression.

Und, zu guter Letzt, ein dickes Dankeschön an meine engen Freunde – Angi, Germar, Kristina, Lamb, Ralf und Rudi – dafür, dass sie alle Aspekte meines Lebensstils und meiner tendenziösen Wahrnehmung über die Jahre ertragen haben und mir immer gezeigt haben, was Gemeinschaftsgefühl wirklich bedeutet.

Inhaltsverzeichnis

1 Einleitung   1
1.1 Die Bedeutung der Bewältigung verbaler Aggression im Beruf   2
     1.1.1 Die negative Auswirkung auf Miteinander und Geschäftsergebnis   2
     1.1.2 Beschleunigte und virtuelle Geschäftsabläufe als Triebfeder von Aggression   3
     1.1.3 Die Schwierigkeit, verbale Aggression zu bewältigen   4
1.2 Zielgruppen dieses Ratgebers   5
     1.2.1 Gehäufte Aggression in bestimmten Berufsgruppen   6
     1.2.2 Hohe Belastung durch verbale Aggression   7
     1.2.3 Verantwortung für konstruktives Miteinander   7
1.3 Übergreifende Ausrichtung   8
     1.3.1 Konstruktive Ausrichtung   9
     1.3.2 Ein pragmatisches und realistisches Vorgehen   9
     1.3.3 Fundierung in Gesetzmäßigkeiten menschlichen Verhaltens   11
1.4 Struktur und Fokus   12
     1.4.1 Inhalt und Aufbau   12
     1.4.2 Fokus auf persönliche Interaktion und Ableitung weiterer Situationen   12
         1.4.2.1 Der situative Bereich der persönlichen Interaktion   13
         1.4.2.2 Ein moderater Intensitätsgrad an Aggression   13

1.5	Zentrale Erkenntnisse und Nutzen		14
	1.5.1 Wesentliche Erkenntnisse		14
	1.5.2 Resultierender Nutzen für den Leser		15
1.6	Verwendung dieses Ratgebers		15
Literatur			16

2 Zweck, Formen und Auswirkungen verbaler Aggression — 17

2.1	Definition, Absichten und Mechanismen verbaler Aggression		18
	2.1.1 Definition verbaler Aggression		18
	2.1.2 Die Absicht hinter verbaler Aggression		18
		2.1.2.1 Kategorien destruktiver Nahziele nach Dreikurs	19
		2.1.2.2 Schwere der Aggression in Abhängigkeit des Nahziels	21
	2.1.3 Das grundsätzliche Prinzip der verbalen Aggression		22
		2.1.3.1 Zielobjekt der Aggression	22
		2.1.3.2 Der grundlegende Mechanismus der Abwertung	23
	2.1.4 Abgrenzung verbaler Aggression von anderen Äußerungsformen		24
		2.1.4.1 Abgrenzung von Durchsetzungskraft	24
		2.1.4.2 Abgrenzung von Diskussionsfreude	25
		2.1.4.3 Abgrenzung von schlechten Nachrichten	25
		2.1.4.4 Abgrenzung von Korrektur oder Begrenzung	26
		2.1.4.5 Abgrenzung von negativen Konsequenzen	26
		2.1.4.6 Abgrenzung von Beschwerden	27
2.2	Intention und Interpretation von Aggression		27
	2.2.1 Positive Intention und Interpretation		28
	2.2.2 Negative Intention und Interpretation		29
	2.2.3 Negative Intention und positive Interpretation		30
	2.2.4 Positive Intention und negative Interpretation		32
2.3	Angriffspunkte und Herangehensweisen		34
	2.3.1 Angriffspunkte der Abwertung		34
		2.3.1.1 Abwertung über Eigenschaften	34
		2.3.1.2 Abwertung über Handlungen	35

		2.3.1.3	Abwertung über Beziehungen	36
		2.3.1.4	Abwertung über Bewertungen	36
		2.3.1.5	Einschränkung von Freiheit und Macht	37
		2.3.1.6	Ausdruck von Negativität	39
	2.3.2	Herangehensweisen verbaler Aggression		40
		2.3.2.1	Aktive und passive Aggression	40
		2.3.2.2	Direkte und indirekte Aggression	41
		2.3.2.3	Unmittelbare und mittelbare Aggression	41
		2.3.2.4	Explizite und implizite Aggression	42
		2.3.2.5	Aussagen und Fragen	42
		2.3.2.6	Graduelle und kategorische Abwertungen	43
		2.3.2.7	Negative Auswirkungen verbaler Aggression	43
2.4	Das breite Spektrum der Formen verbaler Aggression			43
	2.4.1	Beispiele aktiver Aggression		44
		2.4.1.1	Aggression durch Ironie und Übertreibung	45
		2.4.1.2	Frontale Aggression	45
		2.4.1.3	Aggression durch Umkehr	46
		2.4.1.4	Aggression durch Assoziation oder Vergleiche	46
		2.4.1.5	Aggression über Erwartungen	47
		2.4.1.6	Aggression über Zitieren Dritter	48
		2.4.1.7	Aggression über das Säen von Zweifeln	48
		2.4.1.8	Aggression über Abweisung oder Unterbrechung	49
		2.4.1.9	Weitere Formen der Aggression	50
	2.4.2	Beispiele passiver Aggression		50
		2.4.2.1	Ausschluss von Informationen oder Kontakten	50
		2.4.2.2	Ignorieren oder respektlos sein	51
		2.4.2.3	Blockieren und Unterminieren	52
	2.4.3	Verschleierte Diskriminierung		53
		2.4.3.1	Verschleierung zur Umgehung von Sanktionen	53
		2.4.3.2	Beispiele von verschleierter Diskriminierung	54

2.5	Die schädlichen Auswirkungen auf Arbeitsklima und Unternehmenserfolg		55
	2.5.1	Der Effekt auf Verhalten und kognitive Leistung	56
		2.5.1.1 Kognitive Belastung durch verschiedene Abläufe	56
		2.5.1.2 Einfluss verbaler Aggression auf das Verhalten	57
	2.5.2	Auswirkungen auf den Angegriffenen	57
	2.5.3	Auswirkung auf weitere Teilnehmer	59
	2.5.4	Auswirkung auf den Aggressor selbst	60
	2.5.5	Auswirkung auf das Unternehmen	60
Literatur			61

3 Grundlagen der Reaktion auf verbale Aggression 63
   3.1 Die Rolle der körperlichen Stressreaktion 64
      3.1.1 Wahrnehmung verbaler Aggression als körperliche Gefahr 64
      3.1.2 Stufen der Abwehrkaskade 65
         3.1.2.1 Erhöhte Aufmerksamkeit („Arousal") 67
         3.1.2.2 Einfrieren („Freeze") 68
         3.1.2.3 Kampf oder Flucht („Fight or Flight") 71
         3.1.2.4 Schreckstarre („Fright") 73
         3.1.2.5 Rückkehr in den Normalzustand 76
      3.1.3 Erhöhte Sensibilität für Stressoren 77
      3.1.4 Konsequenzen für den beruflichen Kontext 78
         3.1.4.1 Bewältigung der akuten Stressreaktion 79
         3.1.4.2 Zeitaufwendige Rückkehr in den Normalzustand 79
   3.2 Kernkonzepte der Individualpsychologie 80
      3.2.1 Die ganzheitliche Betrachtung des Individuums 80
         3.2.1.1 Einheit der Persönlichkeit 80
         3.2.1.2 Verantwortung als logische Konsequenz 81
         3.2.1.3 Ermutigung durch Wachstumskompetenz 81
      3.2.2 Das Grundstreben des Menschen nach Gemeinschaftsgefühl 82
      3.2.3 Das Minderwertigkeitsgefühl als Antrieb menschlicher Entwicklung 83
         3.2.3.1 Voraussetzung für Wachstum 83
         3.2.3.2 Entmutigung durch Verwöhnung 84
         3.2.3.3 Gefahr der Überkompensation 85

	3.2.4	Die Familienkonstellation als Übungsplatz der Persönlichkeit	85
		3.2.4.1 Bühne für selbstbestimmte Rollen	86
		3.2.4.2 Beispiele für Optionen eines Erstgeborenen	86
		3.2.4.3 Dynamik mit dem zweiten Geschwisterkind	87
	3.2.5	Finalität als Schlüssel zum Verständnis menschlichen Verhaltens	89
	3.2.6	Streben nach einem fiktiven Fernziel der Vervollkommnung	89
	3.2.7	Streben nach Überlegenheit und Schaffen von Gemeinschaftsgefühl	91
		3.2.7.1 Gemeinschaftsgefühl durch Erfüllung der Lebensaufgaben	91
		3.2.7.2 Schädigung des Gemeinschaftsgefühls durch Überkompensation	92
3.3	Aggression aus Sicht der Individualpsychologie		94
	3.3.1	Die Evolution des Begriffs „Aggression" in der Individualpsychologie	94
	3.3.2	Aggression und Familienkonstellation	96
	3.3.3	Konstruktive Gegenstücke zu destruktivem Verhalten	98
Literatur			99

4 Ein pragmatisches Vorgehen zur Bewältigung verbaler Aggression im Beruf 101

4.1	Anforderungen an ein Vorgehen zur Bewältigung verbaler Aggression		102
	4.1.1	Beachtung der Vielfalt und des Kontexts verbaler Aggression	103
		4.1.1.1 Berücksichtigung komplexerer Formen von Aggression	103
		4.1.1.2 Betrachtung der gesamten Interaktion	103
	4.1.2	Beachtung des Ernstes verbaler Aggression	104
		4.1.2.1 Ansprechen und Begrenzen verbaler Aggression	104
		4.1.2.2 Keine Bejahung der Aggression	104
		4.1.2.3 Schutz der Beziehung	105

	4.1.3	Befriedung des Konflikts und Verfolgung eines konstruktiven Zieles	106
		4.1.3.1 Verlässliche Begrenzung verbaler Aggression	106
		4.1.3.2 Wiederherstellung einer konstruktiven Beziehung als Ziel	106
		4.1.3.3 Gesichtswahrung beider Seiten	107
		4.1.3.4 Kommunikation über Befriedung und einvernehmliche Lösung	107
	4.1.4	Berücksichtigung der Vorgeschichte, Persönlichkeiten und Ziele	108
		4.1.4.1 Die Persönlichkeiten der Anwesenden bestimmen den Austausch	108
		4.1.4.2 Berücksichtigung der Absicht des Aggressors	108
		4.1.4.3 Schaffung von Klarheit über die eigenen Ziele	109
	4.1.5	Realismus, Erlernbarkeit und Anwendbarkeit	109
		4.1.5.1 Notwendigkeit einer gewissenhaften Vorbereitung	109
		4.1.5.2 Handlungsfähigkeit trotz körperlicher Stressreaktion	110
		4.1.5.3 Struktur und Anpassbarkeit des Vorgehens	110
		4.1.5.4 Nachsorge zur Sicherstellung des konstruktiven Miteinanders	111
		4.1.5.5 Förderung persönlichen Wachstums	111
4.2	Zweck und Konzept des Vorgehens zur Bewältigung verbaler Aggression		111
	4.2.1	Detaillierte Gesamtsicht auf das Vorgehen	112
	4.2.2	Konstruktive Ausrichtung des Vorgehens	115
4.3	Stufenweises Vorgehen zur Vorbereitung auf die Interaktion		115
	4.3.1	Reflexion über die eigene Persönlichkeit	115
		4.3.1.1 Erfahrungen und Glaubenssätze bezüglich Aggression	116
		4.3.1.2 Nutzung psychometrischer Werkzeuge	117
		4.3.1.3 Persönliches Wachstum und Entlastung durch Reflexion	118

4.3.2		Rückbesinnung auf persönliche Werte, Ziele und Stärken	119
4.3.3		Training zum kompetenten Bewältigen verbaler Aggression	120
	4.3.3.1	Training harmonischer und konstruktiver Interaktionen	120
	4.3.3.2	Anpassung und Training der vorgestellten Methoden	120
	4.3.3.3	Erstellen von Checklisten	121
	4.3.3.4	Integration der Vorbereitung in den eigenen Zeitplan	122
	4.3.3.5	Verringerung der Sensibilität gegenüber negativen Reizen	122
4.3.4		Proaktive Konfliktvermeidung	123
	4.3.4.1	Beständiges Lösen kleiner Probleme	123
	4.3.4.2	Aufbau eines Rufes als machtvoll und anständig	124
	4.3.4.3	Prüfung des eigenen Beitrags zu Konflikten	124
4.3.5		Vorbereitung auf eine bestimmte Interaktion	125
	4.3.5.1	Überprüfung der Machtkonstellation	125
	4.3.5.2	Sammlung möglicher Konfliktpunkte und Anschuldigungen	125
	4.3.5.3	Einplanung eines Meetings vor dem Meeting	126
	4.3.5.4	Visualisierung des gewünschten Verhaltens und Verhältnisses	126
4.4 Methoden zur situativen Kontrolle der Situation			127
4.4.1		Wiedererlangung der Selbstkontrolle	127
	4.4.1.1	Akzeptanz der körperlichen Reaktionen	128
	4.4.1.2	Schaffung einer Pause zur Wiedererlangung der Selbstkontrolle	128
	4.4.1.3	Wiedererlangung der körperlichen und emotionalen Kontrolle	129
	4.4.1.4	Nachsicht gegenüber der eigenen Stressreaktion	131
	4.4.1.5	Umgang mit einer eigenen aggressiven Reaktion	131

4.4.2 Beobachtung und Aufrechterhaltung einer
konstruktiven Ausrichtung 132
 4.4.2.1 Persönliche Neubewertung der Situation ... 133
 4.4.2.2 Erspüren und Führen der eigenen
     Emotion 134
 4.4.2.3 Kontrolle der Körpersprache 135
 4.4.2.4 Überwinden des Zögerns im
     Umgang mit der Aggression 135
 4.4.2.5 Ermutigung und Mut zur
     Unvollkommenheit 136
 4.4.2.6 Schildern einer möglichen Klärung
     und positiven Zukunft 137

4.4.3 Entscheidung über das weitere Vorgehen 137
 4.4.3.1 Grundlegende Handlungsoptionen 138
 4.4.3.2 Wesentliche Kriterien für die
     Entscheidung 138
 4.4.3.3 Unmittelbare Durchführung
     der Klärung 140
 4.4.3.4 Vertagen der Klärung und Beenden
     der Interaktion 140
 4.4.3.5 Vertagen der Klärung und Fortsetzen der
     Interaktion 140
 4.4.3.6 Beenden der Interaktion und Eskalation ... 141

4.4.4 Wiedererlangung der Kontrolle über die
Konversation 141
 4.4.4.1 Lenkung des Fokus auf die verbale
     Aggression 142
 4.4.4.2 Zurückkommen, nachdem die erste
     Gelegenheit verstrichen ist 143
 4.4.4.3 Umgang mit Einwänden 143

4.4.5 Begrenzen von störendem oder ausweichendem
Verhalten 144
 4.4.5.1 Verantwortlichkeit für Verhalten als
     Zeichen der Wertschätzung 145
 4.4.5.2 Ausweichmanöver eindämmen 146
 4.4.5.3 Raum schaffen, um die wahre Absicht zu
     enthüllen 148
 4.4.5.4 Wiederholtes Fragen nach Vorschlägen ... 148
 4.4.5.5 Nutzung eindeutiger Fragen 149
 4.4.5.6 Aggressive Manöver eindämmen 149

		4.4.5.7	Unterbrechen eines Stroms von Negativität	150
		4.4.5.8	Nutzung von Dokumentation als Warnung	151
	4.4.6	\multicolumn{2}{l	}{Andere Teilnehmer in die Konfliktlösung einbeziehen}	151
		4.4.6.1	Berücksichtigung des emotionalen Zustandes	152
		4.4.6.2	Einbeziehung der anderen Teilnehmer	152
		4.4.6.3	Verfahren bei Solidarität der Anwesenden mit dem Aggressor	153
4.5	\multicolumn{3}{l	}{Schritte zur Umwandlung der verbalen Aggression in Zusammenarbeit}	153
	4.5.1	\multicolumn{2}{l	}{Schritt A – Begrenzung der Aggression und Bekräftigung der positiven Absicht}	154
		4.5.1.1	Ansprechen und Begrenzen der verbalen Aggression	155
		4.5.1.2	Bekräftigung der eigenen positiven Absicht	156
		4.5.1.3	Erläuterung des weiteren Vorgehens	156
		4.5.1.4	Pausieren vor dem nächsten Schritt	157
	4.5.2	\multicolumn{2}{l	}{Schritt B – Klärung und Schaffung von Transparenz durch Objektivierung}	157
		4.5.2.1	Erläuterung der eigenen Perspektive	158
		4.5.2.2	Ermittlung der Perspektive der anderen Person	160
		4.5.2.3	Prüfung der Finalitäten jenseits der gesprochenen Worte	162
	4.5.3	\multicolumn{2}{l	}{Schritt C – Bewerten und Vereinen der Perspektiven}	163
		4.5.3.1	Eigenes Fehlverhalten oder Fehlinterpretation	163
		4.5.3.2	Gemeinsame Ablehnung destruktiver Nahziele	164
		4.5.3.3	Beharrliches Verfolgen destruktiver Nahziele	165
	4.5.4	\multicolumn{2}{l	}{Schritt D – Einigung auf konkrete Maßnahmen}	167
		4.5.4.1	Persönliche Maßnahmen und Indikatoren	168
		4.5.4.2	Zwischenmenschliche Maßnahmen und Indikatoren	169

		4.5.4.3	Situative Maßnahmen und Indikatoren für Interaktionen	170
		4.5.4.4	Gesichtswahrende Maßnahmen	172
		4.5.4.5	Geschäftliche Maßnahmen und Indikatoren	173
		4.5.4.6	Ungeeignete Maßnahmen	173
		4.5.4.7	Vereinbarung von Folgeterminen	175
	4.5.5	Schritt E – Abschluss des Austausches		175
		4.5.5.1	Abschluss ohne Lösung des Konfliktes oder Einigung	175
		4.5.5.2	Abschluss mit Lösung des Konfliktes und gütlicher Einigung	176
4.6	Anwendung des Vorgehens auf weitere Situationen im Beruf			177
	4.6.1	Situationen, die eine unmittelbare Begrenzung erfordern		178
		4.6.1.1	Eingeschränkte Handlungsfähigkeit	178
		4.6.1.2	Grenzüberschreitendes Verhalten	178
	4.6.2	Geringe Wahrscheinlichkeit einer Klärung		180
		4.6.2.1	Fehlendes Interesse an zukünftiger Zusammenarbeit	180
		4.6.2.2	Heftige, gnadenlose Aggressionen	181
		4.6.2.3	Zurückkommen nach mehreren Minuten	182
	4.6.3	Aggression über ein Medium		183
		4.6.3.1	Unterschiede zur mündlichen Interaktion	184
		4.6.3.2	Bewältigung der Aggression über ein Medium	185
	4.6.4	Indirekte Aggression		186
		4.6.4.1	Unterstützung der Aggressionen durch den Übermittler	187
		4.6.4.2	Abwertung des Aggressors durch den Übermittler	187
		4.6.4.3	Übermittlung der Aggression aus Notwendigkeit	189
	4.6.5	Aggression gegen anwesende Dritte		189
		4.6.5.1	Führungsrolle oder Verantwortung für die Interaktion	190
		4.6.5.2	Anwesende Autoritätsperson	191
		4.6.5.3	Konfliktpartei mit Führungsrolle	191
		4.6.5.4	Keine Sonderrolle	192

	4.6.6	Aggression gegen abwesende Dritte	193
		4.6.6.1 Negative Auswirkungen des Lästerns	193
		4.6.6.2 Proaktive Kontrolle der Konversation	193
		4.6.6.3 Bewältigung des Lästerns	194
	4.6.7	Eskalation mit Anstand	196
4.7	Verwendung des Ergebnisses zum gegenseitigen Nutzen		198
	4.7.1	Emotionale Entlastung schaffen	198
		4.7.1.1 Methoden zur emotionalen Entlastung	199
		4.7.1.2 Rückkehr in einen entspannten Zustand	200
	4.7.2	Persönliche Reflexion der Situation	200
		4.7.2.1 Reflexion über die Situation	201
		4.7.2.2 Reflexion über den Prozess	202
		4.7.2.3 Überprüfung des eigenen Lebensstils	202
	4.7.3	Nachsorge zum Sicherstellen des konstruktiven Miteinanders	203
		4.7.3.1 Folgetreffen zum Sicherstellen des Gemeinschaftsgefühls	203
		4.7.3.2 Nachsorge im Unternehmensumfeld	204
	4.7.4	Ableitungen für die Entwicklung der eigenen Persönlichkeit	204
Literatur			205

5 Anwendung des Vorgehens auf konkrete Szenarien — 207
 5.1 Vorgehen mit hierarchisch Vorgesetzten — 207
  5.1.1 Hierarchischer Kontext — 208
  5.1.2 Szenario A: Zweifel eines Vorgesetzten an der Kompetenz eines Untergebenen — 208
  5.1.3 Die Reaktion im Kontext einer Sicht auf Autoritätspersonen — 210
  5.1.4 Reflexion zur Vorbereitung auf Ablehnung — 211
  5.1.5 Alternative Reaktion mit Betonung von Expertenmeinungen — 212
  5.1.6 Strukturierte Nachbereitung zur Schaffung von gemeinsamem Nutzen — 214
 5.2 Vorgehen mit Kollegen — 215
  5.2.1 Aggression seitens Kollegen — 215
  5.2.2 Szenario B: Verweigerung der Verbindung zu einer wichtigen Person — 216
  5.2.3 Die Reaktion im Kontext einer Sicht auf ältere Kollegen — 217

		5.2.4	Erkenntnisse aus der Reflexion über die Position der Beteiligten	218
		5.2.5	Alternative Reaktion mit Widerspiegeln des Verhaltens	219
		5.2.6	Nachbereitung zur Wiederherstellung des Miteinanders	221
	5.3	Vorgehen mit untergeordneten Mitarbeitern		221
		5.3.1	Aggression durch Untergebene	221
		5.3.2	Szenario C: Widerspruch gegen alle Vorschläge	222
		5.3.3	Die Reaktion im Kontext des Bestrebens, Beziehungen zu bewahren	223
		5.3.4	Reflexion über die Grenzen eines konsensorientierten Ansatzes	224
		5.3.5	Alternative Reaktion auf Basis von Führungsanspruch	225
		5.3.6	Nutzen durch Nachbereitung mit dem Mitarbeiter	227
6	**Schritte zur Vertiefung der Kompetenz**			**229**
	6.1	Ausbildung im Bereich der Individualpsychologie		230
		6.1.1	Schaffung einer Grundlage durch Einführungskurse	230
		6.1.2	Vertiefung des Verständnisses durch Literatur	231
	6.2	Erkenntnisse über die eigene Persönlichkeit		231
		6.2.1	Kontinuierliche persönliche Reflexion durch Coaching	231
		6.2.2	Erweiterung der Perspektive durch Gruppensitzungen	232
	6.3	Wahrnehmung verbaler Aggression im Beruf		233
	6.4	Training zum kompetenten Bewältigen verbaler Aggression		233
	6.5	Überlegungen zum Kosten-Nutzen-Verhältnis		234
		6.5.1	Sensibilisierung für verbale Aggression	234
		6.5.2	Einsichten in das Verhalten von Menschen	235
		6.5.3	Ermutigung und Konfliktreduzierung	235
Literatur				236

7	**Fazit und Ausblick**		239
7.1	Wichtigste Erkenntnisse		240
	7.1.1	Verbale Aggression erfordert eine kompetente Bewältigung	241
	7.1.2	Ein Verständnis der Hintergründe unterstützt die Bewältigung	242
	7.1.3	Verbale Aggression lässt sich methodisch bewältigen	243
7.2	Ausblick		245
Literatur			245

Über den Autor

Hartmut Samtleben arbeitet als Consulting-Direktor sowie als selbstständiger Coach. Er lebt nach Stationen in Hamburg, Paris, Chicago und Bonn seit 2010 in Amsterdam.

Der diplomierte Informatiker, MBA und zertifizierte Coach arbeitet im internationalen IT-Beratungsgeschäft, wo er in verschiedenen Rollen – von der Konzeption großer IT-Architekturen und Leitung kritischer Projekte über Vertrieb und Teamleitung bis hin zur Leitung einer Abteilung mit über 100 Mitarbeitern in ganz Kontinentaleuropa – vielfältige Erfahrung im geschäftlichen Bereich sowie im Umgang mit Menschen sammeln konnte.

Seit 2012 beschäftigt sich Hartmut Samtleben intensiv mit dem Feld der Individualpsychologie. Diese bietet vielfältige Erkenntnisse über zwischenmenschliche Interaktionen, welche er für die Führung von Teams, für Verhandlungen mit verschiedensten Persönlichkeiten auf Kundenseite sowie für Coaching und Mentoring aufstrebender Führungskräfte nutzt. 2022 hat er an der x+1Akademie® seine Ausbildung zum individualpsychologischen Coach mit einer Arbeit über die Bewältigung verbaler Aggression abgeschlossen.

Hartmut Samtleben ist verheiratet und hat zwei erwachsene Kinder. In seiner Freizeit hört er knifflige Musik, streift staunend durch virtuelle Welten und bewältigt physische Aggression mit Hilfe von Karate.

Abbildungsverzeichnis

Abb. 2.1	Destruktive Nahziele nach Dreikurs	20
Abb. 3.1	Stufen der Abwehrkaskade	66
Abb. 3.2	Körperliche Reaktionen bei erhöhter Aufmerksamkeit	68
Abb. 3.3	Körperliche Reaktionen beim Einfrieren	69
Abb. 3.4	Körperliche Reaktionen bei Kampf oder Flucht	72
Abb. 3.5	Körperliche Reaktionen bei der Schreckstarre	75
Abb. 3.6	Körperliche Reaktionen bei der Rückkehr in den Normalzustand	76
Abb. 3.7	Überkompensation führt zu größerer Distanz	93
Abb. 3.8	Abwertung zur Erringung von Überlegenheit	96
Abb. 4.1	Gesamtüberblick über das Vorgehen	112
Abb. 4.2	Detaillierte Gesamtsicht des Vorgehens	114

1 Einleitung

Der Zweck dieses Ratgebers besteht darin, Menschen verlässlich zu helfen, verbale Aggression im Beruf zu bewältigen und dabei Konfrontation in Kooperation umzuwandeln. Hierzu ist zunächst ein tieferes Verständnis dafür erforderlich, welche Formen verbale Aggression annehmen kann, was die dahinter-liegende Intention ist und welche schwerwiegenden Auswirkungen ein Angriff haben kann.

Wie man Aggression bewältigt, hängt von der Art ab, wie wir Menschen einen Angriff wahrnehmen und wie wir sowohl körperlich als auch psychisch darauf reagieren. Ein tieferes Verständnis der grundlegenden, auch unbewussten Wahrnehmungen und Verhaltensweisen des Menschen ist daher notwendig, um Kriterien für ein wirksames Vorgehen formulieren zu können und ein solches Vorgehen zu erfassen und zu erlernen.

Diese Einleitung erläutert zunächst die Hintergründe und Relevanz der verbalen Aggression im beruflichen Umfeld und benennt die Personengruppen, die von der Lektüre dieses Ratgebers besonders profitieren können.

Die übergreifende Ausrichtung des Ratgebers wird erläutert, und die davon abgeleitete Struktur und Inhalte werden beschrieben. Daraus ergibt sich, welche Erkenntnisse und Anregungen die Leser erwarten können, und wie diese ihnen konkret im Beruf und darüber hinaus helfen werden.

Zuletzt erhält der Leser Hinweise, wie er diesen Ratgeber optimal nutzen kann.

1.1 Die Bedeutung der Bewältigung verbaler Aggression im Beruf

Verbale Aggression – egal, ob versteckt oder offen – ist im zwischenmenschlichen Bereich weitverbreitet. Sie tritt auch im Beruf häufig auf und kommt dabei insbesondere in persönlichen Interaktionen wie zum Beispiel geschäftlichen Meetings vor.

Aggressive Aussagen müssen nicht notwendigerweise offensichtlich übergriffig sein oder eine direkte Beleidigung darstellen. Sie können auch beiläufig gemacht werden, führen aber bei dem Angegriffenen zu einem Gefühl der Herabsetzung oder Erniedrigung und rufen ein breites Spektrum von negativen Reaktionen hervor. Diese können von leichter Irritation über sprachlose Verwirrung bis hin zu Wutausbrüchen oder fluchtartigem Verlassen der Situation reichen.

Drei Faktoren machen ein umfassendes Vorgehen zur Bewältigung dieser Form von Aggression erforderlich:

1. Die zersetzende Wirkung von verbaler Aggression mit ihren sich ausbreitenden Folgeerscheinungen.
2. Das wachsende Konfliktpotenzial in einem zunehmend dynamischen und virtuellen Arbeitsumfeld.
3. Die Schwierigkeit, welche die meisten Menschen im Umgang mit verbaler Aggression und ihrer Bewältigung haben, wenn sie selbst Ziel des Angriffs sind.

1.1.1 Die negative Auswirkung auf Miteinander und Geschäftsergebnis

Verbale Aggression wird im geschäftlichen Umfeld oft als ein bloßes Ärgernis angesehen – als eine Gegebenheit, mit der man sich abfinden muss, als ein Ärgernis, das sich oft nicht vermeiden lässt, als eine Schwierigkeit, welche für Abhärtung und persönliches Wachstum notwendig ist, und vielleicht sogar als ein Weg, um eine Klärung in einer komplexen und verfahrenen Situation zu erreichen.

Allerdings kann bereits ein einziger Fall von verbaler Aggression, welcher von weiteren Teilnehmern eines Austausches vielleicht als unbedeutend wahrgenommen wird, die betroffene Person tief verletzen. Der Angriff kann dazu führen, dass diese sich zurückzieht und keinen sinnvollen Beitrag mehr leistet. Zudem kann der Angriff im Anschluss das weitere Miteinander der Betroffenen beeinträchtigen.

Wiederholte Angriffe können sich zu einer zersetzenden Atmosphäre am Arbeitsplatz verdichten und zu einem problematischen Umgang voller Reibung und Misstrauen bis hin zu einer toxischen Arbeitskultur führen. Das konstruktive Miteinander und das Gefühl der Zusammengehörigkeit werden dadurch grundlegend verdorben.

Die Effizienz von Teams, die bisher in einer vertrauensvollen Atmosphäre zusammengearbeitet haben, wird dadurch erheblich beeinträchtigt. Es kommt zu Leistungseinbrüchen, Kündigungen und sogar zu Sabotageakten.

Dies hat ernsthafte negative Auswirkungen auf das Geschäftsergebnis und insbesondere auf die Fähigkeit der Organisation, sich an das sich rasch verändernde Geschäftsumfeld anzupassen und sich weiterzuentwickeln. Daher erfordert verbale Aggression nicht nur unter menschlichen, sondern auch unter ökonomischen Aspekten eine verlässliche Methode, um sie zu begrenzen und die Auswirkungen zu reduzieren.

1.1.2 Beschleunigte und virtuelle Geschäftsabläufe als Triebfeder von Aggression

Die Beschleunigung der Geschäftsabläufe und die zunehmende Zusammenarbeit in virtuellen, weitverteilten Teams erzeugen ein Arbeitsumfeld, welches deutlich von traditionellen Arbeitsformen abweicht. In diesen fanden die meisten Interaktionen innerhalb von Teams statt, die am selben Ort direkt zusammenarbeiteten, über längere Zeiträume an denselben Zielen ausgerichtet waren und so Vertrauen aufbauen konnten. Die heute rasch wechselnden Zusammenstellungen von Arbeitsgruppen führen zu Interaktionen zwischen Menschen mit deutlich weniger Bindung untereinander.

Diese Dynamik ist durch die Coronakrise seit Anfang 2020 weiter beschleunigt worden, mit einer deutlichen Verlagerung hin zu virtuellen Meetings per Videokonferenz sowie zu elektronischer Kommunikation. Diese Arbeitsweise ermöglicht die Planung mehrerer rasch aufeinanderfolgender Meetings mit verschiedenen und oft internationalen Teilnehmern zu einer großen Palette an Themen.

Die Leichtigkeit, mit welcher eine Person zwischen diesen Interaktionen mit unterschiedlichen Menschen umschalten kann, bringt nicht nur häufige Wechsel des gesamten Kontextes mit sich, sondern lässt oft auch wenig Zeit für Vorbereitung, Überlegungen und Vorabstimmung.

Gleichzeitig erschweren diese Veränderungen das gegenseitige Verständnis zwischen Menschen, die oft die gemeinsam verwendete Sprache nicht fließend beherrschen oder voneinander abweichende kulturelle Erwartungen haben. Sie erschweren das Einstimmen aufeinander und das Lesen der jeweiligen Körpersprache. Und insbesondere senken sie die Hemmschwelle, sich aggressiv oder beleidigend zu verhalten.

Zudem tendieren mehr und mehr Mitarbeiter zu Multitasking, sodass sie in Meetings abgelenkt sind oder nicht ausreichend über schriftliche Kommunikation nachdenken, welche sie nebenher per Mail oder Chat versenden.

Darüber hinaus tragen Müdigkeit und Erschöpfung aufgrund der zunehmend verwischten Grenzen zwischen Arbeit und Privatleben dazu bei, dass Konzentration und Einfühlungsvermögen sinken und die Gereiztheit zunimmt.

Diese Faktoren führen in Summe dazu, dass verbale Aggression im Beruf vermehrt auftritt, während gleichzeitig die dämpfenden und korrigierenden Beziehungen traditioneller Teams geschwächt werden. Somit wird eine kompetente Bewältigung verbaler Aggression zunehmend wichtiger.

1.1.3 Die Schwierigkeit, verbale Aggression zu bewältigen

Im Grunde genommen gibt es eine recht überschaubare Palette von möglichen Reaktionen auf verbale Aggression:

- Man kann zum Gegenangriff übergehen und dabei die Person, das Thema, die Gesamtsituation oder den ursprünglichen Angriff attackieren oder verächtlich machen.
- Man kann seine eigene Macht demonstrieren und deutlich machen, dass weitere Angriffe extrem negative Folgen haben werden.
- Man kann die Aggression so gut wie möglich ignorieren und so tun, als wäre sie nicht erfolgt, oder auf ein anderes Thema ausweichen.
- Man kann sich der Situation entziehen und die Flucht ergreifen.
- Man kann mit Autoritäten drohen oder diese direkt anrufen, um den Konflikt zu lösen oder den Angreifer zu bestrafen.
- Und man kann das tun, was wir von kompetenten Führungskräften und Erziehungsberechtigten kennen: Erläutern, dass die Aggression allen schadet, zu gutem Umgang miteinander auffordern und eine gemeinsame Abmachung für ein harmonisches Miteinander treffen.

Dieser letzte Ansatz ist der sinnvollste und konstruktivste, und die meisten Menschen werden ihn bereits angewandt haben, um einen Konflikt zwischen zwei anderen Parteien zu schlichten. Allerdings wird er nur von wenigen Menschen befolgt, wenn sie direkt von verbaler Aggression betroffen sind.

Diese Diskrepanz zwischen dem, was Menschen als passendes Handeln kennen und was sie tatsächlich tun, hat eine Reihe von Gründen, die in diesem Ratgeber erläutert werden.

Es muss folglich ein Vorgehen aufgezeigt werden, um Menschen trotzdem zu ermöglichen, den intuitiv richtigen Ansatz zum Bewältigen verbaler Aggression auch tatsächlich einzusetzen.

1.2 Zielgruppen dieses Ratgebers

Verbale Aggression ist ein verbreitetes Phänomen, welches in verschiedensten Situationen im beruflichen und privaten Bereich auftritt. Dieser Ratgeber konzentriert sich auf Interaktionen im geschäftlichen Umfeld und geht daher nicht auf die Feinheiten und Verwicklungen familiärer oder privater Beziehungen ein.

Jede Person, die im Berufsleben steht, kann im beruflichen Umfeld Ziel einer verbalen Aggression werden. Daher richtet sich dieser Ratgeber grundsätzlich an alle berufstätigen Menschen. Doch auch im privaten Umfeld können viele der Erkenntnisse und Ansätze dieses Ratgebers von Nutzen sein, sodass auch Lesergruppen, die nicht werktätig sind, von der Lektüre profitieren können.

Insbesondere können drei spezifische Gruppen von Menschen dabei einen bedeutsamen Nutzen aus diesem Ratgeber ziehen:

- Menschen, die im Beruf besonders häufig verbalen Aggressionen ausgesetzt sind.
- Menschen, die auf verbale Aggression ausgesprochen sensibel reagieren und unter ihr leiden.
- Menschen, die eine übergeordnete Verantwortung für das konstruktive Miteinander im Unternehmen haben.

1.2.1 Gehäufte Aggression in bestimmten Berufsgruppen

Gewisse Berufsgruppen sind überproportional häufig verbaler Aggression ausgesetzt.

Dies kann dadurch bedingt sein, dass sie mit ständig wechselnden Kundenkontakten konfrontiert sind, insbesondere wenn diese bereits unzufrieden in die Interaktion kommen, wie zum Beispiel im Support oder Beschwerdemanagement.

In bestimmten Branchen und Berufsfeldern geht es traditionell „rauer" zu als in anderen Bereichen. Dies gilt besonders dort, wo ungelernte oder gering qualifizierte Arbeitskräfte mit hoher Fluktuation beschäftigt sind und eine geringe Bindung zum Arbeitgeber besteht. Vorgesetzte sehen in diesen Branchen aggressives Verhalten oft als probates Mittel zur Durchsetzung ihrer Anweisungen an.

Dieser Ratgeber kann keine Berufsgruppen berücksichtigen, welche außergewöhnlich häufig verbaler (und auch physischer) Gewalt ausgesetzt sind. Hierzu gehören insbesondere Polizisten und Mitarbeiter von Sicherheitsbehörden sowie Rettungskräfte und private Sicherheitsdienste, aber auch Zugbegleiter und Kontrolleure. In den Sondersituationen, denen diese Gruppen ausgesetzt sind, ist das Gegenüber konstruktivem Dialog häufig nicht zugänglich. Sie müssen daher mit Maßnahmen bewältigt werden, welche auf die spezifischen Situationen und die beteiligten Gruppen zugeschnitten sind.

Gewisse Unternehmen und Organisationen haben Kulturen entwickelt, in welchen Aggression akzeptiert oder sogar erwartet wird. Aggressives Verhalten der Unternehmensführung setzt sich dabei über alle Hierarchieebenen bis zu den Mitarbeitern fort und führt sogar zwischen diesen zu regelmäßigen Verbalattacken. Oft wird so eine toxische Arbeitskultur positiv als „High-Performance-Culture" verbrämt oder mit Sprüchen wie „Wem es in der Küche zu heiß ist, der sollte nicht Koch werden" schöngeredet.

Auch in bestimmten Situationen wie Verhandlungen und Mediation, bei Reklamation, Wettbewerb oder Kontrollen und Untersuchungen können Stress, Enttäuschung oder Machtstreben zu verbalen Angriffen führen.

Zuletzt können Sondersituationen temporär zu verstärktem Auftreten verbaler Aggression in Organisationen führen, zum Beispiel im Rahmen einer Übernahme durch ein anderes Unternehmen, während einer Restrukturierung oder bei Personalabbau. Und wenn die Geschäftsergebnisse nicht den Erwartungen entsprechen, äußern sich Frust und Sorgen sowie Versuche zur Abwälzung von Verantwortung ebenfalls häufiger in verbaler Aggression.

1.2.2 Hohe Belastung durch verbale Aggression

Menschen reagieren sehr unterschiedlich auf verbale Angriffe.

Einige Menschen scheinen sogar offene Angriffe gar nicht wahrzunehmen und reagieren überhaupt nicht, was weitere Beteiligte oft etwas ratlos zurücklässt. Andere wiederum nehmen Angriffe durchaus wahr, demonstrieren aber ihre Souveränität, indem sie den Angreifer nur kurz mit einem strengen Blick bedenken oder sich einmal aufrichten und einatmen und dann nicht weiter darauf eingehen.

Es gibt aber auch viele Menschen, die bereits leichte Respektlosigkeiten äußerst sensibel aufnehmen oder sogar dazu tendieren, auch sachbezogene oder neutrale Äußerungen auf sich zu beziehen und als Angriff zu bewerten.

Dabei kann die Reaktion sehr unterschiedlich ausfallen – während einige direkt zum Gegenangriff schreiten und dabei auch aus der Rolle fallen können, ziehen sich andere direkt zurück, verstummen komplett oder ergreifen sogar die Flucht. Manche sind fassungslos und nicht in der Lage, professionell auf die Aggression zu reagieren, während wieder andere direkt Autoritäten einschalten. Sie fühlen sich der Aggression nicht gewachsen und bestätigen dabei ihre eigenen entmutigenden unbewussten Glaubenssätze wie „Ich ziehe ja doch immer den Kürzeren" oder „Dem habe ich einfach nichts entgegenzusetzen."

Dabei ist für alle Menschen in dieser zweiten Kategorie kennzeichnend, dass sie bezüglich einer Aggression sehr empfindlich sind und ihre heftigen Reaktionen für die Situation oft ungeeignet erscheinen. In der Folge ärgern sie sich über sich selbst oder schämen sich für ihr auch aus ihrer Sicht unangebrachtes Verhalten.

1.2.3 Verantwortung für konstruktives Miteinander

Viele Berufstätige haben eine übergeordnete Verantwortung für ein konstruktives Miteinander von Menschen am Arbeitsplatz.

An erster Stelle stehen dabei natürlich Führungskräfte. Sie gestalten die Arbeitsatmosphäre und den Teamgeist innerhalb ihrer Abteilungen, und sie bestimmen maßgeblich die Art des Umgangs innerhalb des Managementteams und darüber hinaus.

Auch die Mitarbeiter und Führungskräfte von Personalabteilungen haben einen signifikanten Einfluss auf die Formen des Umgangs. Dies beginnt mit der Prüfung der Persönlichkeiten bei der Einstellung und geht über die Betreuung von Abteilungen und die Behandlung von Konflikten und Beschwerden bis hin zur Personalentwicklung und aktiven Gestaltung der Unternehmenskultur.

Zuletzt gehören hierzu Experten, die zwischenmenschliche Prozesse gestalten und dabei insbesondere die Zusammenarbeit von Kollegen im Rahmen von Meetings organisieren. Hierzu zählen vor allem Moderatoren und Coaches, aber auch Unternehmensberater und leitende Fachexperten.

1.3 Übergreifende Ausrichtung

Die Notwendigkeit, die Auswirkungen von verbaler Aggression zu verhindern oder zu begrenzen, erfordert die Entwicklung einer Strategie, die in realen Situationen tatsächlich angewandt werden kann und dabei darauf abzielt, das Konfliktpotenzial zu minimieren, das konstruktive Miteinander zu bewahren und damit letztendlich eine kontinuierliche Unternehmensleistung sicherzustellen.

Dieser Ratgeber unterscheidet sich daher von vielen Publikationen der Selbsthilfeliteratur in drei wesentlichen Aspekten:

1. Die Ausrichtung dieses Ratgebers ist durchgehend konstruktiv. Es geht nicht darum, einen Machtkampf zu gewinnen, sondern schädliches Verhalten zu begrenzen und wieder zu einem konstruktiven Miteinander zu kommen.
2. Der Ratgeber strebt an, pragmatisch und realistisch zu sein. Das beschriebene Vorgehen und die aufgeführten Techniken sollen erlernbar und direkt anwendbar sein, und der Weg zur Erlangung dieser Kompetenz soll aufgezeigt werden.
3. Dieser Ratgeber basiert auf einem breiten Fundament von Erkenntnissen über verbale Aggression sowie über physiologische und psychologische Gesetzmäßigkeiten des Menschen.

Auch wenn etliche dieser Grundlagen uns Menschen zumindest intuitiv bekannt sind, führen die explizite Darstellung und Verknüpfung zu neuen Erkenntnissen, welche die Voraussetzung für die praktische Anwendbarkeit des Vorgehens bilden.

Diese übergreifenden Aspekte werden im Nachfolgenden näher erläutert.

1.3.1 Konstruktive Ausrichtung

Dieser Ratgeber hat zum Ziel, verbale Aggression effektiv zu begrenzen und ein konstruktives Miteinander zu ermöglichen.

Von einem Streben nach Überlegenheit oder gar Vergeltung getriebene Motivationen werden nicht unterstützt. Das hier vorgestellte Vorgehen dient also nicht dazu, einen Machtkampf zu gewinnen oder jemanden herunterzuputzen.

In der Selbsthilfeliteratur gibt es eine deutliche Betonung auf Schlagfertigkeit und scharfe Erwiderungen oder Retourkutschen. Die Bücher beschreiben dabei mögliche geistreiche oder vermeintlich elegante Antworten auf einen Angriff. Diese sind auf den ersten Blick ansprechend, da sie intelligent und humorvoll sind und den Aggressor in die Schranken verweisen.

Typische Empfehlungen zielen darauf ab, den Austausch zu „gewinnen". Sie empfehlen, mit gleicher Münze heimzuzahlen, und minimieren dadurch den Konflikt nicht, sondern tragen zur Verlängerung oder gar Eskalation bei. Die Auswirkungen der Aggression klingen dadurch lange nach oder summieren sich sogar über die Zeit.

Andere Empfehlungen zielen darauf ab, die Situation zu „entschärfen". Sie weichen einer möglicherweise schwierigen oder sogar schmerzhaften Klärung aus, ohne das destruktive Verhalten zu begrenzen, die schädlichen Auswirkungen anzusprechen oder die Ursache des Problems anzupacken. Dies lässt die Aggression noch über längere Zeiträume nachwirken und suggeriert dem Angreifer und anderen Beteiligten, dass verbale Aggression gefahrlos angewandt werden kann.

Ein konstruktiver und nachhaltiger Ansatz muss hingegen die Aggression klar ansprechen und begrenzen. Er muss eine langfristige Perspektive verfolgen, um auf ein für alle Seiten vorteilhaftes Ziel und die Wiederherstellung einer positiven Atmosphäre und eines konstruktiven Miteinanders hinzusteuern.

1.3.2 Ein pragmatisches und realistisches Vorgehen

Das in diesem Ratgeber beschriebene Vorgehen zur Bewältigung verbaler Aggression im Beruf soll sowohl pragmatisch als auch realistisch sein. Die vorgestellten Techniken müssen tatsächlich einsetzbar sein, und der Leser muss die Möglichkeit haben, diese zu erlernen und mit Selbstvertrauen anzuwenden.

Es gibt eine Fülle von Sachliteratur und Selbsthilfebüchern sowie von Webseiten und Kursen zum Thema verbaler Aggression und Schlagfertigkeit, wie eine kurze Internetsuche zu diesen Themen zeigt. Vielfach wird in ihnen verbale Aggression auf offene Beleidigungen reduziert, und die vielen verschleierten Erscheinungsformen im beruflichen Umfeld sowie die zugrunde liegenden negativen Motivationen werden ignoriert.

Die dort angebotenen Empfehlungen für den Umgang mit verbaler Aggression in geschäftlichen Meetings sind oft nicht praktisch anwendbar, da sie fundamentale Prinzipien der menschlichen Physiologie und Psychologie sowie der zwischenmenschlichen Interaktion ignorieren. Sie sind zudem nicht auf die an der Situation beteiligten Individuen zugeschnitten.

Die Reaktion auf einen wahrgenommenen Angriff ist stark abhängig von den eigenen Verhaltensmustern und der selektiven Wahrnehmung sowie der ganz eigenen Logik der Beteiligten und der Zielsetzung beider Seiten.

Zum Beispiel kann eine Bemerkung, die für einen unbeteiligten Dritten unverfänglich erscheint, in der Wahrnehmung der angesprochenen Person tief verletzend wirken, da sie einen Bereich vermeintlicher Minderwertigkeit berührt und damit zu einer unerwartet heftigen Reaktion aufgrund von Überkompensierung führt.

Da diese Wahrnehmungs- und Verhaltensmuster komplex und für jede Person einzigartig sind, muss ein tragfähiges Vorgehen diese Faktoren berücksichtigen, gemeinsam mit den sie steuernden fundamentalen Mechanismen.

Die in vielen Büchern propagierten schlagfertigen Reaktionen sind weiterhin in den meisten Situationen unrealistisch, selbst wenn man mögliche Erwiderungen auswendig gelernt hat.

In Wirklichkeit benötigt man ein tiefes Verständnis für die eigene selektive Wahrnehmung und persönlichen Schmerzpunkte, um die körperlichen Reflexe und automatisierten Antworten im Moment des Angriffs zu kontrollieren. Es bedarf weiterhin einer eingeübten und verinnerlichten Methode, um Ruhe und Kontrolle über sich selbst zurückzugewinnen und anschließend den Austausch in eine konstruktive Richtung zu steuern.

Der Erfolg der nachfolgenden Schritte hängt stark von der Persönlichkeit und den persönlichen Verhaltensmustern sowie den Werten und Zielen einer Person ab. Er ist weiterhin abhängig von der Motivation des Gegenübers und dem situativen Umfeld und Kontext.

Das in diesem Ratgeber vorgestellte Vorgehen berücksichtigt diese Faktoren und kombiniert sie in einer Form, welche tatsächlich in konkreten Situationen einsetzbar ist.

1.3.3 Fundierung in Gesetzmäßigkeiten menschlichen Verhaltens

Um diese realistische Herangehensweise zu definieren und zu nutzen, wird ein breites Fundament benötigt. Dieses muss sowohl Erkenntnisse über verbale Aggression und die dahinterliegenden Zielsetzungen enthalten als auch aktuelles Wissen über die körperliche und mentale Reaktion auf Angriffe und über die psychologischen Grundlagen menschlicher Wahrnehmung und menschlichen Verhaltens.

Die Empfehlungen dieses Ratgebers fußen auf einer breiten Basis wissenschaftlicher Literatur aus diesen drei Bereichen, welche mit langjähriger Erfahrung aus einem dynamischen Berufsleben und mit Erkenntnissen aus vielen Gesprächen mit Berufstätigen kombiniert wurde.

Insbesondere die von Alfred Adler entwickelten Konzepte der Individualpsychologie bilden einen Rahmen, um menschliches Verhalten zu verstehen, und ermöglichen die Entwicklung eines Vorgehens, das auf das jeweilige Individuum zugeschnitten werden kann.

Die wissenschaftliche Theorie der Individualpsychologie bietet dabei ein umfassendes Modell der Person als unteilbarer (in-dividueller, von lateinisch individuum, „Unteilbares") Einheit und beschreibt ihre Entwicklung zu einem Mitglied der Gesellschaft, die von dem grundlegenden Streben nach Zugehörigkeit und Gemeinschaftsgefühl sowie nach Einzigartigkeit und Bedeutung bestimmt wird.

Dabei bietet das Modell auch Einblicke in Entwicklungen, die Ursache späterer Probleme sein können, und erlaubt es, verbale Aggression in diesem Kontext begreifbar zu machen.

Alfred Adler sagte, er habe Dinge zusammengefasst, die wir schon immer gewusst hätten. Auch dieser Ratgeber fasst viele Aspekte verbaler Aggression und menschlichen Verhaltens zusammen, die Lesern bereits begegnet sein dürften, die sie aber vielleicht noch nicht miteinander in Verbindung gebracht oder zu Ende gedacht haben.

Die explizite Benennung dieser Gesetzmäßigkeiten menschlichen Handelns und die Verbindung mit weiteren Themen zu einem breiten Gesamtkontext machen das vorgestellte Vorgehen greifbar und ermöglichen weitergehende Erkenntnisse über den Menschen.

1.4 Struktur und Fokus

1.4.1 Inhalt und Aufbau

Dieser Ratgeber liefert zunächst die Hintergrundinformationen, welche für das Bewältigen verbaler Aggression mithilfe des vorgestellten Vorgehens erforderlich sind.

Neben einem Überblick über Zweck, Formen und Auswirkungen verbaler Aggression in Kap. 2 gehören hierzu insbesondere fundierte Einblicke in die physiologische und psychologische Reaktion von Menschen in Kap. 3.

Auf dieser Basis werden in Kap. 4 notwendige Kriterien für einen praktikablen und wirkungsvollen Ansatz abgeleitet und ein dazu passendes strukturiertes Vorgehen vorgestellt, um verbale Aggression in einer persönlichen Interaktion zu bewältigen. Dieses besteht zuerst aus den Schritten zur Vorbereitung auf die Interaktion. Es folgen Methoden, welche im Moment der verbalen Aggression zur Wiedererlangung der Kontrolle und zum Erzielen eines konstruktiven Ergebnisses direkt angewandt werden können. Anschließend werden Varianten für weitere Situationen im beruflichen Kontext erläutert. Zuletzt werden Folgeaktivitäten vorgestellt, um das erreichte konstruktive Miteinander zu schützen und zu stärken.

Weiterhin werden in Kap. 5 drei konkrete Szenarien beschrieben, welche jeweils eine Situationsanalyse beinhalten und einen möglichen alternativen Ablauf durch Einsatz des Vorgehens veranschaulichen.

Der abschließende Kap. 6 beschreibt mögliche Schritte, um Hintergrundwissen zu vertiefen, das beschriebene Vorgehen zur Bewältigung verbaler Aggression zu erlernen und es praktisch zu üben. Dadurch werden Leser in die Lage versetzt, Konflikte zu reduzieren, verbale Aggressionen verlässlich zu bewältigen und den Teamgeist und das konstruktive Miteinander im Beruf zu stärken.

1.4.2 Fokus auf persönliche Interaktion und Ableitung weiterer Situationen

Da wir Menschen nur eine begrenzte Kapazität haben, komplexe Sachverhalte zu verstehen, werden die Konzepte zunächst anhand des am häufigsten auftretenden Szenarios erläutert: Der verbalen Aggression im direkten Austausch zwischen Menschen, mit einem moderaten Grad an Aggression.

Dieses Konzept wird in einem zweiten Schritt auf weitere Szenarien erweitert, zum Beispiel einen schriftlichen Austausch oder für einen hohen Grad an Aggression. Davon werden dann weitere Maßnahmen abgeleitet und in das Vorgehen eingeordnet.

1.4.2.1 Der situative Bereich der persönlichen Interaktion

Um die Komplexität beherrschbar zu halten, liegt der Fokus zunächst auf persönlichen Interaktionen, zum Beispiel in gemeinsamen Besprechungen, welche auch online stattfinden können. Dabei werden zunächst Meetings innerhalb einer Organisation betrachtet. Die Ausrichtung an gemeinsamen Zielen und die Schaffung eines konstruktiven, langfristigen Miteinanders können dadurch berücksichtigt werden.

Interaktionen mit Kunden oder anderen externen Betroffenen werden später erörtert. Ebenso werden Manöver, die außerhalb eines direkten Gesprächs stattfinden (verbale Aggression in Abwesenheit der betroffenen Person oder Aggression in Schriftform via E-Mail oder Chat), separat behandelt.

Um den Umfang handhabbar zu halten, werden keine verwickelten Machenschaften behandelt, die über einen längeren Zeitraum stattfinden. Hierzu gehören langlaufende Intrigen, Mobbing, Gaslighting, destruktive Doppelbindungen oder strategisch geplante Machtmanöver.

1.4.2.2 Ein moderater Intensitätsgrad an Aggression

Verbale Aggression tritt in verschiedenen Intensitätsgraden und mit verschiedensten Absichten auf. Der Fokus dieses Ratgebers liegt zunächst auf der am weitverbreitetsten Form von Aggression mit einem moderaten Intensitätsgrad, um ein Vorgehen zu bieten, das hochgradig relevant ist.

Es deckt erst in einem zweiten Schritt geringfügige Auseinandersetzungen ab, die lediglich lästig sind, sowie Situationen, in welchen das Gemeinschaftsgefühl so gut wie zerstört ist und eine direkte Lösung unwahrscheinlich ist.

Diese Differenzierung nutzt das Konzept der fehlgeleiteten oder destruktiven Nahziele gemäß der Definition von Rudolf Dreikurs (1969), welche in Abschn. 2.1.1 im Detail erklärt werden:

Dieser Ratgeber beschäftigt sich in erster Linie mit verbaler Aggression, welche von dem destruktiven Nahziel des Erringens von Macht und Überlegenheit angetrieben ist.

In diesem Fall besteht noch ein gewisses Maß an Zusammengehörigkeitsgefühl, welches genutzt werden kann, um die Aggression abzumildern und sich auf gemeinsame Ziele auszurichten. Gleichzeitig sind diese Aggressionen sehr verbreitet und dabei so schwerwiegend, dass sie den Teamgeist und das konstruktive Miteinander bedrohen und daher direkt angegangen werden müssen.

Falls das Ziel lediglich in der Ablenkung von eigenen Fehlern oder im unangemessenen Erregen von Aufmerksamkeit besteht, so belastet das aggressive Manöver zwar die Arbeitsatmosphäre, kann aber im Normalfall bewältigt werden, indem das Verhalten direkt angesprochen wird und die Teilnehmer an angemessene Umgangsformen erinnert werden.

Diese Bagatellen werden daher nicht explizit in diesem Ratgeber behandelt; die vorgestellten Methoden können jedoch auch in diesen Fällen eingesetzt werden.

Falls der Aggressor durch Rache und Vergeltung getrieben ist, ist das Miteinander bereits ernsthaft beschädigt, und es geht dem Aggressor um die Verletzung des Gegenübers um jeden Preis. An die Verbundenheit und an gemeinsame Ziele zu appellieren, wird daher nur in wenigen Fällen zum Erfolg führen.

Diese Fälle werden daher in einem weiteren Abschnitt behandelt, da sie einen anderen Ansatz erfordern, bei welchem das zersetzende Verhalten scharf begrenzt wird.

1.5 Zentrale Erkenntnisse und Nutzen

Für den Leser ergeben sich aus den umfangreichen Grundlagen und dem strukturierten, pragmatischen Vorgehen eine Reihe von Erkenntnissen sowie konkreter Nutzen für das Berufsleben und darüber hinaus.

1.5.1 Wesentliche Erkenntnisse

Aus der Lektüre dieses Ratgebers kann der Leser drei wesentliche Erkenntnisse ziehen, welche durch ein breites wissenschaftliches Fundament und die Verknüpfung der diversen Fakten untermauert sind:

1. Verbale Aggression erfordert aufgrund ihrer Häufigkeit, vielfältigen Formen und schädlichen Auswirkungen eine kompetente Bewältigung. Diese muss eine einvernehmliche Lösung und ein konstruktives Miteinander zum Ziel haben.
2. Neben einem Verständnis der physiologischen und kognitiven Grundlagen ist eine Kenntnis der Persönlichkeitsstrukturen und persönlichen

Zielsetzungen für diese Bewältigung unerlässlich. Hierfür bietet die wissenschaftliche Theorie der Individualpsychologie ein so kompaktes wie machtvolles Modell, mit dem man die Menschen mit ihren Absichten und Handlungen verstehen kann.
3. Verbale Aggression lässt sich in verschiedensten Situationen methodisch bewältigen und schrittweise in Zusammenarbeit umwandeln. Die Kompetenz hierfür kann jeder Mensch zielstrebig aufbauen.

1.5.2 Resultierender Nutzen für den Leser

Auf Basis dieser Erkenntnisse ergibt sich ein signifikanter Nutzen für die Leser:

- Leser erhalten ein grundlegendes Verständnis der menschlichen Wahrnehmung und des menschlichen Verhaltens.
- Leser werden in die Lage versetzt, die jeweiligen Persönlichkeitsstrukturen und Motivationen der Beteiligten in Interaktionen zu verstehen und zu berücksichtigen.
- Leser können Konflikte durch umsichtige Vorbereitung und souveräne Ausstrahlung proaktiv vermeiden.
- Leser bauen Kompetenz auf, um verbale Aggression zu erkennen, sie einzuordnen, und die dahinterliegende Motivation zu verstehen.
- Leser stärken ihre Selbstkontrolle und Selbsterkenntnis durch Reflexion.
- Leser erlernen und trainieren ihre Fähigkeit, verbale Aggression mit einem strukturierten Vorgehen und einem breiten Werkzeugkasten in ein konstruktives Miteinander umzuwandeln.
- Leser werden insgesamt ermutigt, ihre Interaktion mit ihren Mitmenschen angstfrei und konstruktiv zu gestalten.

1.6 Verwendung dieses Ratgebers

Das menschliche Miteinander ist komplex und dynamisch, und dadurch wird das in diesem Ratgeber vorgestellte Vorgehen nur selten „in Reinform" zur Anwendung kommen und auch nicht immer chronologisch Schritt für Schritt abgearbeitet werden können.

Vielmehr stellt es eine logische Sammlung von Methoden und Techniken dar, um eine Konfrontation schrittweise in Richtung Kooperation zu verändern. Dafür wird ein breiter Werkzeugkasten zur Verfügung gestellt, und diejenigen Instrumente, welche einem persönlich am meisten liegen, können mit aller Kreativität kombiniert und eingesetzt werden.

Um zu verstehen, was im Rahmen einer verbalen Aggression tatsächlich abläuft, wozu die verschiedenen Methoden dienen und wie sie eingesetzt werden sollten, ist eine Kenntnis der Hintergründe notwendig. Es wird daher empfohlen, nicht direkt zur Beschreibung des Vorgehens in Kap. 4 zu springen, sondern zunächst die Hintergründe verbaler Aggression und der physiologischen und psychologischen Grundlagen in Kap. 2 und 3 zu lesen.

Wer eine breite Kompetenz zur Bewältigung verbaler Aggression aufbauen möchte, sollte sich anhand der Empfehlungen in Kap. 6 einen längerfristigen Plan erstellen und beharrlich und konsequent abarbeiten.

Doch auch ohne Verfolgung einer vertieften Ausbildung lohnt es sich, regelmäßig einen Blick auf das gesamte Vorgehen zu werfen und sich entsprechend der Empfehlungen in Abschn. 4.3.3 in der Bewältigung von verbaler Aggression zu üben. Weiterhin ist es empfehlenswert, regelmäßig die Schritte in den Abschn. 4.3.4 und 4.3.5 durchzugehen, um proaktiv Konflikte zu vermeiden und sich auf Interaktionen mit Kollegen strukturiert vorzubereiten.

Mit diesem Überblick über Zielgruppe, Inhalt und Anwendung dieses Ratgebers ist man gut vorbereitet, um sich mit den verschiedenen Formen verbaler Aggression und den dahinterliegenden Absichten zu beschäftigen.

Literatur

Adler, A (1920). Praxis und Theorie der Individualpsychologie. München, Wiesbaden: J.F. Bergmann.
Dreikurs, R (1969). Grundbegriffe der Individualpsychologie. Stuttgart: Klett-Kotta.

2

Zweck, Formen und Auswirkungen verbaler Aggression

Um das in diesem Ratgeber vorgestellte Vorgehen zum Bewältigen verbaler Aggression zu verstehen und anwenden zu können, muss man einen Überblick über die ganze Bandbreite verbaler Aggression haben und die dahinterstehenden Absichten und Motivlagen durchschauen.

Insbesondere im beruflichen Umfeld erfolgen solche Angriffe fast ausnahmslos verschleiert; dennoch liegen ihnen auf die andere Person bezogene destruktive Absichten zugrunde, und die negativen Konsequenzen für die Leidtragenden sowie auf die Betriebe insgesamt sind oft gravierend.

Abschn. 2.1 erläutert, worin verbale Aggression eigentlich besteht, welche Absicht dahintersteht und nach welchem Mechanismus sie ihre Wirkung entfaltet. Durch die klare Definition können andere Äußerungen, deren Inhalt nicht willkommen ist, deutlich von Aggression abgegrenzt werden.

In der Realität besteht nicht immer so eine Klarheit darüber, ob eine Äußerung aggressiv gemeint war, und Abschn. 2.2 legt die verschiedenen Kombinationen aus der Intention hinter einer Aussage und der Interpretation durch den Empfänger dar. Diese haben wesentlichen Einfluss darauf, wie man mit einer als Angriff verstandenen Äußerung umgehen sollte.

Die konkreten Angriffspunkte und Herangehensweisen der Abwertung werden in Abschn. 2.3 vorgestellt. Sie werden durch eine Person mit negativer Absicht für einen Angriff beliebig kombiniert, und Abschn. 2.4 bietet einen umfassenden Überblick über die so entstehenden konkreten und mannigfaltigen Erscheinungsformen verbaler Aggression. Abschn. 2.5 legt schließlich ihre nachhaltigen negativen Konsequenzen dar.

2.1 Definition, Absichten und Mechanismen verbaler Aggression

In diesem Abschnitt wird erörtert, was verbale Aggression ausmacht und wie sie von anderen wenig willkommenen Äußerungen zu unterscheiden ist. Hierfür wird die hinter der Äußerung liegende Absicht erläutert und der Mechanismus der Abwertung erklärt.

2.1.1 Definition verbaler Aggression

In der Literatur und im Internet finden sich verschiedene Definitionen verbaler Aggression. Die Sprachwissenschaft nähert sich dieser Frage von mehreren Seiten:

- Ist es verbale Aggression, wenn die Äußerung durch den Sender negativ gemeint war, aber durch den Empfänger nicht als Angriff wahrgenommen oder aufgefasst wurde?
- Muss man es als Angriff werten, wenn die Worte selbst beleidigend sind, aber von Sender und Empfänger als verbindend verstanden werden (zum Beispiel in gewissen männlichen Subkulturen)?
- Liegt eine Attacke vor, wenn der Empfänger den Ausspruch als solche empfindet und sich verletzt fühlt, auch wenn der Sender eine positive Absicht verfolgte?

In diesem Ratgeber wird verbale Aggression klar und pragmatisch durch die negative Absicht des Senders definiert, welche der Äußerung zugrunde liegt:

> „Wenn es eine Aggression sein soll, dann ist es auch eine Aggression."

2.1.2 Die Absicht hinter verbaler Aggression

Hinter einer verbalen Aggression steht eine Absicht der Abwertung des Gegenübers. Diese destruktive Absicht ist dem Aggressor dabei oft unbewusst.

Alfred Adler (1928) erläutert hierzu: „Woher stammt die Entwertungstendenz? Aus der Furcht vor einer Verletzung der eigenen Empfindlichkeit. Sie ist also gleichfalls Sicherungstendenz, eingeleitet durch den Drang nach Geltung. Und steht psychisch im gleichen Rang mit dem Wunsche, oben zu sein..."

2.1.2.1 Kategorien destruktiver Nahziele nach Dreikurs

Zum Verständnis dessen, worin die negative Intention besteht, bietet sich das von Dreikurs entwickelte Schema der destruktiven Nahziele an (Dreikurs 1969).

Hierfür hatte er zunächst störendes Verhalten von Kindern untersucht und in vier Kategorien eingeordnet. Später konnte er diesen Ansatz mit Anpassungen auch auf die Erwachsenen übertragen:

1. Ablenken von eigenen Fehlern
   Hierbei versucht eine Person, Gesichtsverlust, Geringschätzung oder Abwertung durch andere Personen zu verhindern. Dadurch soll auch ein Schamgefühl gelindert werden. Tatsächlich ist das Gegenüber jedoch oft enttäuscht oder peinlich berührt.
   Zum Einsatz kommen hierfür Entschuldigungen, Ausreden, Schutzbehauptungen und Ablenkungsmanöver, aber auch Abwälzen von Schuld auf andere oder sogar Gegenangriffe.
2. Erregen von Aufmerksamkeit
   Um das Interesse einer anderen Person zu erlangen und in ihren Augen Bedeutung zu gewinnen, versucht ein Mensch, ihre Aufmerksamkeit zu gewinnen.
   Zum Einsatz kommen dabei Mittel, die meistens als störend und „nervig" wahrgenommen werden. Diese können durchaus konstruktiv sein, zum Beispiel Strebsamkeit, charmantes Anbiedern oder das Anpreisen besonderer Leistungen, aber sie werden durch das fehlgeleitete Ziel der Aufmerksamkeit unwirksam.
   Deutlich störender sind destruktive Mittel wie demonstrative Hilfsbedürftigkeit oder unerklärliches Versagen, Unterbrechungen, Frechheiten, von der Norm abweichendes Verhalten oder kleinere Beschädigungen.

Abb. 2.1 Destruktive Nahziele nach Dreikurs

3. Erringen von Macht und Überlegenheit

Dieses Nahziel ist weit verbreitet und hat ernsthafte Auswirkungen auf das Gegenüber und auf die Beziehung, da der Versuch von jemandem, sich zur Erringung von Überlegenheit gegenüber einer anderen Person aufzuwerten, in dieser auch stets ein Gefühl der Abwertung erzeugt und damit die Beziehung belastet. Damit verbunden ist beim Gegenüber oft ein Gefühl von Ärger und Wut, aber auch von Verletzung.

Zum Einsatz können dabei Aussagen kommen, welche den eigenen Vorrang herausstellen sollen, wie zum Beispiel die eigene Herkunft, besondere Leistungen oder bemerkenswerte Eigenschaften oder Standpunkte.

In erster Linie werden jedoch abwertende Äußerungen genutzt, welche als Angriff wahrgenommen werden. Diese werden in den folgenden Abschnitten im Detail erläutert.

4. Rache und Vergeltung

Das destruktivste Nahziel ist durch keine Hoffnung auf eine positive zukünftige Beziehung gemäßigt und zielt ausschließlich auf die Schädigung der anderen Person ab, ohne dabei auf eigene Kosten Rücksicht zu nehmen. Beim Gegenüber löst dies Schmerz und Fassungslosigkeit aus.

Hierfür werden tief verletzende Äußerungen genutzt, welche die andere Person an persönlichen Schmerzpunkten treffen sollen und auch keinen Anknüpfungspunkt für ein späteres Miteinander geben.

Abb. 2.1 verdeutlicht die verdeckte Absicht, die hinter den destruktiven Nahzielen steht.

2.1.2.2 Schwere der Aggression in Abhängigkeit des Nahziels

Das hinter einer Aggression stehende destruktive Nahziel beeinflusst die Schwere der Aggression und damit auch ihre Auswirkung auf die angesprochene Person:

- Am wenigsten gravierend sind das Ablenken von eigenen Fehlern und das unangemessene Erregen von Aufmerksamkeit. Dazu gehören auch ein Schimpfen aus Hilflosigkeit oder zur Angstbewältigung bzw. zur Ablehnung der Realität.
Diese Formen der Aggression sind tendenziell ichbezogen und weniger gegen den Adressaten gerichtet, und greifen daher seltener auf abwertende und verletzende Äußerungen zurück. Sie sind oft sehr indirekt oder verdeckt. Trotzdem können sie erhebliche Störgefühle erzeugen und damit das Miteinander belasten.
- Das Erringen von Macht und Überlegenheit ist ein häufig vorkommendes destruktives Nahziel, welches auch immer auf Abwertung der anderen Person angelegt ist.
Dabei greift der Aggressor meistens zu Verschleierung, um kein Risiko für sich selbst einzugehen, und versucht, die persönliche Beziehung aufrechtzuerhalten, da das Ziel der Überlegenheit bei völligem Abbruch des zwischenmenschlichen Kontaktes in sich zusammenfällt. In diesem Fall besteht also noch ein gewisses Maß an Gemeinschaft, welche genutzt werden kann, um wieder zu einem konstruktiven Miteinander zu gelangen.

Trotzdem sind diese Aggressionen im beruflichen Kontext recht verbreitet und so schwerwiegend, dass sie das Miteinander bedrohen und daher direkt angegangen werden müssen. Gleichzeitig erlauben sie noch ausreichend gegenseitige Verbundenheit, um die Aggression abzumildern und sich auf gemeinsame Ziele auszurichten.

- Wenn das Ziel in Rache und Vergeltung liegt, so ist der Drang, das Gegenüber zu verletzen, so stark, dass negative Konsequenzen für sich selbst oder das Fortbestehen einer zwischenmenschlichen Beziehung für den Aggressor keine wesentliche Bedeutung mehr haben. Es geht ausschließlich darum, die andere Person zu bestrafen. Dies zeigt sich in den tief verletzenden Äußerungen, welche keinen Zweifel an der destruktiven Absicht lassen.

Ohne Wunsch des Aggressors nach einem guten Miteinander ist die Umwandlung in eine konstruktive Vereinbarung kaum noch möglich.

Eine effektive Bewältigung verbaler Aggression ist insbesondere dann möglich, wenn die Absicht in einem der ersten drei destruktiven Nahziele liegt. Angriffe, die durch das vierte destruktive Nahziel motiviert sind, sind deutlich schwieriger zu bewältigen.

2.1.3 Das grundsätzliche Prinzip der verbalen Aggression

Neben einer Klarheit über die Absicht hinter verbaler Aggression ist es essenziell, zu verstehen, wie genau ein solcher Angriff seine Wirkung entfaltet.

Im Folgenden wird daher erklärt, was das Zielobjekt der Aggression ist und wie der Mechanismus der Abwertung funktioniert, um Macht und Überlegenheit oder – im schlimmsten Fall – Rache und Vergeltung zu erreichen.

2.1.3.1 Zielobjekt der Aggression

> Verbale Aggression zeichnet sich dadurch aus, dass die Bemerkung auf die Person gerichtet ist und nicht auf ein Thema oder eine Handlung. Ob die Bemerkung sachlich richtig ist oder nicht, spielt dabei keine Rolle.

Zum Beispiel ist ein Hinweis auf einen Fehler mit der Absicht, dass dieser korrigiert wird – vielleicht sogar mit dem Angebot von Unterstützung – keine verbale Aggression, während die Zuweisung von Verantwortlichkeit und Schuld für einen Fehler durchaus verbale Aggression darstellt. Abschn. 2.1.4 bietet Abgrenzungen zu Formen schwieriger oder unangenehmer Kommunikation, die nicht als verbale Aggression angesehen werden können.

Eine Aggression muss nicht bewusst erfolgen – es kann sich um ein erlerntes und unreflektiertes Verhalten handeln, zum Beispiel gewohnheitsmäßiges Widersprechen zur Erlangung von Überlegenheit. Ein Schlüsselindikator für diese Absicht ist die Emotion, die bei der Zielperson der Aggression tatsächlich hervorgerufen wird – wenn sich eine Person abgewertet und verletzt fühlt, ist die Wahrscheinlichkeit hoch, dass dies tatsächlich die ursprüngliche Intention der Bemerkung ist.

Allerdings besteht hierbei das Risiko, dass der Empfänger durch seine ganz spezifische Sichtweise auch rein sachlich gemeinte Aussagen als Angriff auffasst. Der Abschn. 2.2 über Intention und Interpretation betrachtet die daraus entstehenden Implikationen.

2.1.3.2 Der grundlegende Mechanismus der Abwertung

Jeder Mensch hat seine eigene Meinung über sich selbst mit seinen Eigenschaften und Handlungen – sein Selbstbild. Ebenso hat er eine eigene Meinung über die Menschen in seiner Umgebung sowie über ihre Stellung zueinander und ihre Beziehung untereinander. Diese Meinungen sind in der Regel nicht explizit ausformuliert, aber unterbewusst stets Teil des Denkens – und über weite Zeiträume stabil.

> Um Macht und Überlegenheit zu erringen oder Rache und Vergeltung zu üben, sendet der Aggressor eine Botschaft, welche die Meinung des Empfängers derart verändert, dass der Aggressor besser oder der Empfänger schlechter dasteht als vor dem Senden der Botschaft.

Im milden Fall geschieht dies, indem der Aggressor seine eigenen Leistungen, Eigenschaften oder Beziehungen besonders herausstellt, was beim Empfänger wiederum ein Gefühl der Unterlegenheit und Minderwertigkeit hervorruft. Auch der Verweis auf die vorgeblich überlegenen Qualitäten anderer Personen, egal ob anwesend oder abwesend, kann dieses Gefühl der Unterlegenheit erzeugen.

In schwereren Fällen greift der Aggressor direkt eine Eigenschaft, Handlung oder Beziehung des Empfängers an und wertet diese ab. Dadurch fühlt sich der Betroffene nicht wegen einer vorgeblichen besonderen Leistung des Aggressors unterlegen, sondern korrigiert seine eigene Bewertung von sich selbst nach unten, sodass er sich gegenüber allen Menschen weniger wertvoll fühlt.

Im Extremfall bringt der Aggressor den Empfänger der Botschaft dazu, wesentliche Teile seiner bisherigen Meinung über sich und die Welt in Zweifel zu ziehen und an seiner eigenen Kompetenz zur Bewertung der Sachlage zu zweifeln – sprichwörtlich zu verzweifeln.

Alternativ kann der Aggressor auch darauf zielen, die Meinung relevanter Menschen im Netzwerk des Empfängers zu verändern und ihre Einschätzung über diesen zu unterminieren. Dies kann zum Beispiel durch Ansprache weiterer Anwesender in einem Meeting erfolgen oder durch entsprechende Aussagen an weitere Empfänger einer schriftlichen Kommunikation.

2.1.4 Abgrenzung verbaler Aggression von anderen Äußerungsformen

> Es ist wichtig, verbale Aggression von anderen Äußerungsformen abzugrenzen, hinter denen nicht die negative Absicht von verbalen Aggressionen steht und die nicht die Person als Ziel sowie eine Abwertung als Wirkmechanismus aufweisen. Solche Äußerungen erfordern daher einen anderen Umgang als verbale Aggressionen.

Dieser Abschnitt stellt eine Reihe dieser Äußerungsformen vor und erläutert die relevanten Unterschiede gegenüber verbaler Aggression.

2.1.4.1 Abgrenzung von Durchsetzungskraft

Durchsetzungskraft bedeutet das selbstbewusste Äußern und Bestehen auf einem Standpunkt, einem Gefühl oder einem Wunsch, ohne sich dabei gezwungen zu fühlen, diese zu rechtfertigen oder Belege zu liefern.

Durchsetzungskraft gründet auf einem gesunden Selbstwertgefühl, welches von einem starken Gemeinschaftsgefühl herrührt. Eine Person mit Durchsetzungskraft zeigt Mut zur Unvollkommenheit und ist dadurch mit einem geringen Maß an Tendenzen zur persönlichen Absicherung verbunden.

Dabei zielt Durchsetzungskraft nicht darauf ab, Überlegenheit zu erringen oder jemanden abzuwerten. Falls der behauptete Standpunkt vom Gegenüber als Verletzung seiner Rechte oder Interessen wahrgenommen wird, wird eine durchsetzungsstarke Person in der Regel versuchen, die Situation objektiv zu bewerten, mit einer nüchternen Diskussion ein gemeinsames Verständnis herbeizuführen und somit ein konstruktives Miteinander zu erhalten.

2.1.4.2 Abgrenzung von Diskussionsfreude

Diskussionsfreude kann starke negative Reaktionen bei der Gegenseite hervorrufen, insbesondere wenn diese sich ihrer Stellung nicht sicher ist oder mit der Sprachgewalt und Debattierfähigkeit der diskussionsfreudigen Person nicht mithalten kann.

Nichtsdestotrotz ist der Gegenstand der Debatte ein Sachthema und hat nichts mit dem Wert oder der Selbstachtung der Beteiligten zu tun, und die Absicht hinter der Diskussionsfreude zielt nicht auf Abwertung des Gegenübers oder Erringen von Überlegenheit ab, sondern auf die Klärung des Themas oder oft auch auf den Spaß an einer intellektuellen Debatte, unabhängig vom Thema.

Eine Studie von Infante et al. ergab sogar, dass hochgradig diskussionsfreudige Menschen am wenigsten zu verbaler Aggression neigen (Infante et al. 1984). Nichtsdestotrotz kann eine unbedachte Debatte für das Gegenüber frustrierend sein, persönliche Schmerzpunkte berühren und am Ende sogar zu einem Versuch der Gegenseite führen, Überlegenheit durch verbale Aggression zu erzielen oder gar Rache und Vergeltung zu üben.

2.1.4.3 Abgrenzung von schlechten Nachrichten

Schlechte Nachrichten, welche den Zielen einer Person zuwiderlaufen oder sogar ihr Selbstbild bedrohen, können als verbale Aggressionen aufgefasst werden und entsprechend heftige Reaktionen auslösen.

Auch in diesem Fall sind jedoch die Intention und damit einhergehend die Form der Kommunikation ausschlaggebend für die Einordnung als verbale Aggression.

Während es durchaus Situationen gibt, in welchen eine Person mit negativer Haltung gegenüber dem Empfänger die Informationen genüsslich, ohne Bedauern oder sogar mit Schadenfreude überbringt, liegt der Kommunikation meistens eine neutrale oder sogar zugewandte Haltung zugrunde. Dies kann sogar dann gelten, wenn es um die Information über eine negative Entscheidung geht, zum Beispiel die Ablehnung eines Antrages oder sogar eine Kündigung.

Insbesondere das frühzeitige, klare und deutliche Benennen der negativen Fakten ist ein konstruktiver Dienst gegenüber dem Empfänger. Die entstehende Situation ist in der Regel für beide Seiten unangenehm, und Menschen schieben oft das Aussprechen der Fakten hinaus, reden um den heißen Brei herum, formulieren unscharf und indirekt oder schieben sogleich vermeintlich beruhigende Relativierungen hinterher.

Im Sinne der Empfehlungen von Corssen (2004), „Schmerz? Ja, sofort!" und Schranner (2001), „Fisch auf den Tisch" stellt eine zeitnahe und unmissverständliche, wenngleich auch empathische Kommunikation der schlechten Nachricht eine zwischenmenschlich positive Handlung dar.

2.1.4.4 Abgrenzung von Korrektur oder Begrenzung

In gewissen Situationen ist es nötig, die Aussage einer anderen Person direkt zu korrigieren oder das Verhalten einer anderen Person durch einen scharfen Hinweis zu begrenzen.

Dies kann zum Beispiel notwendig sein, wenn eine Falschaussage mit schweren Folgen getroffen wird oder vertrauliche Informationen offengelegt werden könnten.

Für die Person, deren Aussage korrigiert wird oder die zum sofortigen Einstellen ihrer Kommunikation aufgefordert wird, kann sich insbesondere eine scharfe Zurechtweisung wie eine Aggression anfühlen und entsprechende emotionale Reaktionen auslösen.

Allerdings ist diese Form von Korrektur oder Begrenzung rein sachbezogen, und ihre Deutlichkeit und Direktheit entsteht aus der Notwendigkeit, durch schnelles Handeln größeren Schaden abzuwenden.

Auch wenn es sich demnach nicht um verbale Aggression handelt, lohnen sich im Nachgang eine Aufarbeitung der Situation, Erläuterung der Notwendigkeit und gegenseitige Bestätigung der konstruktiven Haltung zueinander.

2.1.4.5 Abgrenzung von negativen Konsequenzen

Anders als eine Drohung ist eine Ankündigung negativer Konsequenzen ein glaubhafter Hinweis, dass unter bestimmten Bedingungen automatisch negative Auswirkungen für eine andere Person eintreten werden.

Dieser Hinweis dient dazu, das Verhalten dieser Person zu beeinflussen, lässt ihre Entscheidungsfreiheit und Autonomie jedoch unangetastet.

Auch wenn die vorgestellten Konsequenzen die Person zu einer Verhaltensänderung bewegen können oder wenn die Ankündigung eine Rufschädigung der anderen Person beinhaltet und damit ihre Stellung bedrohen kann, so stellt dies keine Machtausübung dar und dient nicht zur Abwertung der Person bzw. zum Erringen von Überlegenheit.

Die Ankündigung negativer Konsequenzen unterscheidet sich daher durch ihre Intention wesentlich von verbaler Aggression.

2.1.4.6 Abgrenzung von Beschwerden

Die Intention hinter Beschwerden oder Reklamationen unterscheidet sich fundamental von der Motivation zur Erringung von Überlegenheit oder gar Vergeltung.

Die Ursache einer Beschwerde liegt in einer Enttäuschung über die Gegenseite – das heißt, der Adressat der Beschwerde erfüllt wichtige Erwartungen nicht. Beschwerden sind oft ein Appell, einen endlich zu verstehen und eine gestörte Beziehung wiederherzustellen, und das persönliche Gespräch bietet eine Gelegenheit, um beide Seiten zu verstehen und konstruktive Schritte zu vereinbaren.

Eine Situation, in welcher während eines geschäftlichen Meetings eine Beschwerde vorgebracht wird, bietet die Möglichkeit, beide Seiten eines Konfliktes zu betrachten. Man kann hierzu respektvolle Fragen stellen, um ein Verständnis davon aufzubauen, wie die Gegenseite die eigenen Handlungen wahrnimmt, und sich auf gegenseitige Schritte zur Versöhnung und Wiederherstellung des Gemeinschaftsgefühls verständigen.

Und auch eine schriftliche Beschwerde kann dazu genutzt werden, das eigene Handeln zu hinterfragen und Meinungen weiterer Parteien einzuholen. Anschließend kann man mit einer schriftlichen Antwort oder mit einer Bitte um eine persönliche Abstimmung die Enttäuschung aus der Welt schaffen und wieder eine positive Beziehung herstellen.

2.2 Intention und Interpretation von Aggression

Im vorhergehenden Abschnitt wurde verbale Aggression über die Absicht der Person definiert, die eine Äußerung tätigt. Diese wurde weiter präzisiert durch das Zielobjekt der Aussage und den Mechanismus der Abwertung, was eine Abgrenzung von anderen, nicht aggressiv gemeinten Äußerungen erlaubt, die ebenfalls eine negative Emotion auslösen können. Diese Darstellung verbaler Aggression ist pragmatisch und schafft dadurch Klarheit.

Gleichzeitig richtet sich dieser Ratgeber an die Person, die von einem Angriff betroffen ist, da es um die Bewältigung der verbalen Aggression geht. Der Empfänger der Äußerung möchte also auf das reagieren, was er als Angriff wahrnimmt. Dies ist wiederum nicht zwangsläufig davon abhängig, ob der Sender die Aussage ursprünglich negativ gemeint und welches destruktive Nahziel er damit verfolgt hat.

Die Emotion, die durch die Äußerung in einem ausgelöst wird, kann als Indikator für die abwertende Absicht dienen. Sie birgt allerdings auch das Risiko, auf eine neutral gemeinte Absicht negativ zu reagieren. Die Schritte zur Ermittlung der Intention des Gegenübers in Abschn. 4.5.3 tragen der Tatsache Rechnung, dass man sich irren und die eigene Wahrnehmung zu Fehlinterpretationen führen kann. Folglich ist eine strukturierte und konsequente Klärung der Intention erforderlich.

Eine weitere Dimension kommt dadurch hinzu, dass bei mündlicher Kommunikation weitere Personen anwesend sein können bzw. dass bei schriftlicher Kommunikation der Verteiler zusätzliche Empfänger enthalten kann.

> Man muss daher die im beruflichen Kontext relevanten Kombinationen aus Intention und Interpretation kennen und mit ihren jeweiligen Implikationen verstehen.

2.2.1 Positive Intention und Interpretation

Im beruflichen Alltag ist dies die gewünschte Form des Umgangs: Der Sender kommuniziert mit einer positiven Absicht oder zumindest mit einer neutralen und sachbezogenen Haltung, wie in Tab. 2.1 dargestellt.

Sowohl der direkt angesprochene Empfänger als auch etwaiges Publikum interpretieren die Kommunikation entsprechend ebenfalls positiv oder neutral.

Wenn man eine Äußerung als positiv interpretiert, ist dies natürlich keine Garantie dafür, dass sie auch tatsächlich so gemeint war. Gleichzeitig ist permanentes Misstrauen weder dem Miteinander noch dem eigenen Wohlbefinden zuträglich.

Tab. 2.1 Positive Intention und Interpretation, auch von Anwesenden so wahrgenommen

		Interpretation des Empfängers		Interpretation der Anwesenden	
		Positiv	Negativ	Positiv	Negativ
Intention des Senders	Positiv	X		X	
	Negativ				

Es ist dennoch lohnend, während eines Meetings auf die Reaktion der weiteren Anwesenden zu achten bzw. bei wichtiger schriftlicher Kommunikation die Meinung weiterer Adressaten oder anderer Personen einzuholen.

Dabei kann man auch auf eine Situation in Tab. 2.2 stoßen, dass Sender und Empfänger eine positive Auffassung des Austauschs haben, aber weitere Beteiligte diesen als aggressiv empfinden.

Dies bietet dann die Gelegenheit, die tatsächliche Intention klarzustellen und Missverständnisse aus der Welt zu schaffen.

2.2.2 Negative Intention und Interpretation

Dies ist der klassische und klarste Fall der verbalen Aggression: Der Sender verfolgt eine negative Absicht, und dies wird sowohl von dem Empfänger der Botschaft als auch von weiteren Beteiligten so verstanden, wie in Tab. 2.3 dargestellt.

Tab. 2.2 Positive Intention und Interpretation, Missverständnis der Anwesenden

		Interpretation des Empfängers		Interpretation der Anwesenden	
		Positiv	Negativ	Positiv	Negativ
Intention des Senders	Positiv	X			X
	Negativ				

Tab. 2.3 Negative Intention und Interpretation, auch von Anwesenden so wahrgenommen

		Interpretation des Empfängers		Interpretation der Anwesenden	
		Positiv	Negativ	Positiv	Negativ
Intention des Senders	Positiv				
	Negativ		X		X

Die Eindeutigkeit der Situation erleichtert es, den Angriff zu benennen und mit einem geeigneten Vorgehen zu bewältigen.

Man kann nie völlig ausschließen, dass die Intention des Senders eigentlich positiv gemeint war, auch wenn man sich während eines Meetings bei anderen Anwesenden rückversichert bzw. weitere Adressaten eines Schreibens befragt. Daher muss eine Vorgehensweise einen möglichen Irrtum berücksichtigen.

Komplizierter wird die Lage, wie in Tab. 2.4 aufgezeigt wird, wenn für den Empfänger die negative Intention klar ist, für andere Beteiligte aufgrund eines anderen Wissensstandes oder einer anderen Perspektive jedoch nicht:

Diese Situation ist besonders perfide, da der Sender den Empfänger zu der Entscheidung nötigt, entweder die Aggression erst später unter vier Augen anzusprechen oder direkt das Publikum mit einzubeziehen, was den Angegriffenen wiederum dazu zwingt, zu erklären, worin die Aggression besteht.

In diesem Fall lässt der Sender den Empfänger gegenüber dem Publikum die hinter der Äußerung liegende negative Aussage im Detail erklären, was einer Selbstanklage oder Selbstschädigung gleichkommen kann. Gleichzeitig gibt dies dem Angreifer die Möglichkeit, die Hände in Unschuld zu waschen und zu behaupten, er hätte dies nicht so gemeint oder die Hintergründe sogar überhaupt nicht gewusst.

2.2.3 Negative Intention und positive Interpretation

Auch in diesem Fall liegt eine verbale Aggression vor, da der Sender der Botschaft ein negatives Ziel verfolgt, auch wenn dieses vom Empfänger nicht oder nur zum Teil so erkannt wird.

Tab. 2.4 Negative Intention und Interpretation, Missverständnis der Anwesenden

		Interpretation des Empfängers		Interpretation der Anwesenden	
		Positiv	Negativ	Positiv	Negativ
Intention des Senders	Positiv				
	Negativ		X	X	

2 Zweck, Formen und Auswirkungen verbaler Aggression   31

Dieser Vorgang kann in Abhängigkeit der Haltung und der Auffassung des Publikums harmlos sein, aber auch den Empfänger nachhaltig unterminieren.

Wenn wie in Tab. 2.5 aufgeführt die negative Äußerung sowohl beim eigentlichen Empfänger als auch beim Publikum nicht verfängt, werden diese auch nicht weiter darauf eingehen, und eine Bewältigung erübrigt sich.

Die weitere Entwicklung der Situation ist im Wesentlichen vom Verhalten des Senders abhängig:

- Er kann sich heimlich ärgern, dass seine Spitze nicht getroffen hat, sich im Stillen darüber freuen, dass er ungestraft etwas Bösartiges sagen konnte, oder auch erleichtert sein, dass sein Angriff unbemerkt blieb und nicht zu einem größeren Konflikt geführt hat.
- Andererseits kann er auch enttäuscht sein, dass sein Angriff seine Wirkung verfehlt hat oder dass er sogar ignoriert wurde, und dies zum Anlass für eine neuerliche Attacke nehmen, diesmal so explizit, dass die negative Intention keinem der Anwesenden verborgen bleibt.

Schwieriger für den Empfänger ist es, wenn ihm die negative Intention entgeht, diese wie in Tab. 2.6 gezeigt dem Publikum jedoch offensichtlich ist:

Dies kann zum Beispiel vorkommen, wenn Sender und Publikum über eine gemeinsame Information verfügen, die dem Empfänger unbekannt ist, oder sie eine negative Haltung gegenüber dem Empfänger verbindet, durch welche sie auch neutrale und scheinbar sachbezogene Äußerungen negativ interpretieren.

Der Empfänger wird in diesem Fall aufgrund des Gesagten nicht verstehen, dass eine verbale Aggression vorliegt, und dementsprechend kaum

Tab. 2.5 Negative Intention, jedoch Missverständnis sowohl des Empfängers als auch der Anwesenden

		Interpretation des Empfängers		Interpretation der Anwesenden	
		Positiv	Negativ	Positiv	Negativ
Intention des Senders	Positiv				
	Negativ	X		X	

Tab. 2.6 Negative Intention und Interpretation durch Anwesende, Missverständnis des Empfängers

		Interpretation des Empfängers		Interpretation der Anwesenden	
		Positiv	Negativ	Positiv	Negativ
Intention des Senders	Positiv				
	Negativ	X			X

auf den Gedanken kommen, zu intervenieren und diese anzusprechen. Erst durch weitere Anzeichen, zum Beispiel eine merkwürdige Stimmung in einem Meeting, den Austausch wissender Blicke, höhnische Lautäußerungen oder abwertende Mimik, kann er der unterschwelligen Aggression auf die Schliche kommen und sie zur Sprache bringen.

2.2.4 Positive Intention und negative Interpretation

Wenn der Empfänger eine Aussage negativ interpretiert und sich durch sie getroffen fühlt, besteht auch immer die Möglichkeit, dass er eine eigentlich gut gemeinte Botschaft durch eine ungeschickte Formulierung seitens des Senders oder durch seine eigene ganz spezielle Wahrnehmung und Deutung so auffasst.

Dies erfordert folglich, dass man bei einer Klärung diese Möglichkeit in Betracht zieht, ohne dabei Gelegenheit für Ausreden zu geben.

Erfolgt die Kommunikation in Schriftform, so ist davon auszugehen, dass der Sender vorsichtiger und bedachter vorgeht als bei einem mündlichen Austausch, da offenkundig negative Äußerungen durch den Empfänger leicht eskaliert werden können und entsprechende Konsequenzen für den Sender nach sich ziehen würden.

In diesem Fall ist es daher trotz der negativen Interpretation durchaus wahrscheinlich, dass die Äußerung eigentlich positiv gemeint war. Durch die zeitversetzte Form der Kommunikation hat der Empfänger die Möglichkeit, zunächst durch Rücksprache mit weiteren Empfängern oder mit bisher unbeteiligten Personen seine Vermutung zu überprüfen.

Sollte dabei, wie in der in Tab. 2.7 dargestellten Kombination, Konsens über die negative Intention herrschen, ist es ratsam, Maßnahmen zur

Tab. 2.7 Positive Intention, jedoch Missverständnis sowohl des Empfängers als auch der Anwesenden

		Interpretation des Empfängers		Interpretation der Anwesenden	
		Positiv	Negativ	Positiv	Negativ
Intention des Senders	Positiv		X		X
	Negativ				

Bewältigung der Aggression zu ergreifen. Auch dabei sollte man die Möglichkeit in Erwägung ziehen, dass die Intention eigentlich positiv gemeint war und durch eine extrem ungeschickte Formulierung allgemein negativ aufgefasst wurde.

Es gibt auch die Möglichkeit, dass der Empfänger mit seiner negativen Wahrnehmung der eigentlich positiv gemeinten Äußerung allein dasteht, wie in Tab. 2.8 dargestellt.

Auch hier ist ein Triangulieren durch das Einholen der Perspektive weiterer Personen hilfreich, um bei dem Versuch, die vermeintliche verbale Aggression zu bewältigen, frühzeitig einen eigenen Irrtum erkennen zu können.

Die erreichte Klarheit über die negative Intention des Senders als Kernkriterium für verbale Aggression versetzt uns in die Lage, im folgenden Abschnitt die Angriffspunkte und Herangehensweisen von verbalen Angriffen zu untersuchen.

Tab. 2.8 Positive Intention und Interpretation durch Anwesende, Missverständnis des Empfängers

		Interpretation des Empfängers		Interpretation der Anwesenden	
		Positiv	Negativ	Positiv	Negativ
Intention des Senders	Positiv		X	X	
	Negativ				

2.3 Angriffspunkte und Herangehensweisen

Die Abwertung kann verschiedenste Aspekte der Persönlichkeit angreifen und mittels diverser Herangehensweisen angebracht werden. Diese werden im Folgenden im Detail dargestellt

2.3.1 Angriffspunkte der Abwertung

> Um sein Gegenüber abzuwerten, kann ein Aggressor das gesamte Spektrum menschlicher Aspekte und Vorstellungen angreifen. Diese lassen sich überwiegend in die Kategorien Eigenschaften, Handlungen, Beziehungen und Bewertungen sowie Freiheiten oder Macht einordnen.

Der Aggressor kann für jeden dieser Aspekte seine eigene Überlegenheit oder die anderer Leute herausstreichen. Der Einfachheit halber wird in diesem Abschnitt jedoch jeweils die Abwertung dieser Aspekte des Empfängers erläutert. Dies ist in der Realität auch der am häufigsten gewählte Weg und der mit der größten Wucht.

Die beispielhaften Formulierungen dienen dabei zur konkreten Veranschaulichung. In der beruflichen Realität werden diese in den allermeisten Fällen geschickt verschleiert oder verdeckt, sodass sich der Aggressor keinem eigenen Risiko aussetzt.

2.3.1.1 Abwertung über Eigenschaften

Eine Abwertung von Eigenschaften kann zum Beispiel die folgenden Aspekte betreffen:

- Kompetenzen und Fähigkeiten: „Ich glaube nicht, dass du die notwendigen Skills bisher unter Beweis gestellt hättest."
- Qualität und Verlässlichkeit: „Ich hätte Bedenken, dass du das mit der notwendigen Sorgfalt erledigen könntest."
- Gesinnung und Intention: „Wir haben Zweifel, ob du nicht wieder alle Lorbeeren für dich einheimsen würdest."
- Glaubwürdigkeit und Ehrlichkeit: „Ich wüsste nicht, warum ich dir in dieser Hinsicht Glauben schenken sollte."
- Mentale Normalität: „Brauchst du psychiatrische Hilfe?"

- Verachtung einer besonderen Auszeichnung, die einer Person besonders am Herzen liegt: „Ach, diese Uni hat ja auch den Ruf, jedem einen Doktortitel zu geben, der nur bezahlt."

2.3.1.2 Abwertung über Handlungen

Handlungen, Arbeitsergebnisse und Errungenschaften lassen sich wie folgt abwerten:

- Angriff auf erbrachte Ergebnisse und Leistungen: „Das hat uns nun wirklich nichts gebracht", „Das war ja ein eher maues Ergebnis", „Im Vergleich hilft uns das jetzt aber nicht weiter."
- Angriff auf die Gewissenhaftigkeit der Ausführung: „Das ist ja mit viel Glück gerade noch mal gut gegangen", „Das ist schon ganz schön nachlässig aufgesetzt", „Beim nächsten Mal musst du aber besser hingucken, damit das auch wirklich klappt."
- Angriff auf die Qualität: „Das Diagramm sah aus, als hätte es ein Fünfjähriger gemalt", „Deine Formulierung in dem Brief kommt wohl direkt aus der Förderschule", „Das Werkstück sieht aus, als wäre es mehrfach überfahren worden."
- Angriff auf Einsatz: „Es muss schön sein, wenn man mit so wenig Aufwand auch einmal einen Erfolg feiern kann."
- Angriff auf Beitrag: „Da haben aber sicherlich andere Leute den Löwenteil der Leistung erbracht."
- Anzweifeln der Urheberschaft: „Ich wüsste nicht, dass du daran mitgewirkt hättest."
- Zuschieben von Schuld: „Durch deine Schlampigkeit haben wir den Auftrag verloren", „Weil Du so unzuverlässig warst, stehen wir wieder bei null."
- Herausstellen und Anprangern von Fehlern: „Das Anschreiben steckte voller Fehler", „Bei der Präsentation hast Du Dich ja richtig peinlich verhaspelt", „Du hast ihren Namen völlig falsch ausgesprochen, das war so beschämend."
- Unablässiges Korrigieren von kleinen Fehlern, insbesondere sprachlicher Art: „Das heißt ‚des Kollegen' – Genitiv halt", „Nach ‚weil' kommt aber ein Nebensatz, kein Hauptsatz", „Das heißt ‚Studierende', du musst korrekt gendern."
- Ausschlachten von Fehlleistungen oder unfreiwilliger Komik: „Boah, das war ein Fest, dir zuzuschauen, wie du dich bis auf die Knochen blamiert

hast", „Wir haben noch Stunden darüber gelacht, wie du das versemmelt hast."

2.3.1.3 Abwertung über Beziehungen

Die Abwertung von Beziehungen und insbesondere ein Angriff auf die soziale Position und das Ansehen treffen oft besonders hart und können zum Beispiel die folgenden Formen annehmen:

- Aussagen über allgemeine Abneigung gegenüber der Person: „Es traut sich ja keiner, das direkt zu sagen, aber dich mag doch sowieso keiner so richtig."
- Behauptung über ein negatives Image der Person: „Dich hält ja sowieso jeder, der einmal mit dir zu tun hatte, für einen Hochstapler."
- Bezweifeln von gesunden Beziehungen: „Du glaubst vielleicht, dass die Kollegen dich mögen. In Wirklichkeit können sie dich nicht ausstehen, und das sagen sie auch, wenn du nicht dabei bist."
- Zugehörigkeit zu Gruppen: „Die müssen wirklich verzweifelt sein – anscheinend nehmen die jetzt auch wirklich jeden."
- Zweifel an der Relevanz und Nützlichkeit einer Person: „Uns ist immer noch vollkommen unklar, welche Rolle du hier überhaupt spielen könntest."
- Abwertende Aussagen über den Wert der Interaktion mit dem Angegriffenen oder der Äußerungen: „Lohnt sich ja doch nicht", „Ist vollkommen irrelevant."
- Abstreiten eines allgemeinen Interesses an der Person: „Uns interessiert aber nicht, was du gerade denkst."
- Verneinung der Zugehörigkeit zu einer Gruppe: „Eigentlich gehörst du hier überhaupt nicht dazu."

2.3.1.4 Abwertung über Bewertungen

Darüber hinaus haben Angriffe auf die Bewertung und Meinung einen nachhaltig destruktiven Effekt. Sie nehmen zum Beispiel diese Gestalt an:

- Angriff auf das Selbstbild: „Du hältst dich vielleicht für ein großes Talent; in Wirklichkeit möchte dir nur keiner sagen, dass du nichts draufhast, weil sie dich schonen wollen."

- Verächtlichmachung von Vorlieben oder des Geschmacks: „Jemand, der solche Klamotten anzieht, möchte damit vermutlich Vögel verscheuchen", „Die Marke ist schon seit den Neunzigern uncool."
- Angriff auf geschätzte Objekte oder Gruppen: „Diese Automarke wird echt nur von älteren Herren gefahren", „Dein Verein kann doch nicht mal in der Regionalliga mithalten."
- Verachtung einer Denkschule oder Vereinigung: „Das ganze Gedankengebäude basiert ja nachweislich auf den verdrehten Ideen eines Spinners."
- Verachtung gegenüber den erklärten Zielen oder Idealen: „Das ist doch völlig sinnlos, sich für solche Luftschlösser zu engagieren."
- Deklarieren von persönlichen Werten als irrelevant: „Deine zur Schau gestellte Loyalität bringt uns hier gar nichts" als Angriff auf besondere Treue, „Dein vorgeschobener Arbeitseifer wird ja sowieso nicht bemerkt" als Abwertung von hohem Beitrag, „Diese Pingeligkeit und Erbsenzählerei ist vollkommen übertrieben" als Herabsetzung eines hohen Qualitätsanspruchs und Arbeitsethos.
- Abstreiten des Urteilsvermögens: „Aber das weiß doch jeder, dass man diese Partei nicht wählen kann", „Ein normaler Mensch würde nicht im Traum daraufkommen, in so einer Beziehung zu leben."
- Anzweifeln der allgemeinen Ansichten: „Mit gesundem Menschenverstand hat deine Meinung echt nichts mehr zu tun", „Dein Weltbild ist so verdreht, da sind Verschwörungstheoretiker ja bodenständig im Vergleich."
- Suggerieren von Hilfsbedürftigkeit, die auf ein größeres Problem hindeutet: „Ich bin kein Psychiater, ich kann dir hier nicht helfen", „Vielleicht müsstest du dafür einen Therapeuten aufsuchen?"

2.3.1.5 Einschränkung von Freiheit und Macht

Zuletzt können die Freiheit und die Macht einer Person angegriffen werden. Diese kann man verstehen als Kombination aus der Meinung über die eigenen Fähigkeiten hinsichtlich des Handelns sowie der Befugnis dazu im Rahmen der Beziehungen zu relevanten Menschen. Diese Angriffe treffen also oft mehrere Aspekte wie Freiheit, Selbstbestimmung und Handlungsfähigkeit gleichzeitig:

- Handlung beeinflussen: „Das solltest du nach der neuen Richtlinie rechnen, sonst können wir das nicht annehmen", „Das musst du erst mal mit den Kollegen abstimmen, bevor du damit zum Kunden gehst", „Ohne

Okay vom Chef kannst du unmöglich mit der anderen Abteilung sprechen."
- Befehle aussprechen, insbesondere das Erteilen von willkürlichen Befehlen, die einen hohen Aufwand nach sich ziehen: „Die Präsentation brauche ich natürlich bis morgen früh, ich muss mich ja noch vorbereiten", „Bring das noch mal auf das neue Corporate Design, das gefällt mir besser", „Die Zahlen sind mir viel zu oberflächlich, ich brauche mehr Details."
- Drohungen aussprechen, also glaubhafte Ankündigung negativer Konsequenzen machen, wenn der eigene Wille nicht erfüllt wird: „Wehe, wenn du dem Personaler darüber berichtest – dann machen wir dich fertig", „Wenn du das nicht ausführst, kannst du deine weitere Karriere hier vergessen", „Wenn du nicht mitziehst, bist du für uns kein Kollege mehr."
- Verbote aussprechen und eine Handlung unterbinden: „Ich werde nicht zulassen, dass du das machst", „Das mit dem Versand der E-Mail, das lässt du schön bleiben", „Du lässt dich in diesem Meeting nicht mehr blicken, verstanden?"
- Anzweifeln einer Erlaubnis oder von Privilegien: „Ich glaube nicht, dass das im Sinne der Chefs ist", „Dafür hast du ja wohl kaum die Befugnis", „Damit überschreitest du bei Weitem deine Kompetenzen."
- Eine Erlaubnis erteilen, die nicht benötigt wird, insbesondere bei Marginalien: „Du kannst von mir aus an dem Meeting teilnehmen", „Ich lasse dich das einmal selbst entscheiden", „Du darfst den Zeichensatz selbst auswählen."
- Entscheidungsfreiheit anzweifeln oder einschränken: „So etwas darfst du gar nicht selbst entscheiden", „Dir fehlt ja der ganze Hintergrund, um das richtig bestimmen zu können", „Diese Beurteilung überlässt du besser den Experten."
- Gehorsam einfordern: „Da musst du schon der Anweisung Folge leisten", „Ich habe das so festgelegt, und du wirst dich gefälligst daranhalten", „In dieser Sache musst du dich schon nach mir richten."

Ein besonders subtiler Ansatz ist der Einsatz von Hilfe oder Schutz als Machtausübung, da dabei ein positiv belegtes und beitragendes Konzept zur Einschränkung oder Abwertung eingesetzt wird:

- Aussagen, dass jemand geschützt werden muss oder Hilfe benötigt: „Da muss ich schon dabei sein, damit ich dich zur Not schützen kann", „Es kann gut sein, dass du da allein nicht weiterkommst; ich springe dann

ein, damit das gut geht", „Sag bitte unbedingt sofort Bescheid, wenn du in Schwierigkeiten gerätst, ich regele das dann."
- Aussagen, dass man jemanden nicht schützen kann oder ihm nicht zu helfen ist: „Ich würde dir ja gerne helfen, aber das hat ja gar keinen Sinn mehr", „So, wie du dich da reinmanövriert hast, kann und will ich dich nicht schützen".
- Behaupten, dass jemand nicht schützenswert ist: „Es lohnt ja gar nicht, dir da beiseitezustehen", „Für dich macht sich doch niemand die Finger schmutzig."

2.3.1.6 Ausdruck von Negativität

Eine Sonderform stellt der gerichtete Ausdruck von Negativität in Form von Beleidigungen und Schimpfwörtern, latenten Drohungen sowie von Verwünschungen und Flüchen dar.

Beleidigungen und Schimpfwörter heften dem Angegriffenen ein abwertendes Etikett an. Dabei kann sich der Ausdruck auf einen vermeintlich wahren Kern beziehen und eine Eigenschaft oder ein Verhalten abwerten, aber auch vollkommen losgelöst von der Realität sein:

- Beleidigung mit Unterstellung: „Erbsenzähler", „Volltrottel", „Versager", „Petze", „Feigling".
- Generische Beleidigung ohne konkreten Bezug: „Bastard", „Schlampe", „Missgeburt".

Latente Drohungen deuten eine negative Zukunft für den Betroffenen an, ohne dabei konkret zu werden. Gerade dadurch, dass die Drohungen vage bleiben, können sie negative Gedankenketten anstoßen und dadurch eine zersetzende Wirkung erzielen:

- „Das wirst du noch bereuen!"
- „Du wirst schon sehen, was du davon hast."
- „Das wird noch Konsequenzen haben!"

Verwünschungen und Flüche sind Äußerung von Wünschen für eine negative Zukunft des Betroffenen. Sie sind im westlichen Kulturkreis seltener anzutreffen:

- „Ich hoffe, dass du bald rausgeschmissen wirst!"

- „Ich wünsche dir, dass dein Rechner laufend abstürzt."
- „Der Teufel soll dich holen!"

Bei Interesse kann man im Buchhandel sowie im Internet umfangreiche Werke mit Listen von Schimpfwörtern und Flüchen finden.

Diese Art der Äußerungen wird gesellschaftlich allgemein sehr kritisch gesehen und gilt im beruflichen Rahmen normalerweise als absolut inakzeptabel. Sie lassen sich nur mit Mühe verschleiern und stellen daher für den sie Aussprechenden ein erhebliches Risiko dar, da sie arbeitsrechtliche Konsequenzen bis hin zur fristlosen Kündigung nach sich ziehen können. Sie werden daher kaum direkt angewandt.

Häufiger werden diese Negativitäten daher „im stillen Kämmerlein" oder unter vier Augen gegenüber einer dritten Person geäußert:

- „Er ist ein unerträglicher Schleimer."
- „Ich wünsche ihr die Pest an den Hals."
- „Hoffentlich fällt er tot um."

Ein Aggressor kann für seine verbale Aggression natürlich mehrere Ziele kombinieren und dann eine der im folgenden Abschnitt erläuterten Herangehensweisen wählen, um situativ treffend zu handeln und gleichzeitig das eigene Risiko zu minimieren.

2.3.2 Herangehensweisen verbaler Aggression

Der angreifenden Person stehen verschiedene Mechanismen zur Verfügung, um die Abwertung zu kommunizieren. In diesem Abschnitt werden die wesentlichen Optionen vorgestellt.

2.3.2.1 Aktive und passive Aggression

Während aktive verbale Aggression in der konkreten, verletzenden Äußerung besteht, äußert sich passive verbale Aggression im bewussten Weglassen relevanter Äußerungen oder dem Unterlassen von Aktivitäten, welche bei einem konstruktiven Miteinander als selbstverständlich erachtet würden.

Eine aktive Aggression kann zum Beispiel ein öffentliches Tadeln für einen Fehler sein, während eine passive Aggression darin bestehen kann, die Person nicht auf ihren Fehler hinzuweisen und mit Folgeaktivitäten „ins Messer laufen zu lassen".

Neben dem vollständigen Vorenthalten von Information oder Beitrag sind auch Verzögerung, Widerstand, Zweifel, Ineffizienz oder Mangelhaftigkeit mögliche Taktiken passiver Aggression.

Es gibt auch Mischformen; so kann die Ankündigung, wichtige Informationen nicht zu teilen, sowohl als aktiv als auch als passiv angesehen werden.

2.3.2.2 Direkte und indirekte Aggression

Bei direkter Aggression ist die Kommunikation direkt an eine Person gerichtet – an eine anwesende Person oder bei schriftlicher Kommunikation an den Adressaten; die Ansprache erfolgt entsprechend in der zweiten Person („Du" oder „Sie").

Indirekte Aggression besteht in Kommunikation an eine andere Person als die eigentliche Zielperson, über die abwertend in der dritten Person („er" oder „sie") gesprochen wird.

Auch hier existieren Mischformen: So kann ein Aggressor in einem Meeting eine weitere Person ansprechen und mit entsprechenden Seitenblicken abwertende Äußerungen über die anwesende eigentliche Zielperson machen oder in einer E-Mail an eine dritte Person voller Kritik über die eigentliche Zielperson diese in Kopie nehmen.

2.3.2.3 Unmittelbare und mittelbare Aggression

Bei unmittelbarer Aggression werden Eigenschaften, Handlungen, Beziehungen oder Bewertungen der angegriffenen Person selbst angegriffen und abgewertet.

Mittelbare Aggression besteht hingegen in der Abwertung dieser Aspekte bei Personen, Gruppen, Objekten oder Konzepten, welche mit dem Angegriffenen assoziiert sind. Diese Assoziation kann in expliziter Gruppenzugehörigkeit, allgemeiner Ähnlichkeit oder einer besonderen Beziehung oder Sympathie bestehen.

Auch Vergleiche mit den vermeintlich überlegenen Aspekten anderer Personen sind mittelbare Aggressionen.

2.3.2.4 Explizite und implizite Aggression

Explizite Aggressionen enthalten die abwertende Beurteilung ausdrücklich in der Aussage, während bei impliziten Aggressionen eine Interpretation durch die Empfänger der Kommunikation erfolgen muss. Dadurch ist implizite Aggression zum Teil schwerwiegender, weil der Angegriffene entsprechend seinen eigenen Minderwertigkeitsgefühlen verschiedenste Aspekte hineininterpretieren kann.

Gleichzeitig ist implizite Aggression schwerer zu bewältigen, da man zunächst die eigene Interpretation benennen muss, was einem Schuldeingeständnis gleichkommen könnte. Auch kann diese Benennung der Gegenseite mehr Futter geben bzw. ein süffisantes „Das hätte ich niemals aussagen wollen" oder „Wenn du das so auffassen möchtest, frage ich mich natürlich, ob da nicht etwas dran ist" ermöglichen:

- „Im Rahmen deiner Möglichkeiten war das eine beachtliche Leistung" mit dem Unterton, dass die Möglichkeiten der angesprochenen Person sehr begrenzt sind.
- „Da hat sie sich doch ganz zivilisiert verhalten" mit der Andeutung, dass sie sich normalerweise überhaupt nicht gemäß gesellschaftlichen Normen verhält.
- „Damit wird er beim großen Chef wieder Wohlgefallen finden" mit der dahinterliegenden Aussage, dass dies ein wiederholter Fall von Anbiedern beim Vorgesetzten ist.

2.3.2.5 Aussagen und Fragen

Verbale Aggressionen werden in der Regel in der Form von Aussagen getroffen. Sie können jedoch auch als Frage formuliert werden, was den Angegriffenen zur Stellungnahme zwingt – entweder zur Beantwortung der oft rhetorischen Frage oder zur Begründung, weshalb er die Frage nicht beantworten wird:

- „Warum denkst du bloß, dass unser Kunde dieses Ergebnis gutheißen könnte?"
- „Wie kommst du nur darauf, dass wir beim Chef damit landen werden?"
- „Wie kann man nur glauben, dass wir mit diesem Ansatz erfolgreich sein könnten?"

2.3.2.6 Graduelle und kategorische Abwertungen

Verbale Aggression kann mittels einer abwertenden Einordnung auf einem Kontinuum oder über die Zuordnung zu scharf abgegrenzten Kategorien erfolgen. Letzteres stellt oft die härtere Abwertung ohne spätere Anschlussmöglichkeit dar:

- Graduell: „kompetent – mäßig begabt – hilflos"; kategorisch: „geeignet/ungeeignet"
- Graduell: „engagiert – bemüht – faul"; kategorisch: „loyal/illoyal"
- Graduell: „beliebt – zweifelhaft – unsympathisch"; kategorisch: „freundlich/feindlich"

Dadurch kann auch ein qualitativer Unterschied erzeugt werden zwischen einer graduellen Abwertung und einer finalen Entwertung bzw. einer temporären Abweisung und einem permanenten Ausschluss.

2.3.2.7 Negative Auswirkungen verbaler Aggression

Diese Formen verbaler Aggression führen zu einem beschädigten Selbstbild der Person, was Scham oder Demütigung hervorruft, verletzte Gefühle und Selbstzweifel erzeugt, Entmutigung und Verzweiflung entstehen lässt oder – falls die Person eher zu einem Angriff als zur Flucht neigt – Irritation und Wut.

In allen Fällen werden der Teamgeist und das wohlwollende Miteinander stark und oft dauerhaft beeinträchtigt – siehe hierzu auch Abschn. 2.5 - Die schädlichen Auswirkungen auf Arbeitsklima und Unternehmenserfolg.

Die folgenden Abschnitte erläutern anhand von Beispielen, welche konkreten Formen verbale Aggression im Beruf tatsächlich annehmen kann.

2.4 Das breite Spektrum der Formen verbaler Aggression

Ihre grenzenlose Kreativität und ihre Zielgerichtetheit nutzen Menschen leider oft nicht, um Verbindungen zu schaffen, sondern im Gegenteil, um durch verbale Aggression mittels der in den vorherigen Abschnitten benannten Mechanismen Überlegenheit zu gewinnen oder sich an anderen Menschen zu rächen.

Verbale Aggression kommt dabei in vielen Varianten vor, von offenen – in Form von Beleidigungen und Verleumdungen – bis hin zu verdeckten Angriffen, welche sich scheinbar auf ein sachliches Problem beziehen, aber durch die Verbindung mit dem Gegenüber negative Schlussfolgerungen erzeugen.

> Am Arbeitsplatz halten sich Menschen üblicherweise an die allgemeinen sozialen Normen und Gebote der Höflichkeit sowie an etablierte Unternehmensrichtlinien. Sie unterlassen daher im Normalfall offen aggressive Kommunikation wie direkte Beleidigung oder Verleumdung, um ihr eigenes Risiko zu minimieren. Verbale Aggression ist also im beruflichen Kontext im Vergleich zum privaten Kontext gehemmt und verschleiert.

Stattdessen wenden Menschen mit negativen Absichten eher subtilere oder indirektere Formen der Aggression an, wobei sie diese oft als sachliche Aussagen oder rational motivierte Handlungen verkleiden. Dieser Kniff erlaubt es dem Aggressor, einen Rückzieher zu machen, wenn er dafür zur Rede gestellt wird. Er kann dann zum Beispiel behaupten, dass er nur das Interesse der Organisation im Sinn hatte oder dass „jemand die schwierigen Tatsachen aussprechen" müsse. Er kann auch auf übergeordnete Entscheidungsträger oder auf praktische Notwendigkeiten verweisen, um sich zu entschuldigen.

Dabei wird der Grad der Aggression häufig fein dosiert, um Reizschwellen nicht zu überschreiten oder das eigene Risiko zu minimieren. So wird eher zu kleinen Spitzen oder Gemeinheiten gegriffen als zu umfassenden Abwertungen, und noch seltener kommt es zu expliziter und frontaler Aggression.

Die verbale Aggression muss auch nicht aus einem einzigen verletzenden Satz bestehen, sondern kann sich auch im Gespräch über mehrere Äußerungen hinweg entwickeln, zum Beispiel, wenn die verletzte Reaktion auf eine Aggression den Angreifer dazu veranlasst, wiederholt nachzulegen und auf vorhergehenden Äußerungen und den Antworten des Gegenübers aufzubauen.

2.4.1 Beispiele aktiver Aggression

Da offene Konfrontationen am Arbeitsplatz üblicherweise vermieden werden, sind krasse Beleidigungen selten. Ausdrücke wie „Du bist ein Idiot", „Du bist inkompetent" oder „Du bist wertlos" tragen eine direkte Verurteilung und damit auch ein Risiko für den Aggressor. Er könnte zur Rede gestellt werden und dann nicht in der Lage sein, die Aussage vor einem Schiedsgericht zu rechtfertigen.

Daher zielen Angriffe typischerweise auf die Kompetenz, den Arbeitseinsatz oder das Engagement, die Arbeitsergebnisse oder auf die Einstellung der anderen Person, oder sie wirken über Assoziation, Umkehr oder Umwege, während sie als vorgebliche Geschäftsinteressen und als objektive Beobachtungen verbrämt werden.

2.4.1.1 Aggression durch Ironie und Übertreibung

Am schärferen Ende des Spektrums finden sich verächtliche, höhnische oder süffisante Bemerkungen, oft mit einer sarkastischen Note:

- „Das war ja mal wieder typisch für dich."
- „Das war eine absolute Glanzleistung … NICHT!"
- „Ich bin schwer beeindruckt – ich glaube nicht, dass ich jemals jemanden so versagen gesehen habe."

Zusätzliche Generalisierungen und Übertreibungen erlauben, die Wirkung nach Wunsch zu steigern, und geben gleichzeitig die Möglichkeit, zurückzurudern, indem man darauf hinweist, dass man nur übertrieben hat, um einen Punkt rüberzubringen:

- „Dein Report ist weniger überzeugend als die Theorie der flachen Erde."
- „Das muss das traurigste Design sein, das ich in meinem Leben gesehen habe – ich habe eine ganze Packung Taschentücher durchgeweint."
- „Dein Vorschlag ist so toxisch, dass wir ihn der Umweltbehörde melden müssen."

Ironie und Übertreibung dienen dazu, die aggressive Aussage als Versuch eines Scherzes darstellen zu können, wenn man direkt darauf angesprochen wird.

2.4.1.2 Frontale Aggression

Fühlt sich der Aggressor zu offener Wut oder sogar zu Zorn berechtigt, eventuell angetrieben von einem Gefühl moralischer Überlegenheit und einer Berechtigung, Tadel auszusprechen, kann er sogar von Spott zu offenem Schimpfen übergehen, oft mit lauter Stimme und mit einem körperlich bedrohlichen Auftreten:

- „Du machst nie etwas richtig, auch wenn ich es dir eine Million Mal zeige."
- „Du hast unsere Initiative zunichtegemacht und unsere Konkurrenz beflügelt, und das werden wir nicht vergessen."
- „Du hast es jetzt uns allen versaut, und ich werde dafür sorgen, dass du dafür bezahlst."

2.4.1.3 Aggression durch Umkehr

Alternativ kann sich der Aggressor auch als Opfer von Nachlässigkeit, Fahrlässigkeit oder sogar Hinterhältigkeit der eigentlich angegriffenen Person darstellen:

- „Wegen deines dummen Versehens bekommen wir alle eine schlechte Bewertung, und das haben wir allein dir zu verdanken."
- „Du hast es einmal wieder gegen alle Widerstände probiert, nur um dein Ego zu steigern, und dein Versagen bedeutet, dass wir jetzt alle Sonderschichten fahren müssen, nur um die Folgen zu beseitigen."
- „Du hast das absichtlich zum Scheitern gebracht, nur weil es nicht deine Idee war, und jetzt werden sie die Mittel für das Projekt streichen, in das ich so viel Arbeit investiert habe."

Dies kann der Anfang einer längeren Klage sein, aber auch von finsterem Schweigen gefolgt werden.

2.4.1.4 Aggression durch Assoziation oder Vergleiche

Ein weiterer Ansatz besteht darin, das Arbeitsergebnis zu kritisieren und dabei auf die Person oder das Team dahinter zu zielen:

- „Wir müssen wohl mit diesem System leben, aber es wird uns an allen Ecken und Enden zurückhalten."
- „Dieser Teil bleibt unser Schwachpunkt und ist über die Jahre sogar noch unzuverlässiger geworden."
- „Das hier war von Anfang an eine Fehlkonstruktion, aber mit den richtigen Leuten hätte man vielleicht noch was retten können."

Auch können abwesende Personen kritisiert werden, die durch Gruppenzugehörigkeit oder übereinstimmende Eigenschaften mit der angegriffenen Person assoziiert werden:

- „Die Leute in der Produktion haben das wirklich vollkommen versaut."
- „Vom Marketing kommt natürlich nicht eine einzige kohärente Anweisung."
- „Die Vertriebler, die alten Egomanen, denken alle mal wieder nur an ihre Provision."

Darauf angesprochen, dass die angegriffene Person ebenfalls zu diesen Gruppen gehört, kann sich der Angreifer immer mit einem „Du warst damit natürlich nicht gemeint" herauswinden.

Ein Angreifer kann auch Fehlschläge genüsslich kommentieren, indem er die eigene bessere Leistung andeutet:

- „Bei mir funktioniert das immer."
- „Also, ich hätte das ja anders gemacht."
- „Mir wäre das nicht passiert."

Vergleiche mit anderen Personen, Tätigkeiten oder Aufgabenbereichen können ebenso in aggressiver Form genutzt werden, um den Wert einer anderen Person zu mindern, und dabei so zu tun, als würde man einen objektiven Vergleich ziehen:

- „Ihr Beitrag hatte eine deutlich größere Wirkung als deiner."
- „Dieser Partner ist für unseren Erfolg deutlich wichtiger."
- „Ihre Arbeit muss wegen ihrer größeren Bedeutung Vorrang vor deiner haben."

2.4.1.5 Aggression über Erwartungen

Je abstrakter und gleichzeitig weitreichender eine Anschuldigung ist – „nicht professionell", „nicht kundenorientiert", „keine Siegerhaltung" – desto toxischer ist sie, da sie hochgradig subjektiv und damit beinahe unwiderlegbar ist. Sie liefert dem Angreifer zudem eine Gelegenheit, eine Erwiderung mit einem Appell an fiktive höhere Standards zu übertrumpfen:

- „Ich hatte mehr erhofft."
- „Der Kunde verdient besseren Service."
- „Unser Management hat höhere Erwartungen."

Der Angreifer kann auch vorgeblich an das Gewissen und Engagement der angegriffenen Person appellieren:

- „Ich hatte eigentlich gehofft, dass du uns nicht im Stich lassen würdest."
- „Wir brauchen von dir mehr Leistung, damit wir alle erfolgreich sein können."

Mit diesem Vorgehen verwandt ist das Setzen von unerreichbaren Erwartungen an die Leistung oder Disziplin, welche unangemessen sind und nicht in gleichem Maße auf andere Personen angewandt werden. Weitere damit verwandte aggressive Manöver sind das Aufbürden von mühseligen Aufgaben, welche von den Kerntätigkeiten ablenken, und ein anschließendes öffentliches Mikromanagement.

2.4.1.6 Aggression über Zitieren Dritter

Anstatt selbst anzugreifen, kann ein Aggressor auch das mutmaßliche Zitat oder Urteil einer anderen Person verwenden, insbesondere einer Autoritätsperson oder eines Kunden:

- „Kunde X ist ja schon lange richtig unzufrieden mit deiner Betreuung."
- „Wirklich kein Wunder, dass unser Chef immer so frustriert aus seinen Meetings mit dir kommt."
- „Der Direktor meinte auch, dass auf dich absolut kein Verlass ist."

Dabei wird mehr oder weniger subtil ausgedrückt, dass man sich dieser negativen Meinung vollkommen anschließt.

2.4.1.7 Aggression über das Säen von Zweifeln

Besonders hinterlistige Formen der Aggression sind das Säen von Zweifeln und das Untergraben des Vertrauens in die eigenen Wahrnehmungen, Erfahrungen oder Ansichten, auch Psychospielchen oder Mind Games genannt.

Das wiederholte Hinterfragen kann sich selbst verstärkende Zweifel erzeugen und das Selbstvertrauen und das Selbstwertgefühl des Empfängers schädigen:

- „… sind Sie sicher?"
- „Kannst du das absolut garantieren?"
- „Würdest du dafür die Hand ins Feuer legen?"
- „Glaubst du nicht, dass du mit deiner Meinung ziemlich allein dastehst?"

Dies erfolgt manchmal in Verbindung mit der Drohung potenzieller Bloßstellung:

- „Würdest du das auch gegenüber … bestätigen?"
- „Würdest du diese Aussage auch vor … wiederholen?"

2.4.1.8 Aggression über Abweisung oder Unterbrechung

Das Zurückweisen des Beitrages einer Person schädigt ebenfalls ihr Selbstverständnis als relevante Person und führt zu ihrer Abwertung:

- „Diese Information ist für dieses Thema irrelevant."
- „Merken sie sich diesen Punkt, vielleicht kommen wir später darauf zurück."
- „Schreiben sie es auf, ich beschäftige mich später damit."
- „Ich habe keine Idee, warum du dieses Thema jetzt anbringst."

Dies kann noch weiter gesteigert werden, indem man mitten im Satz unterbricht, in extremer Form sogar, ohne die Tatsache zu berücksichtigen, dass jemand gerade am Sprechen war. Zum Beispiel kann der Aggressor eine Zusammenfassung wie „… also, aufgrund dieser Erkenntnisse ist unsere Schlussfolgerung …" unterbrechen mit einem

- „Danke, das genügt. Weiter geht's …"
- „Wir müssen nun mit dem nächsten Punkt weitermachen, sprechen wir also über …"
- „Okay, unser wirkliches Hauptproblem ist …, schauen wir uns das also mal an."

2.4.1.9 Weitere Formen der Aggression

Weitere Formen der Aggression, die darauf abzielen, die andere Person abzuwerten, ohne als offen feindselig zu erscheinen, sind:

- Rufmord (haltlose Gerüchte über Sexual- oder Eheleben, Gesundheitszustand, Geschäftsgeheimnisse)
- Vergiftete Komplimente („Das war tatsächlich ziemlich gut für deine Fähigkeiten.")
- Andeutungen („Nach deinem Verhalten beim Betriebsfest ist deine letzte Aktion jetzt nicht so überraschend.")
- Unterstellungen („Du legst dich nur deswegen so ins Zeug, um bei der Chefin gut dazustehen.")
- Manipulierte Fakten und Halbwahrheiten („Dein Kunde hat die niedrigste Kundenzufriedenheit." Dabei werden die Beschwerden über einen anderen Mitarbeiter verschwiegen.)

2.4.2 Beispiele passiver Aggression

Passive Aggression ist tendenziell subtiler, aber kann ebenfalls ein Gefühl der Unzulänglichkeit, oder insbesondere der Ausgeschlossenheit, hervorrufen und dadurch das Gefühl der Zugehörigkeit beschädigen.

2.4.2.1 Ausschluss von Informationen oder Kontakten

Das Zurückhalten kritischer Information und das Heraushalten aus wichtigen Gesprächen ist dabei eine weitverbreitete Methode und kann, wenngleich passiv, als hochgradig aggressiv empfunden werden:

- „Diese Information kann nur bei Bedarf weitergegeben werden."
- „Du bist nicht qualifiziert/autorisiert, diese vertrauliche Information zu erhalten."
- „Ich werde diese Information nur mit … in einem Vieraugengespräch teilen."

Einen Schritt weiter geht das Verbreiten einer wichtigen Information, welche eigentlich im Vorfeld hätte mitgeteilt oder abgestimmt werden müssen, an einen breiten Verteiler. Dies erzeugt ein Gefühl des Abgeschnittenseins, der Irrelevanz und der Unterlegenheit.

Die Verweigerung sozialer Interaktion oder einer Verbindung zu anderen Personen oder Gruppen kann ebenfalls aggressiv genutzt werden. Dabei wird mit gespielter Unschuld auf die anderen Parteien als Entschuldigung verwiesen. Dadurch wird das Gefühl der Zugehörigkeit zu der Gruppe direkt beeinträchtigt und so eine besonders toxische Wirkung auf das Selbstbild und Gemeinschaftsgefühl erzeugt:

- „Die Teilnahme ist auf relevante Personen beschränkt."
- „Sie glauben nicht, dass deine Anwesenheit notwendig wäre."
- „Niemand glaubt, dass du einen signifikanten Beitrag leisten würdest."

2.4.2.2 Ignorieren oder respektlos sein

Besonders verletzend ist das scheinbar positive Bestätigen eines Beitrags, nur um ihn anschließend völlig zu ignorieren und mit einem anderen Gedanken fortzufahren, da so die Äußerung und damit die Person entwertet wird:

- „Sicher, sicher. Anderes Thema: …"
- „Natürlich, ist ja klar. Was viel wichtiger ist: …"
- „Wie du meinst. Hier ist mein Vorschlag: …"

Ähnlich verletzend sind Respektlosigkeiten, in der Regel ohne eindeutigen Adressaten in den Raum hineingesprochen, aber hinsichtlich ihrer Intention klar auf die Person zielend, die gerade spricht:

- „Ja, ja …"
- „Haben wir schon tausendmal gehört …"
- „Als ob das hier jemanden interessiert …"

Darauf angesprochen, wird abgestritten, dass man dies gesagt habe, oder gemurmelt, dass man nur laut gedacht habe.

Diese Respektlosigkeiten werden in der Regel von deutlicher nonverbaler Abwertung begleitet, wie Augenrollen oder gelangweilt zur Decke schauen, sich hinflätzen, gähnen oder sich demonstrativ kratzen oder popeln.

Eine Form der Respektlosigkeit, für welche Menschen in steigendem Maße sensibilisiert sind und welche gesellschaftlich zunehmend geächtet wird, ist die Ansprache mit unangemessenem Genus:

- Ansprache einer weiblichen Kollegin mit einem klar maskulinen Begriff: „Ich überlasse das dir als Fachmann", „Du musst das als Kaufmann natürlich genau nehmen", „Könntest du bei der Betriebsfeier bitte als Kameramann die Action festhalten?"
- Ansprache einer einzelnen weiblichen Kollegin mit dem generischen Maskulinum, wo es etablierte weibliche Versionen gibt, oder wenn es im Unternehmen üblich ist, zu gendern: „Koch", „Arzt", „Bauer" sowie „Manager", „Verkäufer", „Experte".
- Ansprache eines männlichen Kollegen mit einer weiblichen Berufsbezeichnung: „Bei diesem Meeting solltest du als Sekretärin mit dabei sein", „Schwester, schau mal bitte nach dem Patienten", „Wir brauchen dich bei der Konferenz auf dem Stand als Hostess."
- Ansprache eines einzelnen männlichen Kollegen mit der gegenderten Version einer Berufsbezeichnung: „Manager:in", „Verkäufer:in", „Expert:in".

Die zugrunde liegende Motivation kann von einfacher Provokation über spottende Abwertung bis hin zu Ausgrenzung reichen.

2.4.2.3 Blockieren und Unterminieren

Zu guter Letzt können Blockadehaltung oder wiederholter Widerstand und Kritik zu erheblichem Frust führen und den Selbstwert einer Person schädigen, da alle Ideen und Vorschläge ohne Begründung abgelehnt werden:

- „Ich glaube nicht, dass das funktioniert."
- „Ich bezweifele, dass uns das erfolgreich machen kann."
- „Wir haben das schon einmal probiert."

Dies kann in besonders perfider Form erfolgen, indem ein Vorschlag zunächst scheinbar enthusiastisch aufgenommen wird, nur um sich dann in Bedenken und Einwänden zu verlieren. Auch kann jemand vorgeblich wohlgemeinte, aber entmutigende Ratschläge oder Aussagen machen, welche die Überlegenheit des Sprechers unterstreichen:

- „Das ist eine tolle Idee! Wenn wir nur den rechtlichen Rahmen klären könnten ... Und der Betriebsrat müsste natürlich mitspielen ... Vielleicht gibt es ja noch Budget dafür, sieht aber eher mau aus ..."
- „Der Lösungsvorschlag ist super! Wir müssten das natürlich ins System integriert bekommen, irgendwie ... Und die Standards müssten wohl an-

gepasst werden, damit das abgenommen werden kann ... Das ist ja nicht wirklich auf einer Linie mit den leitenden Ingenieuren, aber vielleicht lassen sie sich ja doch entgegen aller Wahrscheinlichkeit überzeugen."
- „Respekt vor deinem Enthusiasmus und deiner Kreativität! Ich würde das an deiner Stelle mal in einen sauberen Businessplan überführen. Die ROI-Berechnung müsste natürlich absolut wasserdicht sein, sonst wird das vom Finanzchef sofort abgesägt. Aber mit viel Glück kann das noch in die Planung für übernächstes Jahr reinkommen."

2.4.3 Verschleierte Diskriminierung

Eine früher weitverbreitete und heute glücklicherweise im Rückzug begriffene Form der verbalen Aggression ist die Diskriminierung und Ausgrenzung aufgrund von Andersartigkeit im Vergleich zu einer gesellschaftlichen Mehrheit.

Diese Form des Spotts kann auf die physische Erscheinung abzielen inklusive des ethnisch bedingten Aussehens, der Größe und Form des Körpers oder von Körperteilen, körperlichen Einschränkungen und Behinderungen oder der Altersgruppe.

Sie kann auch den sozialen, regionalen oder ethnischen Hintergrund betreffen, die Sprache oder den Dialekt, das Geschlecht oder sexuelle Präferenzen oder persönliche Vorlieben wie die Wahl der Mode, Frisur oder des Make-ups.

2.4.3.1 Verschleierung zur Umgehung von Sanktionen

Viele Arbeitgeber haben strikte Antidiskriminierungsmaßnahmen eingeführt, und daher wird die offene Verhöhnung von körperlichen oder sozialen Eigenschaften heutzutage in den meisten Arbeitsumgebungen vermieden.

In der heutigen Arbeitswelt bringt diese Art der Aggression verständlicherweise sogar ein erhebliches Risiko für den Aggressor mit sich.

Trotzdem kommen derartige abwertende Äußerungen auch heute noch vor, wenn auch in verschleierter Form. Dabei entfaltet die diskriminierende Aggression ihre Wirkung durch die Assoziation der angesprochenen Person mit scheinbar harmlosen Begriffen aus einer eigentlich neutralen Redewendung.

In Schriftform sehen diese Aussagen vergleichsweise harmlos aus und tragen für den Aggressor ein geringes Risiko.

Im Gespräch sind es die auffallende Betonung auf dem Schlüsselbegriff, das ironische Hochziehen der Augenbrauen, die kurze Pause und der wissende, suchende Blick in die Runde, welche die negative Intention preisgeben und die Äußerungen so toxisch machen.

Darauf angesprochen kann sich der Aggressor immer zurückziehen und mit gespielter Verblüffung behaupten, nicht im Traum an so eine Interpretation gedacht zu haben. Er kann sogar einen Schritt weitergehen und sich entweder zum Beschützer der Diskriminierten stilisieren oder mit Empörung den ursprünglich Angegriffenen zurechtweisen, was dieser ihm denn an bösartiger Absicht unterstelle.

2.4.3.2 Beispiele von verschleierter Diskriminierung

Gegenüber Übergewichtigen können die folgenden Anspielungen gemacht werden:

- „Deine Meinung hat wirklich für uns ein *großes Gewicht.*"
- „Du bringst wirklich *schwergewichtige* Argumente."
- „Danke für deine *umfangreichen* Äußerungen."
- „Du lässt die *Waagschale* in unsere Richtung ausschlagen."
- „Da sprichst du sicherlich für die *breite Masse.*"

Gegenüber Menschen mit Migrationshintergrund werden zum Beispiel die nachfolgenden Äußerungen gemacht:

- „Du hast echt *farbenfrohe* Ansichten."
- „Das ist wirklich eine *exotische* Perspektive."
- „Ich bin kein Freund von solchen *dunklen* Vorhersagen."
- „Du hast wirklich *krause* Ideen", als Anspielung auf die Haare.
- „Könntest du dich bitte verständlich äußern?", bei einem hörbaren Akzent.

Gegenüber Frauen:

- „Deine *periodischen* Einlassungen kennen wir schon."
- „Das lässt sich schwer in *Deckung bringen.*"
- „Das Argument ist wirklich *schlaff*", „Der Beitrag war ganz schön *flach.*"

Gegenüber älteren Menschen:

- „Die Idee kommt wohl aus dem *Museum*?"
- „Wo hast du diese Ansicht denn *ausgegraben*?"
- „Das konnte man vielleicht kurz *nach dem Krieg* so machen."
- „Das sind ja Vorstellungen aus der Zeit *vor der Aufklärung*."

Gegenüber jüngeren Menschen:

- „Du kannst die Konsequenzen ja *noch nicht absehen*."
- „Diese Sichtweise ist ja ganz schön *unreif*."
- „Dir fehlt ja die *Perspektive*."

Trotz der Verschleierung wird die destruktive Absicht hinter solchen diskriminierenden Äußerungen von der angegriffenen Person oft erkannt. Wegen der Mehrdeutigkeit scheut diese sich dann jedoch oft, die Aggression anzusprechen, was auf Dauer eine zersetzende Wirkung der Aggression ermöglicht.

2.5 Die schädlichen Auswirkungen auf Arbeitsklima und Unternehmenserfolg

Rudolf Dreikurs (1946) bemerkte über den Effekt verbaler Aggression: „Sprechen kann die Menschen zusammenbringen, wenn sie in einer freundlichen Stimmung sind; aber wenn sie miteinander streiten und ärgerlich werden, dann sind Worte so schlimm wie Schläge und Peitschenhiebe und verletzen mehr als irgendein körperlicher Angriff"

Die primären Auswirkungen einer verbalen Aggression betreffen den Empfänger der aggressiven Äußerung. Doch auch weitere Zeugen einer Interaktion, der Aggressor selbst und schlussendlich das ganze Arbeitsumfeld und das gesamte Unternehmen werden in Mitleidenschaft gezogen.

Dabei bestehen erhebliche Unterschiede zwischen den Auswirkungen von Aggressionen, die von Kunden oder externen Geschäftspartnern ausgehen, und verbalen Angriffen von Kollegen oder Vorgesetzten. Solange sie in einem normalen Rahmen bleiben, werden Erstere tendenziell als berufsbedingtes Risiko angesehen. Sie erzeugen einen erhöhten Stresslevel, haben aber einen eher geringen Einfluss auf Arbeitsleistung und -zufriedenheit (Chang 2012). Letztere haben jedoch eine breite und nachhaltig negative Auswirkung im Unternehmen.

2.5.1 Der Effekt auf Verhalten und kognitive Leistung

> Verbale Aggression beeinflusst sowohl die kognitive Leistung als auch das Verhalten.

Dabei konnten Studien zeigen, dass dies unabhängig davon ist, ob eine Person durch eine Äußerung direkt angegriffen wurde oder ob jemand nur Zeuge des Angriffs wurde (Porath 2007 & 2009).

Die verbale Aggression löst eine schnelle und unbewusste initiale Bewertung durch den Menschen aus, welche zunächst wenig differenziert ist. Sie wird dabei als ein Ereignis wahrgenommen, welches mit hoher Priorität behandelt werden muss, und löst eine emotionale Erregung aus. Neutrale Wahrnehmungen werden derweil zeitweilig ausgeblendet (Beal 2005).

Da die kognitive Kapazität von Menschen begrenzt ist, und insbesondere nur eine geringe Anzahl von Objekten gleichzeitig im „Arbeitsgedächtnis" vorgehalten werden kann, wirkt sich das Nachdenken über die Aggression nachteilig auf die Fähigkeit aus, andere mentale Aufgaben zu verarbeiten.

2.5.1.1 Kognitive Belastung durch verschiedene Abläufe

Drei verschiedene Abläufe spielen dabei eine Rolle:

1. Das Durchführen einer sekundären Bewertung des Angriffs, bei welcher die Bedeutung untersucht wird und verschiedene Handlungsoptionen zur Bewältigung der Situation generiert werden.
2. Das spätere wiederholte Überdenken des Ereignisses, auch mit Blick auf Ursachen und Auslöser, eigenes Verhalten und weiterreichende Implikationen im sozialen Kontext.
3. Die emotionale Erregung durch den Angriff sowie die mentale Anstrengung, diese Erregung zu kontrollieren.

Die sekundäre Bewertung des Angriffs ähnelt vordergründig dem längerfristigen Grübeln und Überdenken. Dabei handelt es sich jedoch um einen begrenzten Vorgang, bei welchem die Entscheidung über den Umgang mit dem Problem zunächst abgeschlossen wird und das Gehirn danach nicht weiter beschäftigt. Im Gegensatz dazu stellt das Grübeln ein wiederholtes Eindringen negativer Gedanken in die normale Informationsverarbeitung dar und hat über einen längeren Zeitraum negative Auswirkungen auf das Denken.

Die emotionale Erregung kann zu klar unterscheidbaren körperlichen Reaktionen führen. Abschn. 3.1.2 erläutert die verschiedenen Abstufungen, von denen einige zu einer erheblichen Einschränkung der logischen Denkfähigkeit und damit der Arbeitsleistung führen.

Aber bereits bei geringer emotionaler Erregung verengen sich sowohl die Wahrnehmung als auch die Bildung von Erinnerungen auf die zentralen Aspekte des Geschehens, während sekundäre Objekte und Ereignisse ausgeblendet werden. Weiterhin tendieren Menschen bei emotionaler Erregung zu unreflektierten, automatisierten Verhaltensweisen (Rafaeli 2012).

Auch die Unterdrückung bzw. Kontrolle von Emotionen erzeugt kognitive Aufwände, die nicht für die eigentliche Tätigkeit zur Verfügung stehen.

Doch auch ohne emotionale Erregung kann eine Einschränkung der mentalen Leistungsfähigkeit festgestellt werden, zum Beispiel wenn die verbale Aggression lediglich berichtet wird. Das heißt, auch die bloße Beschreibung der Aggression beeinträchtigt das Denkvermögen.

Das Auftreten von verbaler Aggression und die damit einhergehenden Gedanken und Emotionen der angegriffenen Personen und weiteren Teilnehmer haben also einen unmittelbaren Einfluss auf ihre kognitive Leistung. Und da die meisten beruflichen Tätigkeiten komplexe kognitive Aktivitäten erfordern wie Sprachverstehen und Reden, Problemlösung, Schlussfolgerungen, Kreativität und Entscheidungsfindung, hat dies einen direkten negativen Einfluss auf die Arbeitsleistung.

2.5.1.2 Einfluss verbaler Aggression auf das Verhalten

Zuletzt kann auch eine Änderung des Verhaltens beobachtet werden. Opfer und Zeugen verbaler Aggression tendieren unmittelbar nach der Aggression dazu, sich selbst verstärkt aggressiv zu äußern oder nach außen aggressiv zu wirken. Die damit verbundenen negativen Emotionen sind für andere Menschen spürbar und können wiederum dazu führen, dass sie sich weiterverbreiten (Porath 2009).

Zudem zeigen sie ein weniger höfliches und zuvorkommendes Verhalten, zum Beispiel eine geringere Hilfsbereitschaft. Weiterhin wird das Denken in negative Bahnen gelenkt, sodass Handlungen eher negativ interpretiert werden und eigene Gedanken verstärkt negative Assoziationen oder eine negative Ausrichtung haben.

Die Aggression hat also direkt negative Auswirkung auf die Verhaltensmuster der betroffenen Menschen und wird zudem über negative Emotionen weitergegeben.

2.5.2 Auswirkungen auf den Angegriffenen

Die Gefühle der attackierten Person können tief verletzt werden, insbesondere wenn die Aggression einen Bereich berührt, der einen persönlichen

Schmerzpunkt darstellt, welcher ein Gefühl der Minderwertigkeit erzeugt und das Selbstbild der Person beschädigt. Auch die Stellung der aggressiven Person beeinflusst die Stärke der Reaktion: Angriffe von Vorgesetzten oder wichtigen Kunden haben eine größere Wirkung als die von Kollegen oder unbedeutenden Kunden (Madlock 2012).

Die Aggression kann Verlegenheit und ein Gefühl der Demütigung hervorrufen, mit dem Ergebnis, dass sich die Person aus der Interaktion mit ihren Kollegen zurückzieht, um weitere Schmerzen zu vermeiden. Durch Entmutigung leiden der Arbeitseinsatz und die Qualität der Arbeitsleistung.

Der entstehende Stress geht insbesondere bei wiederholten Aggressionen mit einer Beeinträchtigung des psychischen und auch körperlichen Wohlbefindens einher. Hierzu gehören verschiedene Formen psychosomatischer Störungen wie Schlaflosigkeit, Appetitlosigkeit, Verdauungsprobleme, Nervosität, Gereiztheit und weitere, welche die Leistungsfähigkeit der betroffenen Person zum Teil erheblich beeinträchtigen. Im schlimmsten Fall kann es zu längerfristigen krankheitsbedingten Arbeitsausfällen kommen.

Auch die Einstellung des Betroffenen gegenüber dem Unternehmen leidet. Mitarbeiter machen oft die Organisation dafür verantwortlich, die aggressive Person eingestellt zu haben und gewähren zu lassen bzw. nicht genug für den eigenen Schutz zu tun.

Dies resultiert in einer geringeren Zufriedenheit am Arbeitsplatz, einer abnehmenden Unternehmensbindung und einem Verlust des Vertrauens in das Management, was die Gefahr einer Kündigung erhöht. Leistungsverweigerung, Sachbeschädigung, Sabotage, Fehlverhalten gegenüber Vorgesetzten, Aggression gegenüber Kollegen und ähnliche negative Handlungen können die Folge sein (Madlock 2012).

Eine verbale Aggression stellt immer einen Vertrauensbruch dar, und je nach spezifischer Persönlichkeit und Bewältigungsstrategien kann die Person lange über das Ereignis grübeln und sich darüber Sorgen machen oder alternativ versuchen, jeglichen Gedanken darüber zu verdrängen.

Alternativ dazu können Irritation und Wut eine tiefe Verachtung für den Aggressor hervorrufen und die Überzeugung reifen lassen, dass auf Basis des Prinzips der Gegenseitigkeit eine Vergeltung akzeptabel oder sogar notwendig ist.

Insbesondere dann, wenn der Angriff als persönlich, bösartig oder von persönlicher Vorteilnahme getrieben aufgefasst wird, ist das Bedürfnis nach Rache besonders stark. Diese kann von Entzug der Unterstützung und demonstrativem Ignorieren über eine Konfrontation unter vier Augen bis hin zu einer dauerhaften, öffentlich ausgetragenen Fehde reichen. Dies birgt die Gefahr einer weiteren Eskalation, sogar bis hin zu einer physischen Konfrontation. Damit verbunden ist eine Entfremdung von anderen Kollegen, die auf Abstand zu dem Konflikt gehen.

Auf jeden Fall wird die verbale Aggression zu einer Verschlechterung oder sogar Beendigung der persönlichen Beziehung führen. Dies hat Folgen im zwischenmenschlichen und geschäftlichen Bereich, einschließlich einer beschädigten Arbeitsatmosphäre und einer Minimierung der Interaktionen mit dem Auslöser der verbalen Aggression.

Das Opfer wird dazu neigen, in zukünftigen Aktionen des Aggressors böswillige Absichten zu erkennen oder zu vermuten, und es wird daher seinen Verdacht den Kollegen mitteilen, wodurch die destruktiven Auswirkungen der ursprünglichen Aggression fortgeführt und sogar noch verstärkt werden.

2.5.3 Auswirkung auf weitere Teilnehmer

Da verbale Aggression oft im Rahmen einer Interaktion mit weiteren Teilnehmern vorkommt oder in Schriftform weiter geteilt wird, wirkt sie sich auch auf das soziale Gefüge eines Teams selbst aus.

> Dabei zeigen Studien, dass sich entgegen intuitiver Vermutungen die negativen Effekte auf zufällige Zeugen der Aggression nicht signifikant von den Auswirkungen auf die angegriffene Person unterscheiden (Porath 2009).

Im Nachgang grübeln die Kollegen über ihr eigenes Verhalten und haben Gewissensbisse, weil sie nichts gesagt haben, obwohl sie die Aggression hätten begrenzen können oder zumindest den Angegriffenen hätten unterstützen müssen. Im Nachgang meiden sie aus Schuldgefühl oft den Kontakt zu beiden Seiten, was das Arbeitsklima weiter belastet.

Die beobachtete Aggression untergräbt die zwischenmenschlichen Bindungen und Beziehungen. Sie führt bei den anderen zu verstärkten Sicherungstendenzen, mit welchen sie versuchen, sich vor ähnlichen Angriffen zu schützen, insbesondere indem sie konstruktive Risiken vermeiden, um sich nicht ebenfalls Angriffen auszusetzen.

Die Kommunikation wird tendenziell weniger offen und auf einen formellen Austausch über notwendige Themen beschränkt sein. Der soziale Kontext und die Äußerung von Vermutungen oder vorläufigen Details werden geopfert, um das Risiko zu minimieren, angezweifelt und zum Ziel verbaler Aggression zu werden.

Es gibt weiterhin eine konkrete Gefahr der Nachahmung, insbesondere durch jüngere, leicht beeinflussbare oder ehrgeizige Mitglieder des Teams. Dies kann dazu führen, dass ein solches Verhalten mit der Zeit akzeptiert oder sogar kulturell verankert wird und zu einer toxischen Arbeitskultur führt.

2.5.4 Auswirkung auf den Aggressor selbst

Schlussendlich wird die verbale Aggression – auch wenn sie zum Ziel hatte, dem Aggressor ein Gefühl der Überlegenheit zu bescheren – auch negative Auswirkungen auf den Absender der aggressiven Aussage haben.

Nicht nur werden die anderen Teammitglieder auf der Hut sein und den Aggressor meiden, um nicht selbst Opfer verbaler Aggression zu werden. Wie eine Untersuchung von Madlock zeigt, werden sie den Aggressor auch als weniger kompetent, entgegenkommend, attraktiv und sympathisch ansehen. Auch schätzen Vorgesetzte ihre Untergebenen schlechter ein, wenn diese ein hohes Maß an verbaler Aggression zeigen. Umgekehrt haben Mitarbeiter eine schlechtere Meinung von ihren Vorgesetzten, wenn sie diese als verbal aggressiv einschätzen (Madlock 2012).

Der Aggressor selbst wird das latente Gefühl der Gefahr behalten, zu einem späteren und unerwarteten Moment durch die attackierte Person angegriffen zu werden, und er könnte auch tatsächlich wiederholter Kritik durch das Opfer ausgesetzt sein.

Seine Handlung schädigt somit auch sein eigenes Gemeinschaftsgefühl, beeinträchtigt sein Vertrauen, Teil des Teams zu sein, und verleitet ihn dazu, noch öfter ein Gefühl der Überlegenheit anzustreben. Damit wird das negative Verhalten noch verstärkt und entfernt ihn noch weiter von seinen Kollegen.

> Auch wenn der Aggressor meint, als Sieger aus der Konfrontation hervorgegangen zu sein, fallen die negativen Auswirkungen inklusive seiner eigenen zunehmend misstrauischen Gedankengänge auf ihn zurück. Dadurch verliert er nach einem initialen Gefühl der Überlegenheit schlussendlich sowohl auf persönlicher als auch auf kollegialer Ebene und schädigt nachhaltig seine eigene Stellung und Karriere.

2.5.5 Auswirkung auf das Unternehmen

Aus Sicht eines Unternehmens hat verbale Aggression unter Kollegen folglich über den Leistungsabfall einzelner Mitarbeiter hinaus einen äußerst destruktiven Effekt auf die Beziehungen innerhalb eines Teams. Sie untergräbt die Einsatzfreude der Mitarbeiter, beeinträchtigt Kreativität und Risikofreude und führt zu Ablenkung und höheren Fehlerraten. Das beschädigte Vertrauen und die verminderte psychologische Sicherheit belasten den Teamgeist und die gegenseitige Unterstützung.

Dadurch mindert die Aggression die Zufriedenheit der Mitarbeiter im Beruf und führt zu höherer Mitarbeiterfluktuation sowie schlechterer Bewertung von Mitarbeitern auf einschlägigen Portalen, was wiederum Unruhe in der Belegschaft hervorruft und die Einstellung talentierter Bewerber erschwert.

Ein Unternehmen setzt sich weiterhin dem Risiko aus, dass sich Mitarbeiter unzureichend geschützt fühlen und daher Schadensersatzansprüche geltend machen oder dass Inspektionen im Rahmen der Arbeitssicherheit angeordnet werden und den geregelten Betriebsablauf stören. Dies kann auch höhere Kosten für Ausbildungs- und Sicherheitsmaßnahmen sowie Überwachung nach sich ziehen und auch zu höheren Prämien bei den Versicherern des Unternehmens führen.

> Schlussendlich hat die Aggression einen erheblichen negativen Einfluss auf den Geschäftserfolg und damit auf die finanziellen Geschäftsergebnisse.

Abgesehen von den mittel- und langfristigen Auswirkungen auf die beteiligten Personen und ihre Beziehungen untereinander hat verbale Aggression ganz unmittelbare körperliche und mentale Effekte auf die Person, welche Ziel des Angriffs ist.

Trotz des allgemeinen Wissens über die Symptome sind diese Abläufe den meisten Menschen gänzlich unbekannt. Da ihre Kenntnis jedoch für die kompetente Bewältigung verbaler Aggression unabdingbar ist, werden sie im folgenden Kapitel im Detail vorgestellt.

Literatur

Adler, A (1928). Heilen und Bilden. Prag: e-artnow
Beal, D et al (2005): An Episodic Process Model of Affective Influences on Performance. Journal of Applied Psychology, 2005, Volume 90, Issue 6, Page: 1054–1068. https://doi.org/10.1037/0021-9010.90.6.1054
Beattie, J (2018). Healthcare providers' neurobiological response to workplace violence perpetrated by consumers: Informing directions for staff well-being. Applied Nursing Research, Volume: 43, Page: 42–48. https://doi.org/10.1016/j.apnr.2018.06.019
Bonacchi, S (2019). Verbale Aggression: Multidisziplinäre Zugänge zur verletzenden Macht der Sprache. Berlin: De Gruyter
Chang, C & Lyons, B (2012): Not all aggressions are created equal: A multifoci approach to workplace aggression. Journal of occupational health psychology, Volume 17, Issue 1, Page: 79–92. https://doi.org/10.1037/a0026073

Corssen, J (2004). Der Selbstentwickler. Wiesbaden: Marix Verlag

Dreikurs, R (1946): Die Ehe - eine Herausforderung. Stuttgart: Klett-Cotta

Dreikurs, R (1969). Grundbegriffe der Individualpsychologie. Stuttgart: Klett-Kotta.

Ellerbrock, D et al (2017). Invektivität – Perspektiven eines neuen Forschungsprogramms in den Kultur- und Sozialwissenschaften. kulturwissenschaftlichezeitschrift.de/ausgaben/2017

Hermann, S et al (2007). Verletzende Worte – Die Grammatik sprachlicher Missachtung. Bielefeld: transcript Verlag.

Infante, D et al (1984). The relationship between argumentativeness and verbal aggression. Southern Speech Communication Journal.

Infante, D & Wigley, C (1986). Verbal aggressiveness: An interpersonal model and measure. Communication Monographs, Volume 53, Page: 61–69. https://doi.org/10.1080/03637758609376126

Klinger, F et al (2018). Sprachliche Gewalt: Formen und Effekte von Pejorisierung, verbaler Aggression und Hassrede. J. B. Metzler

Madlock, P & Dillow, M (2012) The Consequences of Verbal Aggression in the Workplace: An Application of the Investment Model. Communication Studies, Volume 63, Issue 5, Page: 593–607, https://doi.org/10.1080/10510974.2011.642456

Marrs, M (1999). Antecedents and outcomes of verbal aggression in the workplace. University of Missouri – Columbia.

Myers, S & Johnson, A (2003). Verbal aggression and liking in interpersonal relationships, Communication Research Reports, Volume 20, Issue 1, Page: 90–96, https://doi.org/10.1080/08824090309388803

Porath, C & Erez, A (2007). Does Rudeness Really Matter? The Effects of Rudeness on Task Performance and Helpfulness. Academy of Management Journal, 10/2007, Volume 50, Issue 5

Porath, C & Erez, A (2009). Overlooked but not untouched: How rudeness reduces onlookers' performance on routine and creative tasks. Organizational Behavior and Human Decision Processes, 05/2009, Volume 109, Issue 1..

Rafaeli, A et al (2012): When Customers Exhibit Verbal Aggression, Employees Pay Cognitive Costs, Journal of Applied Psychology, 2012, Vol. 97, No. 5, Pages: 931–950. https://doi.org/10.1037/a0028559

Rancer, A et al (2006). Argumentative and Aggressive Communication: Theory, Research, and Application. SAGE Publications. DOI: https://doi.org/10.4135/9781452225722

Richards, J et al (2000): Emotion regulation and memory: the cognitive costs of keeping one's cool. Journal of Personality and Social Psychology, Volume: 79, Issue: 3, Pages: 410–424. https://doi.org/10.1037/0022-3514.79.3.410

Schranner, M (2001). Verhandeln im Grenzbereich: Strategien und Taktiken für schwierige Fälle. München: Econ.

3

Grundlagen der Reaktion auf verbale Aggression

Die im vorhergehenden Kapitel beschriebenen negativen Auswirkungen auf den Betroffenen stellen eine erste annähernde Beschreibung dar. Zum tieferen Verständnis der ganz konkreten Effekte und zur Definition eines realistischen und wirksamen Vorgehens müssen die körperliche und seelische Reaktion auf einen verbalen Angriff im Detail und auf der Mikroebene betrachtet werden.

Ganz unmittelbar haben verbale Aggressionen auch eine körperliche Auswirkung auf den Betroffenen. Hierfür gibt es im Volksmund viele Ausdrücke; die biologischen Mechanismen sind jedoch meist unbekannt. Da diese heftig sein können und für eine professionelle Antwort berücksichtigt werden müssen, werden sie in Abschn. 3.1 in ihren verschiedenen Ausprägungen vorgestellt.

Wozu verbale Aggression dient, wie sie wahrgenommen wird und wie man darauf reagiert, ist von Mensch zu Mensch unterschiedlich. Gleichzeitig gehorchen unsere Wahrnehmung und unser Streben grundlegenden Gesetzmäßigkeiten, welche Alfred Adler in seiner Wissenschaft der Individualpsychologie allgemein verständlich zusammengefasst hat.

Abschn. 3.2 vermittelt hierzu ein Grundverständnis, welches viele Aspekte der Persönlichkeit und des Miteinanders erhellt. Zusammen mit dem Blick auf Aggression aus Sicht der Individualpsychologie in Abschn. 3.3 schafft dies die Voraussetzung, das in diesem Ratgeber vorgestellte Vorgehen zur Bewältigung verbaler Aggression im Beruf zu durchdringen und schlussendlich kompetent anzuwenden.

3.1 Die Rolle der körperlichen Stressreaktion

Menschen, die einen verbalen Angriff erlebt haben, berichten anschließend oft, dass sie über ihre eigene Reaktion verwundert und enttäuscht oder sogar schockiert und beschämt sind. Sie halten sich eigentlich für fähig, sich zumindest professionell zu verhalten, eine kräftige Erwiderung zu bringen und den Aggressor in die Schranken zu weisen.

Tatsächlich fühlen sie sich jedoch wie gelähmt, sie schämen sich für körperliche Reaktionen wie Erröten oder Schweißausbrüche, sie bekommen mit einem trockenen Mund und zugeschnürter Kehle nur unsicher klingendes Gestammel heraus oder ihnen fehlen gänzlich die Worte.

Offenbar laufen in Momenten der erlebten Aggression kaum aufzuhaltende Prozesse in uns Menschen ab, die uns in unserem normalen Handeln beeinträchtigen und im Nachgang zu erheblicher Frustration führen können.

Obwohl es viele umgangssprachliche Begriffe und Redewendungen für diese Prozesse und ihre Symptome gibt, sind sie den meisten von uns jedoch in ihrem biologischen Detail völlig unbekannt. In der Regel hofft man, von diesen Ereignissen nicht betroffen zu sein oder ihrem Ablauf durch Professionalität und Disziplin entrinnen zu können.

> Um in der Lage zu sein, verbale Aggression kompetent zu bewältigen, muss man jedoch verstehen, dass die Reaktion eines Menschen auf Aggression über das bloße Erkennen des Angriffs hinausgeht und starke körperliche Reaktionen mit fest definierten Abläufen und Begleiterscheinungen beinhaltet.

Diese sind nach Größe der wahrgenommenen Gefahr unterschiedlich und haben entsprechend differenzierte körperliche und mentale Auswirkungen, sodass eine tiefer gehende Kenntnis dieser Symptome und ihrer Konsequenzen im beruflichen Kontext unerlässlich ist.

3.1.1 Wahrnehmung verbaler Aggression als körperliche Gefahr

Verschiedene Modelle, zum Beispiel die Struktur- und Prozessmodelle der Emotionstheorie der kognitiven Bewertung (Appraisal Theory; Lazarus 1991), beschreiben, wie Reize aus der Umwelt aufgenommen und mit Wahrnehmungsfiltern verarbeitet werden, bevor sie zunächst als positiv, irrelevant oder gefährlich bewertet werden. Eine sekundäre Bewertung ruft dann eine Stressreaktion hervor, sofern die Ressourcen zur Bewältigung der Situation unzureichend erscheinen,

Zum Beispiel führt ein unerwarteter Reiz wie das Erblicken einer bestimmten Form oder das Hören eines bestimmten Lautes zu einer erhöhten und gerichteten Aufmerksamkeit. Wenn der Reiz in Folge als eine Gefahr wahrgenommen wird, zum Beispiel als ein Raubtier in unmittelbarer Nähe, löst dies eine akute Stressreaktion hervor.

Diese Reaktion zum Schutz des eigenen Lebens ist entsprechend der Größe der Gefahr in verschiedene Stufen unterteilt, die rasch aufeinanderfolgen können. Diese werden mit dem neurophysiologischen Begriff der Abwehrkaskade zusammengefasst (Kozlowska et al 2015, Roelofs 2017, Lang 2000).

Dabei können nicht nur physische Gefahren als Auslöser wirken. Auch emotionale Stressoren aus sozialen Interaktionen können als bedrohlich empfunden werden, insbesondere dann, wenn diese Interaktionen nicht zu dem Selbstbild einer Person passen oder das Potenzial haben, ihr Selbstwertgefühl oder ihre Position zu beeinträchtigen (Smith 1985).

Rogers (1951, S. 127) zum Beispiel postulierte, dass „jede Erfahrung, welche nicht konsistent ist mit der Organisation oder Struktur des Selbst, als Bedrohung wahrgenommen werden kann". Und Roelofs stellte gemeinsam mit ihren Kollegen (2017) in einer Reihe von Experimenten fest, dass soziale Bedrohungen eine Schreckstarre auslösen können.

3.1.2 Stufen der Abwehrkaskade

> Wenn also eine Person einen verbalen Schlagabtausch als Aggression wahrnimmt, werden dieselben physiologischen Reaktionen ausgelöst, welche den Körper auf mögliche physische Gefahren vorbereiten.

In dieser sogenannten Abwehrkaskade (Kozlowska et al 2015) werden die Stufen, welche auf die initiale erhöhte Aufmerksamkeit („Arousal") folgen, als akute Stressreaktion bezeichnet. Die bekannteste dieser Stufen ist die Kampf- oder-Flucht-Reaktion („Fight-or-Flight-Response"). Weitere Stufen sind das Einfrieren („Freeze") und die Schreckstarre oder Totstellen („Fright").

Diese Stufen sind in Abb. 3.1 dargestellt, wobei zur Erhaltung der Übersichtlichkeit die wesentlichen Übergänge dargestellt sind. Weitere Übergänge zwischen Stufen werden im Text erläutert.

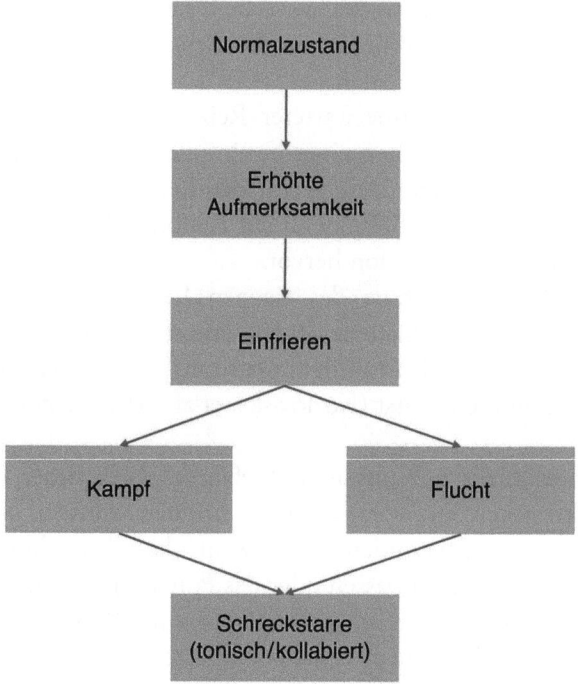

Abb. 3.1 Stufen der Abwehrkaskade

Die Verarbeitung der von den Sinnesorganen eintreffenden Signale in verschiedenen Arealen des Gehirns sowie die Regulierung von Köperzuständen über die Ausschüttung von Hormonen sind komplex und abhängig von der jeweiligen Stufe der Kaskade. Eine detaillierte Darstellung kann der Literatur entnommen werden (zum Beispiel Kozlowska 2015 und Roelofs 2017).

Bei der Wahrnehmung einer möglichen Gefahr werden die Signale der Sinnesorgane im Gehirn über den Thalamus zum Mandelkern (Amygdala) und, mit einer kurzen Verzögerung, in den Neokortex geleitet, in welchem unsere rationalen und bewussten Gedanken zu Hause sind. Falls der Mandelkern den Stimulus als eine bekannte Gefahr erkennt, unterdrückt er die rationale Antwort im Neokortex für die folgenden Sekunden (LeDoux 2012, Guy-Evans 2021). Gleichzeitig löst er gemäß der Stufe der Abwehrkaskade eine Entladung des autonomen Nervensystems und einen Ausstoß regulierender Hormone wie Adrenalin, Noradrenalin und Cortisol aus. Diese bereiten den Körper auf die Anforderungen der Situation vor, wie zum Beispiel auf scharfe Beobachtung oder schnelle Bewegung.

Um in der Situation einer verbalen Aggression zu erkennen, ob die Abwehrkaskade ausgelöst wurde und in welcher Stufe man sich gegebenenfalls befindet, muss man die jeweiligen körperlichen Symptome kennen und die Auswirkung auf das Denkvermögen verstehen.

3.1.2.1 Erhöhte Aufmerksamkeit („Arousal")

Die erhöhte Aufmerksamkeit ist die erste Stufe der Abwehrkaskade und kommt auch im beruflichen Kontext häufig vor. Bereits die Wahrnehmung latent aggressiven oder unhöflichen Verhaltens kann als Auslöser dienen.

Dieser Zustand dient dazu, die Wahrnehmung auf eine mögliche Gefahr konzentrieren zu können und den Körper auf die folgenden Stufen vorzubereiten. Bekannte Ausdrücke für diese Stufe sind „die Ohren wie ein Luchs spitzen" oder „lauschend innehalten". Abb. 3.2 zeigt eine Übersicht der körperlichen Reaktionen.

Bei starken Reizen geht dieser Zustand unmittelbar in das Einfrieren oder in den Kampf-oder-Flucht-Reflex über, seltener in eine Schreckstarre.

Herzschlag- und Atemfrequenz erhöhensich, der Gefäßwiderstand steigt durch Verengung der peripheren Blutgefäße und erhöht so die Blutzufuhr zu Herz und Gehirn. Durch mehr Gerinnungsfaktoren wird das Blut dickflüssiger (es „gefriert das Blut in den Adern"), während Blutzuckerspiegel und Blutfettwerte steigen, um die Muskeln mit zusätzlicher Energie versorgen zu können. Gleichzeitig werden die Organe des Verdauungssystems heruntergefahren.

Der Muskeltonus wird verstärkt, sodass man sich aufrichtet. Man ist wach und fokussiert, und der Körper ist auf intensive Bewegung vorbereitet.

Gleichzeitig steigt die Körpertemperatur an, und es nimmt im Gegenzug die Schweißproduktion zu, um ein Überhitzen zu vermeiden – einem „steht der Schweiß auf der Stirn". Dieser sogenannte kalte Schweiß bleibt, zusammen mit dem Erbleichen aufgrund der verengten Blutgefäße und den erweiterten Pupillen, auch einem aufmerksamen Gegenüber nicht verborgen. Man selbst kann das damit verbundene Gefühl – einem „wird heiß und kalt zugleich" und „es laufen einem kalte Schauer über den Rücken" – als Anzeichen für den Eintritt in diese Stufe verwenden.

Weitere Effekte sind die Reduktion des Speichelflusses, sodass sich der Mund trocken anfühlt und das Sprechen schwerer fällt, sowie eine Anspannung der Muskulatur des Kehlkopfes, welche zu einer höheren Stimmlage führt. Ein ausgetrockneter Mund und ein Kloß im Hals sind natürlich kontraproduktiv in einem Moment, in welchem man im Brustton der Überzeugung mit souveräner, tiefer Stimme sprechen möchte, und sind ebenfalls für andere Beteiligte wahrnehmbar.

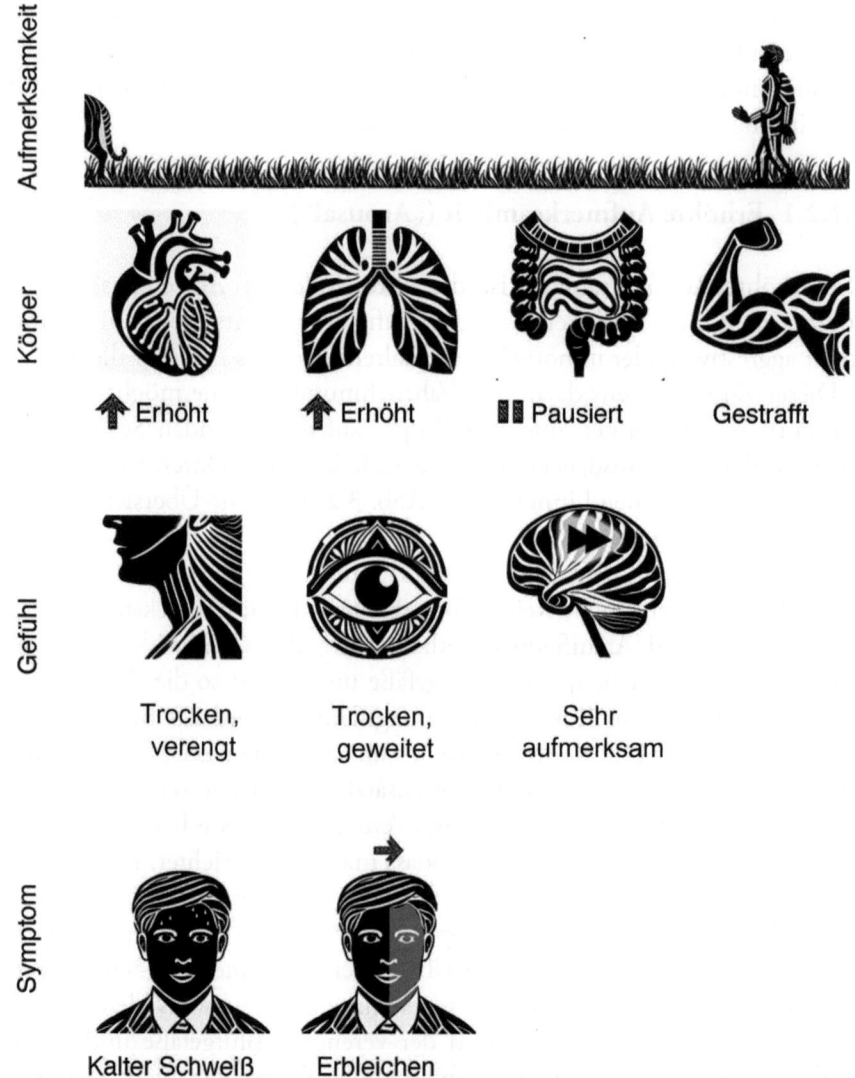

Abb. 3.2 Körperliche Reaktionen bei erhöhter Aufmerksamkeit

3.1.2.2 Einfrieren („Freeze")

Das Einfrieren tritt ein, wenn eine nahende Gefahr erkannt wurde, diese aber noch nicht so akut ist, um sich in einen Kampf zu stürzen oder zur Flucht zu wenden. Im Beruf kann dieser Zustand leicht erreicht werden, wenn ein konkreter verbaler Angriff erfolgt.

In dieser Stufe führt der Körper das mit der erhöhten Aufmerksamkeit begonnene Programm fort und erstarrt fast vollständig, um eine Entdeckung zu vermeiden und die Wahrnehmung zu optimieren, und wird auf Kampf oder Flucht vorbereitet. Abb. 3.3 zeigt eine Übersicht dieser deutlich spürbaren körperlichen Reaktionen.

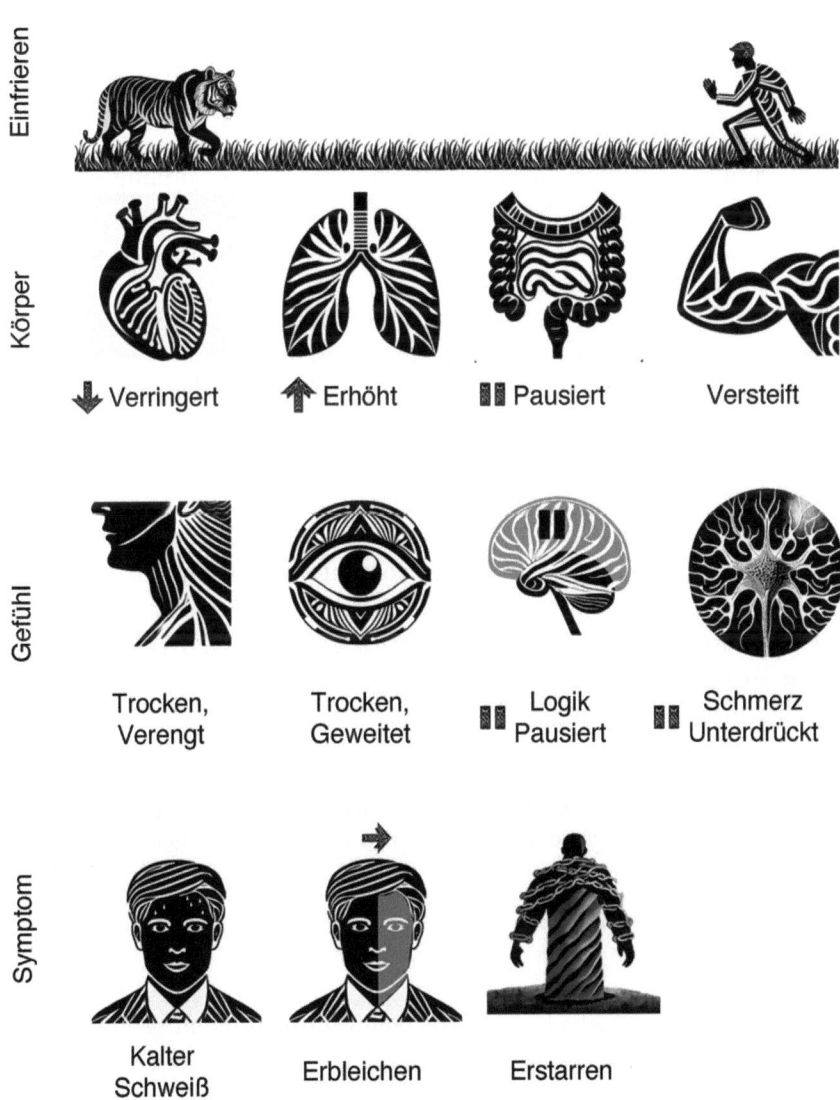

Abb. 3.3 Körperliche Reaktionen beim Einfrieren

Man kennt diese Stufe durch die Redewendungen „wie angewurzelt stehen bleiben" oder „wie ein Kaninchen auf die Schlange starren".

Dabei wird bereits das biologische Programm des Kampf-oder-Flucht-Reflexes ausgelöst, jedoch durch einen weiteren Signalweg im Gehirn gebremst. Man steht gewissermaßen mit hoch drehendem Motor und angezogener Handbremse für sofortige Bewegung bereit und „ist gespannt wie ein Flitzebogen".

Dabei wird der Muskeltonus weiter erhöht, der Herzschlag allerdings deutlich abgesenkt – der Körper ist völlig erstarrt und unbeweglich, und man fühlt sich wie gelähmt. Durch den hohen Blutdruck und die niedrige Pulsfrequenz spürt man das Herz „bis zum Hals klopfen".

Die erhöhte Atemfrequenz kann durch eine Überversorgung des Hirns mit Sauerstoff zu einem Schwindelgefühl führen oder – bei starker Anspannung des Kehlkopfes – zu einem panischen Gefühl, zu wenig Luft zu bekommen: „Es stockt einem der Atem."

Die Haare an Kopf und Körper stellen sich auf – es „stehen einem die Haare zu Berge" und man „bekommt eine Gänsehaut".

Die Augen und die Pupillen sind weit geöffnet. In der Wahrnehmung werden grobe Muster deutlicher wahrgenommen als feine Muster, und das Schmerzempfinden wird unterdrückt – dies wird manchmal als ein Gefühl der Taubheit während einer Aggression beschrieben.

Wie von Guy-Evans (2021) und Goleman (2005) erläutert, ist während dieser Phase die logische Verarbeitung von Information in den evolutionär jüngeren Teilen des Gehirns wie dem für rationales Denken verantwortlichen Neokortex für einige Sekunden verzögert („Amygdala Hijack"). So können antrainierte Reflexe unmittelbar und ohne vorherige Überlegungen oder Entscheidungsfindung ausgeführt werden.

> Für das logische Denken sowie sprachliches Verstehen und Sprechen relevante Teile des Gehirns sind dabei jedoch für bis zu 15 Sekunden außer Gefecht – es „verschlägt einem die Sprache". Weiterhin ist dadurch temporär der mentale Zugang zu allen längerfristigen Plänen und Vorhaben blockiert. Stattdessen ist man ausschließlich auf die aktuelle Situation konzentriert.

Auch nachdem die Blockade der logischen Verarbeitung aufgehoben ist, ist das Sprechen durch die rasche Atmung und die Anspannung des Kehlkopfes eingeschränkt, und insbesondere die ersten Laute kommen oft überraschend hoch und schwer verständlich heraus. Dies wiederum führt zu einem Gefühl, sich sozial unangemessen zu verhalten, was wiederum die Anspannung verschärfen kann.

Emotional kann man in diesem Zustand ein deutliches, aber beherrschbares Angstgefühl wahrnehmen.

Der Zustand des Einfrierens wird in vielen Publikationen mit der Schreckstarre zusammengelegt bzw. verwechselt. Nach Kozlowska et al. (2015) handelt es sich jedoch um ein klar abgegrenztes biologisches Programm, in welchem sowohl die Signalwege des Kampf-oder-Flucht-Reflexes als auch die der Schreckstarre aktiviert sind.

Gemeinsamkeiten sind der niedrige Herzschlag und die Erstarrung sowie das Erbleichen und kalter Schweiß. Beim Einfrieren ist der Körper jedoch durch hohen Gefäßwiderstand, Muskelanspannung und rasche Atmung auf maximale Leistung und höchste Aufmerksamkeit vorbereitet, während bei der Schreckstarre das Denken „aussetzt" und ein steifer oder schlaffer Zustand der Regungslosigkeit eingenommen wird.

Äußerlich kann man beim Einfrieren insbesondere den höchst aufmerksamen Blick mit geweiteten Pupillen wahrnehmen – im Gegensatz zum leeren, glasigen Blick bei der Schreckstarre.

3.1.2.3 Kampf oder Flucht („Fight or Flight")

Die Kampf-oder-Flucht-Reaktion dient dazu, bei unmittelbarer Gefahr entweder zu entkommen oder – wenn es keinen Ausweg gibt oder ein Kampf evolutionär sinnvoll ist – die Gefahr durch einen Angriff abzuwenden. Im beruflichen Kontext begegnet man diesem Zustand vergleichsweise selten; wenn dieser dann doch auftritt, wird im Anschluss im Kollegenkreis oft ausführlich darüber berichtet oder sogar gelästert. Abb. 3.4 zeigt eine Übersicht der damit einhergehenden starken körperlichen Reaktionen.

Viele Ausdrücke existieren für die beiden Varianten – von „rotsehen" und „einem platzt die Hutschnur" bis zu „in totale Panik verfallen" und „schreiend Reißaus nehmen".

Anders als beim Einfrieren ist der Puls stark erhöht, und die Muskeln gehen in maximale Aktion über. Dies äußert sich entweder in Fluchtbewegungen wie Laufen und Springen oder in Angriffsbewegungen wie Schlagen, Treten, Kratzen oder Beißen.

In den meisten Fällen haben Menschen in einer beruflichen Umgebung ausreichend Selbstkontrolle, um diese Bewegungen mit großer Anstrengung zu unterdrücken – im Gegensatz zum Einfrieren, bei dem das körpereigene Programm dieses Bremsen übernimmt.

Für einen selbst spürbare und für andere Personen sichtbare Effekte können ein Zittern der Arme und Beine sein sowie extreme Unruhe, zum Beispiel ein Herumrutschen auf einem Stuhl oder ein auf der Stelle treten bzw.

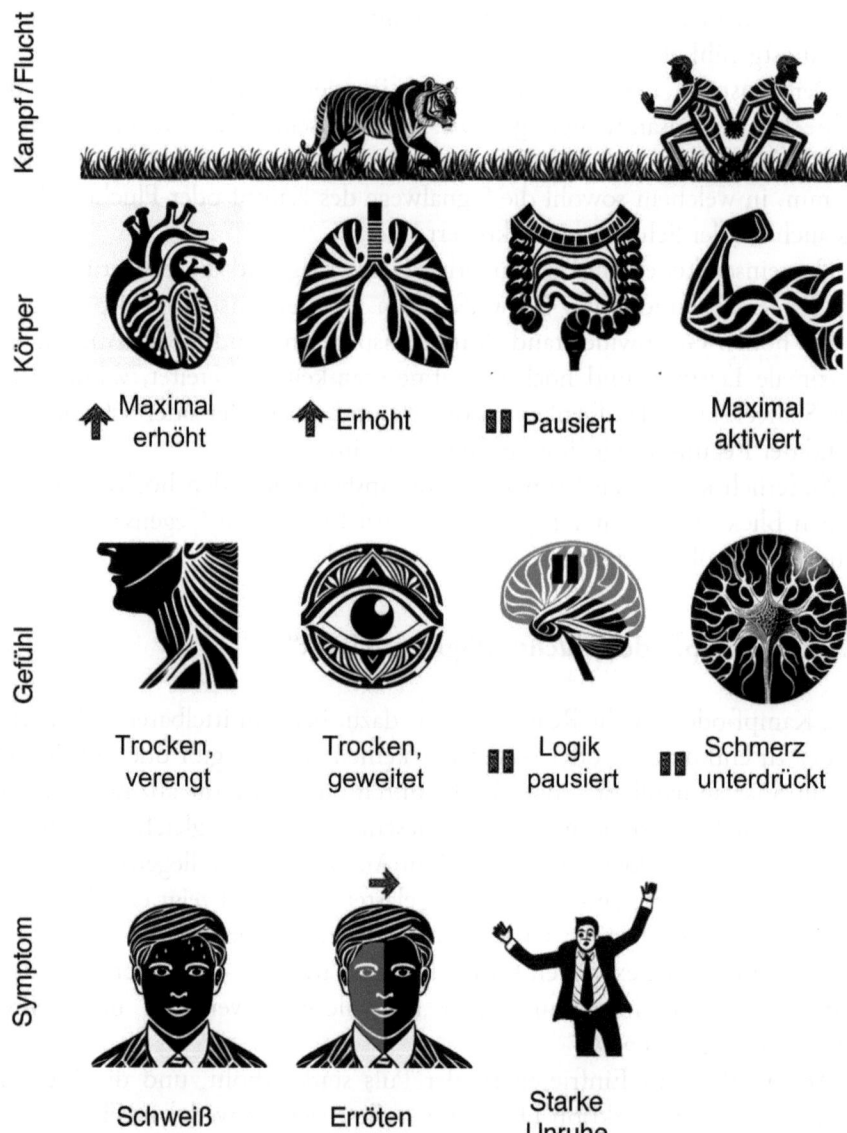

Abb. 3.4 Körperliche Reaktionen bei Kampf oder Flucht

Hin- und Herdrehen. Auch ein Ringen der Hände, Wippen mit den Füßen oder dem ganzen Bein, wiederholtes Drehen des Kopfes und weitere nervöse Erscheinungen sind für alle Beteiligten wahrnehmbare Anzeichen des Kampf-oder-Flucht-Reflexes (Coombes 2006).

Um die durch die Bewegung erzeugte Wärme abführen zu können, weiten sich die Gefäße der Haut, insbesondere des Kopfes. Für den Betroffenen fühlt sich dies wie ein Hitzeschwall im Gesicht an. Von außen ist die Rötung der Haut bei hellhäutigen Menschen deutlich zu erkennen – man „läuft rot an" oder jemand „läuft mit hochrotem Kopf aus dem Raum". Bei dunklerem Teint kann eine leichte Rottönung oder Verdunklung der Haut beobachtet werden.

Charakteristisch ist auch die Schweißproduktion der Handflächen – „man bekommt feuchte Hände". Dies dient evolutionär der Verbesserung des Griffs für Kampf- oder Fluchthandlungen, fühlt sich in einer heutigen Arbeitsumgebung jedoch unangebracht an.

Oft ist diese Stufe auch mit dem Drang nach aggressivem oder warnendem Schreien verbunden. Auch dies kann von den meisten Menschen unterdrückt werden, wobei gelegentlich dennoch einzelne Laute nicht verhindert werden können – mit entsprechender Beachtung und verwunderter, mitleidiger oder spöttischer Beurteilung durch die anderen Teilnehmer.

> Auch in diesem Zustand sind zunächst die logische und sprachliche Verarbeitung für etliche Sekunden blockiert, und Pläne und Vorhaben werden temporär verdrängt – man „fährt aus der Haut", „ist wie von Sinnen" oder „verliert die Fassung".

Zudem fokussiert sich ein Mensch extrem auf ein Ziel – den Fluchtweg oder den Angreifer –, was oft als Tunnelblick beschrieben wird und wodurch andere Akteure nicht wahrgenommen werden, zum Beispiel einschreitende Kollegen – man „ist blind vor Wut".

Wie beim Einfrieren ebbt die Blockade des logischen Denkens und des Sprachzentrums nach einigen Sekunden wieder ab. Aufgrund der hohen Anspannung, gepaart mit dem raschen Atem und dem verengten Kehlkopf, kommen die ersten Laute ungewöhnlich hoch, laut und druckvoll heraus. Auch in diesem Fall führen die Überraschung darüber, wie die eigene Stimme klingt, und das Gefühl, sozial unangemessen zu sein, oft zu einer Verstärkung der Anspannung.

Abhängig von der Reaktion ist die Emotion, welche man verspürt, entweder Aggression bei einem Angriff oder Angst bei Flucht.

3.1.2.4 Schreckstarre („Fright")

Die Schreckstarre, auch als Totstellen, Schockstarre oder Angststarre bezeichnet, tritt ein, wenn die Gefahr so nah und überwältigend ist, dass sowohl Kampf als auch Flucht aussichtslos sind. Dieser Zustand stellt im beruflichen Rahmen eine Ausnahme dar, kann aber von Anwesenden aufgrund der totalen Regungslosigkeit auch leicht übersehen werden.

Als Überlebensstrategie haben sich für diese Situationen verschiedene Verhaltensmuster herausgebildet, welche das Opfer den Angriff erdulden lassen in der Hoffnung, dass der Angreifer doch noch ablassen wird. Dies kann zum Beispiel durch Totstellen erreicht werden, wenn Raubtiere, die kein Aas fressen, das mutmaßlich tote Opfer verschmähen oder angesichts der scheinbar ohnmächtigen Beute unachtsam werden. Abb. 3.5 zeigt eine Übersicht der extremen körperlichen Reaktionen der Schreckstarre.

Auch hierfür gibt es verschiedenste umgangssprachliche Begriffe wie „zu einer Salzsäule gefrieren" und „wie vom Donner gerührt sein" bzw. „in Ohnmacht fallen", „den Boden unter den Füßen verlieren" oder „einen verlassen die Sinne".

Der Ablauf erfolgt in zwei rasch aufeinanderfolgenden Phasen mit zunächst erhöhter Atmung und schnellerem Herzschlag sowie deutlicher Hirnaktivität, gefolgt von sehr flacher und langsamer Atmung, einem langsamen und schwachen Herzschlag sowie dem Abfallen der Körpertemperatur.

Der Blick wird glasig und defokussiert, das Schmerzempfinden ist stark unterdrückt, und es kann zu einer Entleerung des Darms oder der Blase kommen. Weiterhin sind wichtige Reflexe wie der Stellreflex zum Aufrichten des Körpers deaktiviert - man muss sich „festhalten, um nicht umzukippen".

Mental kann es zu einer sogenannten Dissoziation kommen, bei welcher die normale Integration von Erinnerungen, Identität, Sinneswahrnehmungen und Körperbewegungen aufgehoben wird. Man spürt eine Trennung oder Entkopplung von den normalen Erfahrungen, sodass sich die Situation traumartig, unwirklich oder unpersönlich anfühlt.

Die Schreckstarre tritt in zwei verschiedenen Varianten auf, wobei der Mensch entweder vollkommen erstarrt sein kann („tonisch") oder die Muskeln vollständig erschlaffen können („kollabiert"). Im letzteren Fall sinken oft Blutdruck und Herzfrequenz so weit ab, dass es zu Ohnmacht und Zuckungen kommen kann.

Um Verteidigung oder Lautäußerungen zu verhindern, werden in dieser Phase Emotionen wie Aggression und Wut unterdrückt. Im Nachhinein wird diese Phase mit einer Emotion tiefer Verzweiflung in Verbindung gebracht, im Falle der kollabierten Schreckstarre auch mit tiefer Abscheu und Ekel.

Der Abbruch der tonischen Schreckstarre – wenn das Opfer wieder eine Chance oder einen Ausweg erkennt – tritt sehr plötzlich auf und kann direkt in Kampf oder Flucht übergehen. Die Rückkehr aus der kollabierten Schreckstarre ist hingegen ein sich über Minuten hinziehender Prozess.

In einem verbalen Austausch im beruflichen Alltag tritt die Schreckstarre vergleichsweise selten auf, da es wenige Gesprächssituationen im Beruf gibt, welche einen Menschen tatsächlich in Todesangst versetzen würden. Allerdings gibt es eine beträchtliche Anzahl von Menschen mit entsprechender

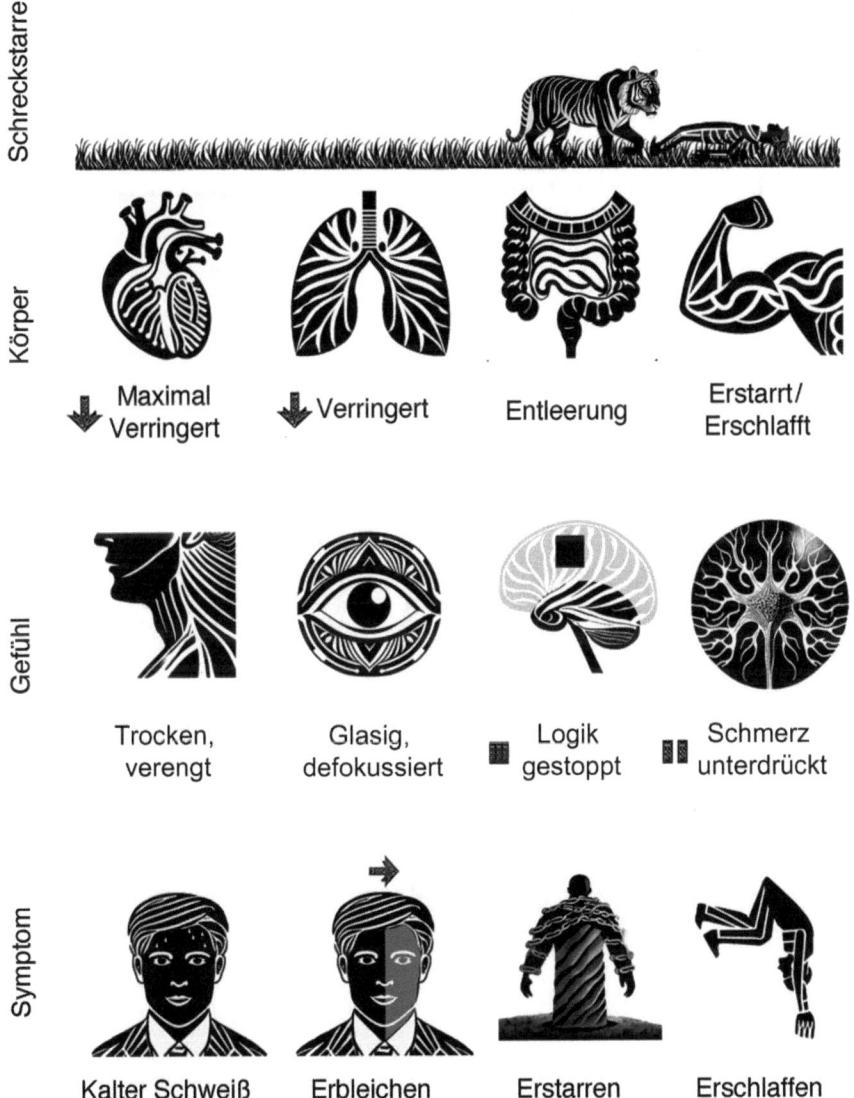

Abb. 3.5 Körperliche Reaktionen bei der Schreckstarre

Disposition aufgrund früherer traumatischer Erfahrungen, welche trotzdem in diesen Zustand verfallen können.

Aufgrund der Ernsthaftigkeit der Symptome ist eine Unterstützung des Betroffenen durch andere Anwesende dringend geboten. Gleichzeitig kann nicht davon ausgegangen werden, dass jederzeit Respekt und Mitmenschlichkeit gezeigt werden, und es besteht die Gefahr, dass feindlich gesonnene Kollegen dem Verhalten mit beißendem Spott und mit Abwertungen begegnen.

3.1.2.5 Rückkehr in den Normalzustand

Nachdem die wahrgenommene Gefahr vorüber ist, geht die Rückkehr in den Normalzustand mit einer Reihe von komplexen Abläufen im Körper einher und erzeugt damit verbundene Symptome.

Abb. 3.6 zeigt eine Übersicht der nachklingenden körperlichen Reaktionen bei der Rückkehr in den Normalzustand.

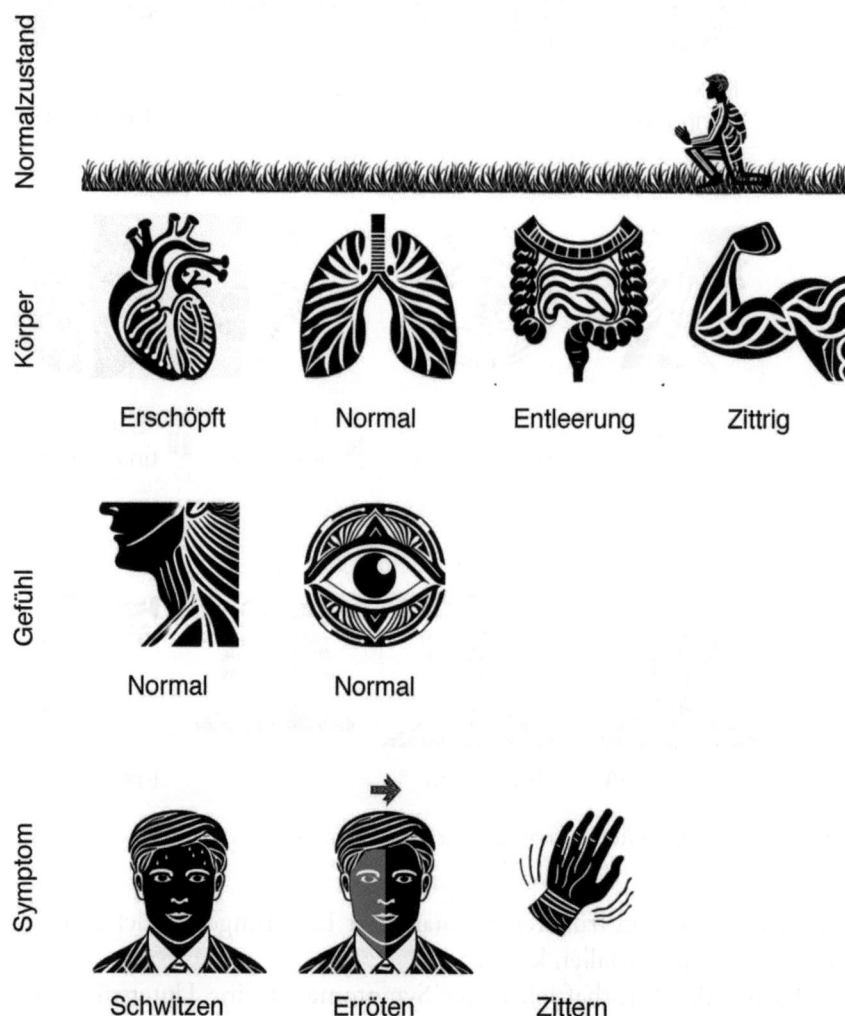

Abb. 3.6 Körperliche Reaktionen bei der Rückkehr in den Normalzustand

Man verspürt eine tiefe Erschöpfung und hat Harndrang sowie einen Drang zur Darmentleerung – „man hat die Hosen voll".

Die Erweiterung der Blutgefäße der Haut führt zu einem bei hellhäutigen Menschen deutlich sichtbaren Erröten; die zuvor kalte Haut fühlt sich heiß an, und zur Abführung der noch erhöhten Körpertemperatur kann es zu einem weiteren Schweißausbruch kommen.

Die nachlassende Anspannung kann zu einem Muskelzittern führen; einem „schlottern die Knie" oder man „zittert wie Espenlaub".

Diese Symptome sind sowohl für den Betroffenen selbst deutlich spürbar als auch für andere Beteiligte gut sichtbar.

Emotional kann sich dabei ein Gefühl der Erleichterung einstellen.

3.1.3 Erhöhte Sensibilität für Stressoren

Zumindest die ersten der im vorhergehenden Abschnitt beschriebenen Stufen der Abwehrkaskade werden vielen Menschen bekannt vorkommen, und man findet im Internet eine Reihe von Berichten über das Auftreten der entsprechenden Symptome in einem beruflichen Kontext. Gleichzeitig werden etliche Leser in ihrem bisherigen Berufsleben lediglich in erhöhte Aufmerksamkeit versetzt worden sein, während andere Menschen sogar wiederholt Episoden mit Schreckstarre durchleben mussten.

Die Sensibilität von Menschen für Stressoren, die als Gefahr wahrgenommen werden, und ihre Neigung, in eine bestimmte Stufe der Abwehrkaskade zu geraten, hängt von einer Vielzahl von Faktoren ab. Darunter sind sowohl genetisch bedingte biologische Faktoren im Gehirn und den endokrinen Drüsen als auch psychologische, welche in der frühen Kindheit und über den weiteren Lauf des Lebens hinweg erworben wurden.

Insbesondere Menschen, die in ihrer Vergangenheit schwer erträgliche Erfahrungen durchstehen mussten und daher unter einer posttraumatischen Belastungsstörung leiden, reagieren schneller und stärker auf negative Reize und zum Teil auch auf neutrale Reize (Roelofs 2017, Schauer 2010).

Zum Beispiel können sie auch beim Anblick von Gesichtern mit einem neutralen Gesichtsausdruck zum Erstarren neigen, während Menschen ohne diese negativen Erfahrungen nur bei aggressiven Gesichtsausdrücken mit einem kurzen Versteifen reagieren.

Ein kurzer Überblick über mögliche Maßnahmen zur Verringerung der Sensibilität wird in Abschn. 4.3.3 gegeben.

3.1.4 Konsequenzen für den beruflichen Kontext

Die Mechanismen der Abwehrkaskade sind evolutionär entstanden und essenziell für die Vermeidung körperlicher Verletzungen oder sogar des Todes im Falle eines physischen Angriffs.

In sozialen Situationen ist ihr Nutzen jedoch sehr begrenzt. Im Gegenteil, sie haben das Potenzial, eine unpassende Reaktion hervorzurufen, welche nicht zu einer Lösung beiträgt und von den Anwesenden sogar als unangebracht angesehen und dann noch für weitere Abwertungen ausgenutzt wird.

Insbesondere kann eine Person …

- erstarren und das weitere Geschehen wortlos verfolgen („Freeze").
- mit einer verletzenden Aussage und unangemessener Heftigkeit zurückschlagen („Fight").
- sich aus dem Gespräch zurückziehen und sogar den Raum verlassen („Flight").
- vollständig verstummen und mit glasigem Blick bewegungslos verharren („Fright").

Auch die mit den verschiedenen Stufen der Abwehrkaskade einhergehenden Symptome und Verhaltensweisen wie Erbleichen, Erröten und Schwitzen sowie unruhige Bewegungen können als unprofessionell und störend wahrgenommen werden. Gleiches gilt für die Beeinträchtigung des Sprechens durch den trockenen Mund und den angespannten Kehlkopf.

Auch die auf grobe Strukturen in einem engen Fokus eingeschränkte Wahrnehmung und die temporäre Blockade der logischen Informationsverarbeitung erschweren eine professionelle, zielgerichtete Antwort auf einen wahrgenommenen Angriff.

Weiterhin werden die emotionalen Signale, welche von einer Person unter Stress ausgesendet werden, durch die Spiegelneuronen anderer anwesender Personen wahrgenommen und lösen in ihnen ebenfalls eine entsprechende Stressreaktion aus (Böhlke 2023). Diese emotionale Reaktion kann zu weiteren unangemessenen Antworten führen, was wiederum den Stresslevel aller Beteiligten weiter ansteigen lässt.

> All diese Symptome, welche dem gewohnten professionellen Auftreten und Verhalten im Wege stehen, machen es erforderlich, die akute Stressreaktion zu bewältigen, um schnell in den Normalzustand zurückzukehren.

3.1.4.1 Bewältigung der akuten Stressreaktion

In der Literatur (u.a. Kozlowska 2015, Schranner 2001) werden verschiedene Ansätze für die Bewältigung dieses Reflexes vorgeschlagen, welche insbesondere auf Entspannungs- und Selbstregulierungstechniken aufbauen, wie zum Beispiel das Schaffen einer Pause, um die initiale Reaktion abklingen zu lassen, die Konzentration auf die eigene Atmung, progressive Muskelentspannung, objektive Betrachtung der Situation und Visualisierung der gewünschten Beziehung.

Eine Auswahl solcher Techniken wird in Abschn. 4.4.1 über die Erstreaktion auf verbale Aggression zur Wiedererlangung der Kontrolle präsentiert.

3.1.4.2 Zeitaufwendige Rückkehr in den Normalzustand

Erst mit der Rückkehr zum Normalzustand und dem Abklingen der verschiedenen Symptome ist man wieder in der Lage, souverän und mit der einem eigenen Kompetenz und Kultiviertheit auf den wahrgenommenen Angriff einzugehen.

Die bis dahin verstrichene Zeit und die inzwischen fortgeführte Konversation machen es dann erforderlich, einzuhaken und zu dem Auslöser der Stressreaktion zurückzukommen. Techniken hierfür werden in Abschn. 4.4.4 vorgestellt.

Das Wissen über die Abwehrkaskade und die Symptome und Effekte der verschiedenen Stufen der akuten Stressreaktion helfen beim Verständnis der teils überraschenden eigenen Reaktionen auf einen verbalen Angriff.

Doch warum unterscheidet sich die Wahrnehmung einer verbalen Aggression derart zwischen Menschen? Wieso nimmt die eine Person eine Verbalattacke als essenzielle Bedrohung wahr, mit entsprechend heftiger körperlicher Reaktion, während eine andere darin vielleicht lediglich ein Ärgernis sieht und wieder andere durch den Angriff komplett kalt gelassen werden?

Der folgende Abschnitt liefert die für dieses Verständnis notwendigen Hintergründe über grundlegende Regeln menschlicher Wahrnehmung und Verhaltensweisen, wie sie von Alfred Adler mit der Individualpsychologie erstmals beschrieben wurden.

3.2 Kernkonzepte der Individualpsychologie

Die Individualpsychologie basiert auf einem kompakten Satz von Prämissen, welche umfassende Einblicke in alle Facetten menschlichen Verhaltens geben und damit eine Fülle von Konzepten und Begriffen begründen.

Dieser Abschnitt beschreibt die Grundsätze der Individualpsychologie mit ihren fundamentalen Regeln menschlicher Wahrnehmung, Bestrebungen und Verhaltensweisen. Weiterhin werden die Konzepte erläutert, welche für das Thema der verbalen Aggression relevant sind, und damit die Grundlage für das Verständnis Vorgehens zur Bewältigung verbaler Aggression geschaffen.

3.2.1 Die ganzheitliche Betrachtung des Individuums

Alfred Adler beschrieb mit klarer Sprache, wie Menschen sind: „Ich weiß von der seelischen Ganzheit nicht mehr als jene wissen, die aus der Tiefe ihrer eigenen Intuition heraus Bilder vom Menschen geschaffen haben... Aber ich habe mich bemüht, ... das, was jene in vollendeter Sprachkunst dargestellt haben, so schlicht und faßlich darzustellen, daß jeder ... damit verstehend und erziehend wirken kann" (Birnbaum 1937). Seine einfache und eingängige Sprache erlaubt einem, sich selbst in den Konzepten wiederzuerkennen.

Dabei strebte Adler auch danach, dass die Individualpsychologie konkret zu einem friedlichen Miteinander unter Menschen beitragen würde: „Das wahre Ziel der Wissenschaft von der menschlichen Psyche kann nur sein, daß die menschliche Natur von jedermann verstanden wird, damit die Anwendung dieses Verständnisses jeder Menschenseele Frieden bringt." (Adler 1912)

3.2.1.1 Einheit der Persönlichkeit

Als Adler seine Theorie der Individualpsychologie formulierte, brach er mit Kernkonzepten, die sein Kollege Sigmund Freud definiert hatte (Makari 2008), insbesondere dem dreiteiligen Strukturmodell der Psyche mit dem Es, Ich und Über-Ich.

Stattdessen postulierte Adler die Einheit der Persönlichkeit – die Unteilbarkeit der menschlichen Seele und die durchgängige Entwicklung der menschlichen Persönlichkeit, welche nur im sozialen Kontext ihrer Mitmenschen während ihrer prägenden Jahre verstanden werden kann (Adler 1920, 1927).

Der Begriff „Individual-" ist oft fehlinterpretiert worden, als Ausdruck eines isoliert zu betrachtenden Individuums.

> Für Adler war die Unteilbarkeit des Menschen ein zentraler Punkt, während er gleichzeitig sehr klar zum Ausdruck brachte, dass eine Person nur in ihrer gegenseitigen Abhängigkeit zu anderen Menschen verstanden und interpretiert werden kann.

Diese umfassende Betrachtung eines Individuums in seinem sozialen Kontext veranlasste seinen Schüler Rudolf Dreikurs zu der Spekulation, dass Adler seine Theorie „holistische Psychologie" genannt hätte, wenn der Begriff des Holismus zu seiner Zeit gebräuchlicher gewesen wäre (Dreikurs 1969).

3.2.1.2 Verantwortung als logische Konsequenz

Die Behandlung einer Person als unteilbares Ganzes hat eine Reihe von Implikationen, nicht nur für die psychologische Theorie, sondern auch in ganz praktischen Aspekten des Lebens.

Eine bemerkenswerte Folge, die zunächst Unbehagen auslösen kann, ist die damit einhergehende volle Verantwortlichkeit eines Individuums für seine Taten. Alltäglich gewordene Ausreden wie „Meine Triebe waren zu stark", „Ich habe keine Idee, was in mich gefahren ist" oder „Ich muss das unbewusst getan haben" werden als Täuschungen entlarvt, welche die wahren Absichten der Person verbergen sollen, und verlieren so ihre Wirkung, Verantwortung abzuwälzen. Die Individualpsychologie führt zu der zwingenden Erkenntnis, dass eine Person die volle Verantwortung für das gesamte Spektrum ihrer Handlungen übernehmen muss, egal ob diese von der Gesellschaft als positiv, neutral oder sogar zutiefst negativ gesehen werden.

Im Zusammenhang mit verbaler Aggression bedeutet dies, dass wir mit einem hohen Maß an Festigkeit agieren können, indem wir Ausreden wie „Ich hab's nicht so gemeint" direkt als Ausflucht entlarven, und verlangen, dass eine aggressive Person für ihre Taten geradesteht und sich zur Befriedung der Situation verpflichtet.

3.2.1.3 Ermutigung durch Wachstumskompetenz

Die ermutigende Schlussfolgerung aus dieser Sichtweise ist, dass jede Person im Grunde dazu ermächtigt ist, ihre eigene selektive Wahrnehmung, ihre persönlichen Verhaltensmuster sowie ihre eigenen Absichten zu verstehen. Sie impliziert damit die Fähigkeit, bewusste Entscheidungen zu treffen, um sich als Mensch weiterzuentwickeln und mehr zum Gemeinschaftsgefühl im eigenen gesellschaftlichen Umfeld beizutragen.

Eine Person, die sich bei einem verbalen Angriff hilflos fühlt und sich zurückzieht oder die unverhältnismäßig zurückschlägt und sich hinterher schuldig fühlt, kann sich damit ermutigen, dass sie in der Lage ist, ihre eigene Wahrnehmung der verbalen Aggression und ihre direkte Reaktion darauf zu verändern. Sie kann die eigene Wachstumskompetenz für eine Persönlichkeitsentwicklung zu mehr Souveränität und Selbstsicherheit nutzen. Dies hilft ihr, von einem kurzfristigen Nahziel, mit dem Gegner fertigzuwerden, zu einem langfristigen und konstruktiven Ziel eines besseren Miteinanders und einer gemeinsamen Ausrichtung mit ihm überzugehen.

Das Verständnis dieser Ermächtigung sorgt für eine tiefe emotionale Entlastung durch die Schlussfolgerung, dass jede Person die Fähigkeit besitzt, den eigenen Zustand zu verändern. Es ermutigt sie, Schritte in Richtung innerer Befriedung und eines konstruktiven Miteinanders zu unternehmen.

3.2.2 Das Grundstreben des Menschen nach Gemeinschaftsgefühl

Die Individualpsychologie betrachtet den Menschen als unteilbares Ganzes und geht davon aus, dass eine Person nur im Kontext ihrer Entwicklung von klein auf verstanden werden kann.

Dabei sieht sie den Menschen im Zusammenspiel mit seiner Umgebung – anfänglich aus der Hilflosigkeit der ersten Lebensjahre und auch im späteren Leben oft aus einer Position von Unterlegenheit gegenüber anderen. Dabei ist der Mensch allerdings nicht passiv den Einflüssen der eigenen physischen oder genetischen Beschaffenheit auf der einen Seite und seiner Umwelt und Familie auf der anderen unterworfen, sondern aktiv und kreativ handelnd in seinem Streben nach Zugehörigkeit.

Adler beobachtete, dass „das menschliche Seelenleben durch ein Ziel bestimmt" ist, und dass die körperliche Unterlegenheit von Menschenkindern im Vergleich zu anderen Tieren die Notwendigkeit bestimmt, als Voraussetzung für ihr Überleben nach Gemeinschaft zu streben – ein „Zwang zur Gemeinschaft" (Adler 1927).

Folgerichtig sind die Handlungen eines Menschenkindes darauf ausgerichtet, ein Gefühl der Zugehörigkeit zur Gemeinschaft zu erzeugen, und es wird dieses mit allen ihm zur Verfügung stehenden Mitteln verfolgen. Dieses Gemeinschaftsgefühl wird zunächst in der Beziehung des Kindes zu seiner ersten Bezugsperson – in der Regel der Mutter – entwickelt.

Dabei nehmen Kleinkinder sehr viel früher Emotionen wahr, als sie Worte verstehen, und reagieren auch entsprechend mit dem Ausdruck von Emotionen, worauf Erwachsene wiederum oft nur unbewusst reagieren (Böhlke 2023).

Während das Kind – zunächst noch ohne Worte – allmählich ein Selbstbild formt, experimentiert es nach dem Prinzip von Versuch und Irrtum zunehmend mit verschiedenen Verhaltensweisen und wird diejenigen betonen, welche es näher an sein Ziel der Zugehörigkeit zur Gemeinschaft zu bringen scheinen. Auf diese Art beginnt es, seine Persönlichkeit zu entwickeln mit seiner eigenen selektiven Wahrnehmung, seinen angenommenen Glaubenssätzen und erlernten Verhaltensweisen, die zusammen seinen einzigartigen persönlichen Lebensstil formen.

3.2.3 Das Minderwertigkeitsgefühl als Antrieb menschlicher Entwicklung

Menschen beobachten permanent ihre Umgebung und vergleichen sich selbst mit anderen in ihrem Umfeld. Adler legte dar, dass Menschen während ihrer gesamten Entwicklung ein Gefühl der Minderwertigkeit gegenüber ihren Eltern, Geschwistern und der Welt im Allgemeinen beibehalten. Adler (1928) stellte fest: „Menschsein heißt, ein Minderwertigkcitsgcfühl zu besitzen, das ständig nach seiner Überwindung drängt." Menschen werden sich daher anstrengen, zu lernen und zu wachsen, um damit ihre empfundene Minderwertigkeit zu kompensieren.

3.2.3.1 Voraussetzung für Wachstum

In dieser Form ist das Minderwertigkeitsgefühl ein positiver Antrieb für persönliches Wachstum mit dem Ziel, eine Stellung in der Gruppe zu erlangen und zu sichern, damit das Gemeinschaftsgefühl zu stärken und auch individuelle Bedeutung zu erlangen.

Wenn der Mensch geeignete Maßnahmen ergreift, um seine Minderwertigkeit zu kompensieren, reduziert er damit sein Gefühl der Unterlegenheit.

> Das Minderwertigkeitsgefühl hilft somit, eine Bewegung von einem Minus zu einem Plus zu erzeugen, von einem Gefühl der Unzulänglichkeit hin zu einem fiktiven Ziel der Vervollkommnung. Dies ist gemäß Adler ein zentrales Motiv des Menschen. (Adler 1928)

Es ist wichtig, darauf hinzuweisen, dass die subjektive Einschätzung eines minderwertigen Bereichs wichtiger ist als die tatsächliche körperliche

Beschaffenheit, die Erfahrungen, die sozialen Umstände etc. Insbesondere kann die Minderwertigkeit von körperlichen Organen als Anreiz empfunden werden, genau diesen Aspekt zu kompensieren und bestimmte Fähigkeiten zu entwickeln. Zum Beispiel kann ein Kind mit von Natur aus schwacher Stimme sich dazu veranlasst fühlen, als Kompensation beharrlich das Singen zu üben und damit ein gewisses Maß an gekonnter Beherrschung seiner Stimme zu erreichen.

Die Individualpsychologie ist also eine Psychologie des Gebrauchens und nicht des Besitzens, das heißt, dass die Entwicklung einer Person dadurch bestimmt ist, wie sie eine bestimmte Eigenschaft nutzt, wie sie sich gegenüber ihrer Umgebung positioniert oder wie sie auf Ereignisse reagiert.

3.2.3.2 Entmutigung durch Verwöhnung

Das Minderwertigkeitsgefühl als Voraussetzung für Wachstum erklärt auch, wieso die Verwöhnung eines Menschen zu einem Unterdrücken des Wachstums und somit zu einer nachhaltigen Entmutigen führt.

Übermäßig fürsorgliche Eltern versuchen oft, ihr Kind vor Widrigkeiten zu schützen und ihm in schwierigen Situationen die eigene Auseinandersetzung mit dem Problem zu ersparen. Dies kann von Hilfe beim Essen und Anziehen bis zum Regeln aller Interaktionen und Lösen aller Konflikte mit Gleichaltrigen reichen.

Das süße Gift der Verwöhnung untergräbt jedoch die Wachstumskompetenz des Kindes und führt zu einer tief sitzenden Entmutigung, selbst mit den Herausforderungen des Lebens zurechtkommen zu können. Das Wachstum wird durch ein Anspruchsdenken ersetzt, welches geschickt mit manipulativen und aggressiven Verhaltensweisen durchgesetzt wird.

Auch im Erwachsenenleben kann es zu Verwöhnung kommen, wenn zum Beispiel ein Vorgesetzter seine Mitarbeiter vor jeglichen Problemen abschirmt oder alle Elemente einer Planung selbst bestimmt. Auch dieses Verhalten untergräbt die Wachstumskompetenz und langfristig das Engagement der Mitarbeiter, führt sie in eine Abhängigkeit und erzeugt gleichzeitig eine Erwartung, der Chef würde alles regeln.

Die dadurch reduzierte Resilienz und geschwächte Selbstwirksamkeit mindern die Fähigkeit der Mitarbeiter, mit Konflikten und verbaler Aggression umzugehen. Gleichzeitig erzeugt sie in ihnen ein Gefühl der Unterlegenheit, welches sie wiederum dazu veranlassen kann, dieses mit Hilfe verbaler Aggression zu kompensieren.

3.2.3.3 Gefahr der Überkompensation

Wenn das Gefühl der Minderwertigkeit stärker wird als der tatsächliche Mangel, wird die Person überkompensieren. Das heißt, sie versucht, dieses Gefühl mit noch größeren Anstrengungen und heftigeren Maßnahmen zu überwinden, als für andere Menschen notwendig oder angemessen erscheint.

Auch wenn diese Überkompensation zu herausragenden Leistungen führen kann, wird sie gleichzeitig von Mitmenschen als störend empfunden werden und dadurch das Miteinander belasten. Es ist zudem wahrscheinlich, dass die Person sich noch immer als unterlegen empfindet und daher weiterhin zu Überlegenheit strebt, selbst wenn sie tatsächlich bereits ihre Artgenossen überflügelt hat, und damit die Beziehungen noch weiter belastet.

Schlussendlich werden die dauerhafte Fokussierung einer Person auf ihren vermeintlich geringen Wert und ihr fehlgeleiteter Glaube, dass sie durch diese Minderwertigkeit von einem sicheren Platz als Mitglied der Gesellschaft abgehalten werde, zu einer dauerhaften Überkompensation und zu einem Streben nach Anerkennung und Überlegenheit führen. Diese kann sich dabei insbesondere in verbaler Aggression äußern, das heißt, in fehlgeleiteten Versuchen, durch entsprechende Äußerungen Überlegenheit über andere zu erlangen.

Allerdings wird dies nicht helfen, um ihr Gemeinschaftsgefühl zu stärken, egal wie erfolgreich sie in ihren Kompensationsversuchen ist. Der inhärente Zweifel der Person am eigenen Selbstwert wird den Aufbau eines Gemeinschaftsgefühls verhindern, und die zunehmende Intensität der Überkompensation wird schlussendlich diesem sogar entgegenwirken.

3.2.4 Die Familienkonstellation als Übungsplatz der Persönlichkeit

Ein Kind verbringt im Normalfall seine prägenden Jahre im Kontext seiner direkten Familie. Auch wenn die spezifische Familienkonstellation die Entwicklungsrichtung keinesfalls kausal bestimmt, so liefert sie doch das spezifische Umfeld, in welchem das Kind seine Überzeugungen über sich selbst und die Welt sowie über eine erfolgreiche Lebensführung entwickelt und in welchem das Kind seine tendenziöse Wahrnehmung herausbildet und seine eigene private Logik aufbaut.

3.2.4.1 Bühne für selbstbestimmte Rollen

Das Konzept der Familienkonstellation und Geschwisterfolge ist oft fälschlicherweise so verstanden worden, als wären das Selbstbild und Verhalten eines Kindes dadurch fest determiniert. Eine Studie (Ellis 2013) untersuchte sogar den Einfluss der Stellung in der Geschwisterreihenfolge auf Aggression in der Schule – wobei keine Korrelation festgestellt werden konnte.

Im Gegenteil dazu betonte Adler stets, dass ein Kind selbst – wenn auch unbewusst – eine Wahl trifft, wie es sich gegenüber den Eltern und den anderen Kindern stellt. Es übt und verstärkt dieses Verhalten in der Interaktion, aber verwirft es unter Umständen auch und probiert mit seiner ganzen schöpferischen Kraft eine neue Rolle aus, welche ihm passender erscheinen mag.

Eine einfache Zuweisung von Eigenschaften und Verhaltensweisen auf Basis der Familienkonstellation und Position in der Geschwisterfolge greift daher zu kurz.

Die Familienkonstellation dient dem Kind nur als Bühne und als Hintergrund, vor dem es selbst kreativ entscheidet, welche Rolle es einnimmt. Die verschiedenen Faktoren werden durch das Kind berücksichtigt und beeinflussen die Wahrscheinlichkeit, mit der ein Kind sich in einer gewissen Weise positioniert. Diese Faktoren bestimmen jedoch nicht das Verhalten – es ist immer das Kind, das seine eigene Entscheidung trifft.

> Auch in der Familienkonstellation ist Adlers Hinweis von zentraler Bedeutung: „Alles kann auch anders sein." (Adler 1933)

3.2.4.2 Beispiele für Optionen eines Erstgeborenen

Das erste Kind erfährt in der Regel besondere Aufmerksamkeit. Es ist mit Eltern konfrontiert, die anfangs durch ihre neue Verantwortung überwältigt sind und zunächst ihre Unerfahrenheit überkompensieren, indem sie versuchen, alles richtig zu machen.

Ein solches Umfeld erlaubt es dem Kind, ein Verständnis aufzubauen, dass es durch sein bloßes Dasein als Teil der Gemeinschaft akzeptiert ist, und es kann dadurch ein starkes Gemeinschaftsgefühl zu bilden, welches nicht von seinen Eigenschaften oder Leistungen abhängig ist.

Verschiedenste Optionen stehen dem Kind zur Verfügung, um sich zu positionieren:

- Ein Streben danach, alle Erwartungen seiner Eltern zu erfüllen und seine Position als würdiger Spross der Familie einzunehmen.
- Dauerhafte Zurschaustellung von Unbeholfenheit, Schwäche und Hilflosigkeit, um den Eltern ein Maximum an Aufmerksamkeit und Sorgen zu entlocken.
- Grundsätzliche Opposition und Nichterfüllung der Erwartungen, um Macht auszuüben und ein Maximum an Aufmerksamkeit und Umwerben zu erhalten.
- Demonstratives Ignorieren der Eltern, mit ähnlichen Zielen wie bei der Opposition.

Jede dieser Optionen sowie Mischformen und weitere kreativ ausgestaltete Rollen sind möglich, und das Kind kann auch dynamisch zwischen Rollen wechseln, zum Beispiel vom braven Kind zum ablehnenden Tyrannen, um den Eltern Zuwendung und Zugeständnisse zu entlocken.

„Alles kann auch anders sein" (Adler 1933): Wenn zum Beispiel beide Eltern bei der Geburt ihres ersten Kindes noch berufstätig sind und das Kind von einer Tagesmutter betreut wird, wenn ein Elternteil sich ein anderes Geschlecht des Kindes gewünscht hatte, wenn die Schwangerschaft nicht gewollt war oder wirtschaftliche Nöte bestehen, ist der Rahmen ein ganz anderer, in welchem sich ein erstgeborenes Kind wiederfindet, und es wird mit einer gewissen Wahrscheinlichkeit andere Rollen anstreben.

3.2.4.3 Dynamik mit dem zweiten Geschwisterkind

Sollte es ein Einzelkind bleiben, so kann es sein Lebensstilmuster verfestigen; sobald jedoch ein Geschwisterkind geboren wird, muss das erstgeborene Kind zwischen verschiedenen Möglichkeiten wählen:

- Es kann eine Rolle als Hüter und Anführer annehmen und dabei großzügig einen Teil der Aufmerksamkeit seiner Eltern an das jüngere Kind abtreten.
- Es kann um Aufmerksamkeit heischen, indem es sich niedlich zu machen versucht und in einen früheren Zustand der Hilflosigkeit zurückfällt (bei geringem zeitlichem Abstand).
- Es kann aktiv den Kampf gegen den Nachfolger aufnehmen und ihn mit aller Macht wegdrücken und kleinmachen.
- Es kann sein Geschwisterkind auch vollständig ignorieren und dasselbe Niveau an Aufmerksamkeit und Fürsorge wie zuvor einfordern.

Das jüngere Geschwisterkind hat wiederum diverse Optionen, sich zu positionieren, wenn auch aus einer Lage der Unterlegenheit heraus:

- Es kann die ihm vom großen Geschwisterkind zugedachte Rolle annehmen, zum Beispiel sich klein und wehrlos geben, wenn das ältere Kind den Beschützer spielt, oder als eifriger Schüler auftreten, wenn das ältere Kind als großzügiger Lehrer agiert.
- Es kann bei geringem zeitlichem Abstand dem älteren Kind nacheifern und einen Kampf um den Thron des Erstgeborenen führen.
- Es kann in Opposition gehen und die ihm zugedachte Rolle verweigern, zum Beispiel sich weder beschützen noch lehren zu lassen.
- Und es kann das ältere Geschwisterkind, so gut es geht, ignorieren und ausschließlich die Verbindung zu den Eltern suchen.

Auch hier können beide Kinder ihre Rollen mit der Zeit kreativ wechseln, und sie bauen mit diesem Experimentieren ihre Vorstellung von der Interaktion zwischen Menschen weiter aus.

Weiterhin beobachten Kinder ihre Geschwister äußerst genau, und jüngere Geschwister ahmen einerseits häufig ihre Geschwister nach und gehen in Wettbewerb mit ihnen, und sie bauen andererseits oft Fähigkeiten in den Bereichen aus, in welchen ihre älteren Geschwister kein Interesse oder sogar eine Schwäche zeigen. Sollte das erste Kind zum Beispiel versuchen, auf intellektuellem Gebiet wie Lesen oder Malen herauszustechen, so könnte das jüngere Kind seinen Fokus auf Körperlichkeit legen, indem es sich beim Sport besonders anstrengt.

„Alles kann auch anders sein" (Adler 1933): Viele Faktoren können die hier beschriebene klassische Konstellation verändern. Wenn zum Beispiel das ältere Kind kränklich ist oder mit einer Behinderung kämpft, kann auch ein deutlich jüngeres Kind dazu ansetzen, das ältere zu überflügeln oder die Rolle des Hüters und Betreuers einzunehmen. Eine Änderung der Betreuungssituation, zum Beispiel ein anderes Au-Pair oder der Eintritt in den Kindergarten, kann das Kind mit ganz anderen Erwartungen seitens Erziehungspersonen konfrontieren und dazu führen, dass es eine neue Rolle ausprobiert. Und die Dynamik zwischen Geschwistern unterschiedlichen Geschlechts kann wiederum ganz anders sein, stark beeinflusst durch das unbewusste Verständnis der Geschlechterrollen seitens der Eltern und des Umfeldes.

3.2.5 Finalität als Schlüssel zum Verständnis menschlichen Verhaltens

Alle menschlichen Handlungen sind auf ein Ziel ausgerichtet – sei es um Gemeinschaftsgefühl zu erzeugen oder um Bedeutung oder Überlegenheit zu erlangen. Diese Erkenntnis veranlasste Alfred Adler (1927) dazu, die Notwendigkeit zu betonen, den Zweck oder das zukünftige Ziel zu verstehen, welche eine Person durch ein bestimmtes Verhalten zu erreichen versucht – die „Finalität". Dies verspricht mehr Erfolg und Erkenntnis bei dem Versuch, einen Menschen zu verstehen, als vergangene Ereignisse oder Umstände zu ergründen, welche die Gegenwart beeinflusst haben könnten – die „Kausalität".

> Adler stellte in diesem Zusammenhang fest: „Nur Lebloses gehorcht einer erkennbaren Kausalität. Das Leben aber ist ein Sollen." (Adler 1920, S. 11)

Sowohl Kausalität als auch Finalität können dazu beitragen, das Verhalten von Menschen zu verstehen. Dabei liefert allerdings die Betrachtung der Auswirkungen einer Aktion überzeugendere und klarere Erklärungen für die Absichten und Ziele einer Person als eine Untersuchung der ursprünglichen Situation.

Daher legen die vorgestellten Methoden, um sich auf verbale Aggression vorzubereiten und diese zu bewältigen, einen deutlichen Schwerpunkt darauf, die Finalität des Aggressors zu verstehen. Wenn man die wahren Motive, Antriebskräfte und Ziele der angreifenden Person ermittelt, gewinnt man ein tieferes Verständnis der Interaktion und kann darauf aufbauend nachhaltige Lösungen finden.

Die Betrachtung der Finalität ermöglicht es uns weiterhin, eine Person nicht als Opfer äußerer Umstände zu sehen, sondern als Gestalter des eigenen Lebens, und ist daher zutiefst ermutigend und ermächtigend. Sie hat weitreichende Implikationen dafür, wie man das Verständnis der eigenen Wahrnehmung und des eigenen Verhaltens nutzen kann, um sich auf verbale Aggression vorzubereiten.

3.2.6 Streben nach einem fiktiven Fernziel der Vervollkommnung

Von den frühesten Momenten an beginnt das menschliche Kind damit, sich eine Vorstellung davon zu schaffen, was es bedeutet, im Leben erfolgreich zu sein und einen Platz in der Gesellschaft zu finden. Hierzu beobachtet es seine Eltern, die älteren Geschwister und andere bedeutende Personen im unmittelbaren Umfeld und leitet daraus Hinweise für seine eigenen Aktivitäten ab.

Dieses fiktive Ziel liefert Werte, Orientierung und Trost, auch wenn es nicht real ist. Es wird in dieser spezifischen Form von keiner anderen Person geteilt, da jedes Individuum von seiner ganz eigenen und einzigartigen Konstellation persönlicher Eigenschaften sowie umweltbedingter und gesellschaftlicher Faktoren ausgeht.

Das Kind bewertet darüber hinaus Ereignisse und Eindrücke im Zusammenhang mit diesen fiktiven Zielen und entwickelt eine persönliche Einschätzung dieser Ereignisse und Eindrücke, je nachdem, ob diese für seine Ziele förderlich oder hinderlich sind.

Während das Kind fortwährend mit verschiedenen möglichen Verhaltensweisen experimentiert, prüft es ihre Effekte auf seine fiktiven Ziele und erzeugt damit eine private Logik von vorteilhaften Aktionen, die es zu wiederholen gilt, und schädlichen Aktionen, die vermieden werden müssen. Diese private Logik ist wiederum einzigartig für das Kind, und im Zusammenspiel mit seiner tendenziösen Wahrnehmung selbstbestätigend und selbstverstärkend.

Dies wird auch Verhaltensformen beinhalten, welche allgemein als unangemessen oder schädlich angesehen werden, gegen den „gesunden Menschenverstand" verstoßen und sogar im Widerspruch zum eigenen „Gewissen" der Person stehen, das heißt zu ihrem Verständnis von den Erwartungen anderer Menschen bezüglich eines konstruktiven und ethischen Verhaltens. Die persönliche und einzigartige Hierarchie ihrer Finalitäten wird nichtsdestotrotz eine unbewusste Rechtfertigung für schädliches Verhalten liefern, einschließlich verbaler Aggression.

So ein schädliches Verhalten ist in der Regel auf das Erreichen der sogenannten destruktiven Nahziele ausgerichtet, wie sie von Rudolf Dreikurs für junge Menschen definiert wurden: Erregen von Aufmerksamkeit, Erringen von Überlegenheit, Rache und Vergeltung und – falls die Ziele nicht erreicht werden können – schlussendlich vollständiger Rückzug (Dreikurs 1969).

Mit der Zeit werden diese fiktiven Ziele zusammen mit der Entwicklung einer tendenziösen Wahrnehmung und privaten Logik darüber, wie man im Leben erfolgreich sein kann, zur Gewohnheit und zu einem Automatismus. So beginnen sie, die Grundlage des menschlichen Charakters und die generelle Lebenslinie einer Person zu formen.

Die tendenziöse Wahrnehmung und die private Logik sind der Person selbst nicht bewusst, egal wie weit diese vom gesunden Menschenverstand abweichen. Sie helfen jedoch, die große Bandbreite von unterschiedlichen Reaktionen zu erklären, die unter ähnlichen Bedingungen gezeigt werden. Während die tendenziöse Wahrnehmung der einen Person eine Aussage als unwichtig und nicht der Rede wert ansieht, kann eine andere Person diese als Angriff und als ernsthafte Bedrohung ihrer Position in der Gruppe empfinden. Sie könnte daher zum Beispiel mit starker Emotion und damit einhergehender Aggression zurückschlagen.

3.2.7 Streben nach Überlegenheit und Schaffen von Gemeinschaftsgefühl

3.2.7.1 Gemeinschaftsgefühl durch Erfüllung der Lebensaufgaben

Jede Person bewegt sich im Laufe ihres Lebens entlang erkennbarer Bahnen in Richtung eines Gemeinschaftsgefühls auf der einen Seite und in Richtung von Bedeutung und Einzigartigkeit auf der anderen.

Für eine erwachsene Person ist das Gemeinschaftsgefühl davon abhängig, wie gut sie ihre Lebensaufgaben erfüllt, so wie sie von Adler in „Der Sinn des Lebens" (1933) definiert wurden:

- Ihre sozialen Beziehungen und ihre Kooperation mit anderen, welche von der grundsätzlichen Haltung dieser Person gegenüber ihren Mitmenschen abhängt.
- Der Beitrag durch ihre Arbeit und ihren Beruf, was über den simplen Broterwerb hinausgeht und eine umsichtige Reflexion über die Bedeutung der Arbeit sowie ihr Verhältnis zu Kollegen, Vorgesetzten und Mitarbeitern umfasst.
- Ihr Umgang mit Liebe und Partnerschaft, gemeinsam mit ihrem Verhältnis zu ihren Eltern und Kindern.

Je stärker das Gemeinschaftsgefühl ist, umso einfacher fällt es einer Person, die Lebensaufgaben ohne eine Erwartung an Gegenleistung oder Bewunderung zu erfüllen, und je besser diese Lebensaufgaben erfüllt werden, umso stärker wächst das Gemeinschaftsgefühl in dieser Person (Adler 1933).

3.2.7.2 Schädigung des Gemeinschaftsgefühls durch Überkompensation

Menschen vergleichen sich fortwährend mit ihren Mitmenschen und besitzen auch stets ein gewisses Maß an Minderwertigkeitsgefühl. Dabei kann sich die Intensität je nach Situation auch rasch ändern, und durch eine einzige verletzende Bemerkung kann das Minderwertigkeitsgefühl intensiviert werden, aber auch durch eine kurze wertschätzende Bestätigung gelindert werden.

Viele Menschen glauben jedoch, dass sie aufgrund einer Minderwertigkeit ihren Mitmenschen dauerhaft unterlegen sind und ihnen daher eine befriedigende Verbindung zu ihnen fehlt. Anstatt durch Erfüllung ihrer Lebensaufgaben versuchen sie also, durch die Herausstellung ihrer besonderen Leistung „auf Augenhöhe" zu kommen, um eine stärkere persönliche Verbindung schaffen zu können.

Dies kann jedoch ihrerseits in dem Gegenüber ein Gefühl der Minderwertigkeit erzeugen und daher als Abwertung wahrgenommen werden, was zu einem Rückzug und damit zu einer größeren Distanz führt. Und dies verstärkt wiederum das Gefühl der Minderwertigkeit des Menschen. Dieser vergebliche Ansatz für den Aufbau einer menschlichen Verbindung ist in Abb. 3.7 dargestellt.

Falls eine Person ein starkes Gefühl von Minderwertigkeit beibehält, wird sie überkompensieren und eine Finalität der Bedeutung, Überlegenheit, Einzigartigkeit oder Perfektion verfolgen, wobei sie die Lebensaufgaben zugunsten der erlernten Strategien und Verhaltensweisen vernachlässigt, welche sie ihrem fiktiven Endziel näher zu bringen scheinen. Sie wird des Weiteren Sicherungsstrategien verfolgen wie Abwertung, Vorwürfe und Schuldgefühle, um ihr eigenes bedrohtes Selbstwertgefühl zu schützen und ein Gefühl der Minderwertigkeit zu vermeiden.

Diese Strategien bieten jedoch nur eine vorübergehende Erleichterung, während sie gleichzeitig das Gemeinschaftsgefühl schädigen und sich schlussendlich als vergeblich herausstellen. Das Gefühl, durch das Erfüllen der erforderlichen Aufgaben einen Wertbeitrag für die Gesellschaft zu leisten, ist nämlich der einzige Weg, um das Gefühl der Minderwertigkeit zu mildern, ein gesundes Selbstwertgefühl aufzubauen und das Gemeinschaftsgefühl zu stärken.

3 Grundlagen der Reaktion auf verbale Aggression

1. Gefühl von Distanz und Unterlegenheit
2. Versuch der eigenen Aufwertung
3. Hoffnung auf Gleichwertigkeit
4. Gefühl der Abwertung
5. Rückzug der anderen Person
6. Verstärktes Minderwertigkeitsgefühl

Abb. 3.7 Überkompensation führt zu größerer Distanz

3.3 Aggression aus Sicht der Individualpsychologie

3.3.1 Die Evolution des Begriffs „Aggression" in der Individualpsychologie

Im Bereich der Individualpsychologie hat sich der Begriff der „Aggression" mit der Zeit von einem „übergreifenden psychischen Feld, welches Urtriebe verbindet" beziehungsweise einem „Trieb zur Erlangung einer Befriedigung" entwickelt zu einem Instrument zur Kompensation von Minderwertigkeitsgefühlen, insbesondere dem Streben nach Bedeutung, Macht, Überlegenheit und Vervollkommnung (Brunner 1995).

In der ursprünglichen Sichtweise des Aggressionstriebs als „Trieb zur Erkämpfung einer Befriedigung" (ebd, S. 16) wird dieser durch das Gemeinschaftsgefühl gehemmt. Dies kann wie bei den Primärtrieben zu einer Verkehrung des Triebes auf sein Gegenteil, zu einer Verschiebung auf ein anderes Ziel, zu einer Umlenkung der Richtung auf die eigene Person oder zu einer Verschiebung auf einen anderen Trieb führen (Adler 1928).

Später erörtert Adler aggressives Verhalten wie Abwertung und Anschuldigung als Sicherungstendenz und definiert Charakterzüge wie Eitelkeit, Neid, Gier, Geiz und Hass als aggressiv. Und Dreikurs (1969) sieht Aggressivität als hervorstehendes Merkmal des destruktiven Nahziels, Überlegenheit zu erringen.

Das Streben nach Vervollkommnung, welches in gemäßigter Form allen Menschen gemein ist, um Hindernisse zu überwinden und Minderwertigkeitsgefühle zu kompensieren, kann eine unbewusste Dynamik – einen Teufelskreis – erzeugen und einen Minderwertigkeitskomplex zu einem Überlegenheitskomplex verwandeln. Die private Logik wird zunehmend den gesunden Menschenverstand verdrängen, das Gemeinschaftsgefühl und den Willen zur Zusammenarbeit mindern, und wird dazu führen, dass die Gesellschaft als Objekt der Ausbeutung angesehen wird.

Schlussendlich wird das Ausweichen einer gleichberechtigten Auseinandersetzung mit den Mitmenschen mit einem Gefühl der Überlegenheit in Verbindung gebracht, und die Vermeidung der Lebensaufgaben wird als Erleichterung und Privileg angesehen. Adler erklärt dazu: „Ein in der Kindheit entwickelter Minderwertigkeitskomplex wird mit dem Streben nach Macht überkompensiert. Macht erhöht uns, stellt uns über alle anderen."

Aber auch in milderer Form kann das Streben nach Macht ein Antrieb sein für den Versuch, Überlegenheit durch Abwertung anderer zu gewinnen, und damit für Aggression. Adler bemerkte hierzu: „Das Streben nach Macht ist zutiefst menschlich. Es war unabdingbar für die menschliche Evolution, den Fortschritt. Es ist in unseren Genen grundgelegt und wird durch soziales Lernen verstärkt. Schon als Kleinkinder wollen wir unseren Willen durchsetzen und das Sagen haben."

Die Abwertung anderer kann verschiedenste Formen annehmen, von direkter Verachtung für die körperlichen, sozialen, ethnischen oder weiteren Eigenschaften anderer Menschen bis hin zu raffinierteren Manövern wie unrealistischen Erwartungshaltungen und unfairen Vergleichen mit unerreichbaren Idealen, z. B. durch das andauernde Hinweisen auf herausragende Persönlichkeiten (Heldenverehrung) oder einzigartige Errungenschaften.

Selbst scheinbar tugendhaftes Verhalten kann genutzt werden, andere Menschen zu entwerten, zum Beispiel durch die Zurschaustellung außergewöhnlicher Bescheidenheit und Unterwürfigkeit, um andere arrogant erscheinen zu lassen, oder indem man andere durch völlige eigene Passivität als aggressiv erscheinen lässt.

In Abb. 3.8 wird der grundlegende Mechanismus der Abwertung zur Gewinnung von Überlegenheit mit der daraus folgenden Verletzung des Gegenübers dargestellt.

Die Grundstreben des Menschen erklären auch, wieso Abwertung und Ausgrenzung durch verbale Aggression eine so destruktive Wirkung entfalten.

> Eine Abwertung unterminiert das menschliche Streben nach Überlegenheit und nach Überwindung eines Gefühls der Minderwertigkeit. Deshalb wird eine Abwertung als so giftig empfunden, denn sie aktiviert Selbstzweifel, nährt Gefühle von Minderwertigkeit und kann nachhaltig entmutigen.

Und eine Ausgrenzung zersetzt das Gemeinschaftsgefühl und unterläuft das Bestreben, als Teil der Gemeinschaft dazuzugehören. Dies versetzt dem Angegriffenen einen Stich, welcher zu ungeeigneten Bemühungen um Verbindung oder zu einem entmutigten Rückzug von der Gemeinschaft führt.

Gleichzeitig hob Adler (1928) hervor: „Als wichtigster Regulator des Aggressionstriebes ist das dem Menschen angeborene Gemeinschaftsgefühl anzusehen."

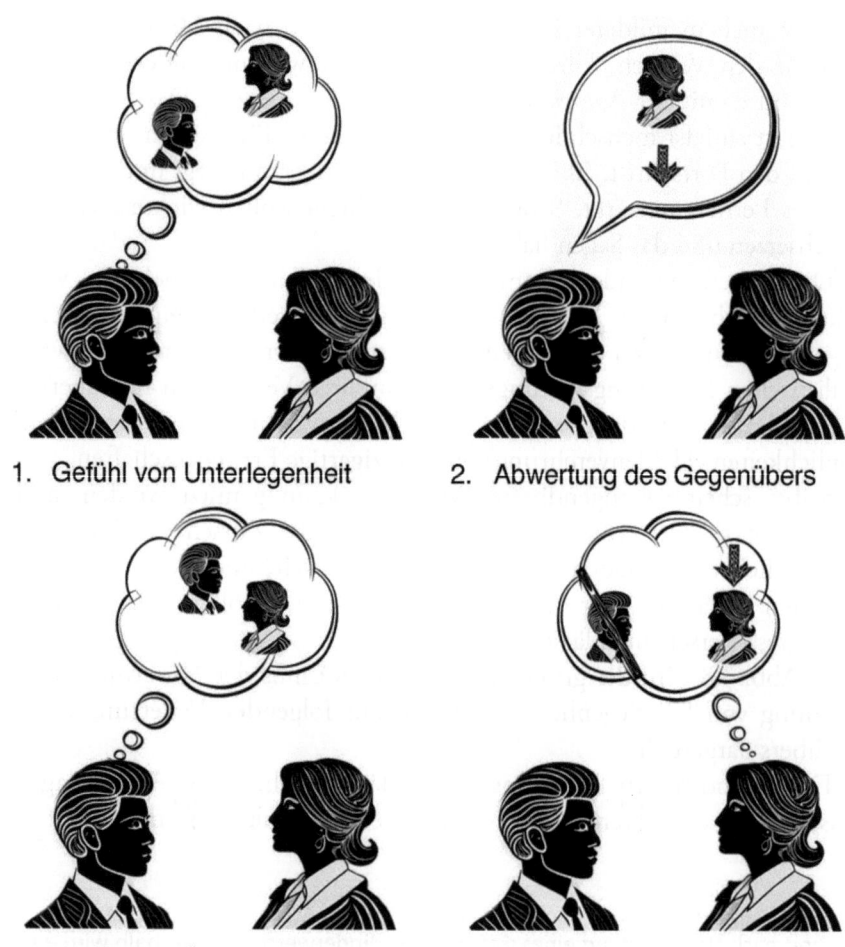

Abb. 3.8 Abwertung zur Erringung von Überlegenheit

3.3.2 Aggression und Familienkonstellation

Viele der inneren Überzeugungen, tendenziösen Wahrnehmungen und antrainierten Verhaltensweisen bezüglich Aggression bilden Menschen in der frühen Kindheit im Rahmen ihrer Familienkonstellation.

Wenn sich zum Beispiel die Eltern mit wechselseitigen Vorwürfen unter Druck setzen oder mit giftigen Bemerkungen gegenseitig abwerten, beobachten die Kinder dies extrem genau. Kinder schwingen mit den verschiedenen Emotionen mit und formen ihre Vorstellung davon, ob Aggression angebracht ist, wie darauf zu reagieren ist, und wozu sie führt.

Auch die in Abschn. 3.2.4 beschriebenen Kombinationen innerhalb der Geschwisterreihe und die von den Kindern eingenommenen Rollen haben wesentlichen Einfluss auf die inneren Glaubenssätze bezüglich Aggression.

Ältere Geschwister können beispielsweise Aggression nutzen, um jüngere Geschwister …

- vor den Eltern zu schützen,
- „wohlwollend" zu kontrollieren,
- als Konkurrenten vom Leibe zu halten,
- zu drangsalieren und kleinzuhalten
- und vieles mehr.

Jüngere Geschwister wiederum haben u. a. die Möglichkeit, …

- sich selbst gegen die Eltern aufzulehnen,
- in den Konkurrenzkampf mit dem älteren Geschwisterkind zu gehen,
- ältere Geschwister zu ärgern, um Aufmerksamkeit zu erhalten,
- ältere Geschwister piesacken, bis diese übermäßig zurückschlagen und von den Eltern bestraft werden,
- die Eltern bei jeder leichten Aggression älterer Geschwister sofort zu Hilfe zu rufen
- und vieles mehr.

Viele Faktoren wie die Einstellung und das Verhalten der Eltern, das Geschlecht der Kinder, ihr Abstand untereinander und Ähnliches beeinflussen dieses Verhalten.

Einige Eltern begrenzen das geringste Anzeichen von Aggression, welches sie wahrnehmen – was zu viel verdeckter und provozierender Aggression jüngerer Geschwister führen kann – während andere Eltern Aggression als eine gute und wünschenswerte Übung für das Leben ansehen und daher laufen lassen.

Und ein erstgeborenes Kind mit wenig Abstand zum nächsten wird vielleicht am ehesten lernen, Aggression einzusetzen, um sich durchzusetzen und abzugrenzen, während eines mit großem Abstand mit höherer Wahrscheinlichkeit davon abgehalten werden könnte von Eltern, die nicht zulassen, dass „das Kleine plattgemacht wird".

Diese Verhaltensweisen ändern sich im Verlauf der Zeit, während die Kinder wachsen und mit verschiedenem Verhalten experimentieren. Sie bauen ihre Erfahrungen mit Aggression in ihr eigenes Weltbild ein und verinnerlichen ihre eigenen Vorstellungen von angemessenem Verhalten und den Effekten von Aggression. Diese bleiben auch im Jugend- und Erwachsenenalter erhalten, unabhängig davon, was Menschen später über gesellschaftliche Konventionen und ethisch korrektes Verhalten gelernt haben.

Auf diese Weise wirken die während der frühen Kindheit im Rahmen der eigenen Familienkonstellation geformten Vorstellungen über Aggression auch im Berufsleben nach und beeinflussen Wahrnehmung und Verhalten bezüglich verbaler Aggression.

3.3.3 Konstruktive Gegenstücke zu destruktivem Verhalten

Eine Reihe konstruktiver Verhaltensweisen kann zur Entgegnung von destruktivem Verhalten genutzt werden.

In aggressiven Situationen tritt häufig Ich-Bezogenheit zusammen mit einer privaten Logik und einem Absolutheitsstreben (alles oder nichts) auf. Diese kann gedämpft werden, indem man Sachbezogenheit und gesunden Menschenverstand in die Situation einbringt, mit Humor auf die Vergeblichkeit des Strebens nach Perfektion hinweist, Mut zur Unvollkommenheit zeigt und an das gemeinsame Ziel des Gemeinschaftsgefühls appelliert.

Und Abwertung, Neid, Missgunst und Überlegenheitsstreben sind nicht durch einen Machtkampf zu bewältigen. Sie werden stattdessen durch ehrliche und mitfühlende Ermutigung gemildert, welche eine fehlgeleitete private Logik und destruktive Nahziele entlarvt. Diese konstruktive Reaktion verspricht, das Minderwertigkeitsgefühl zu lindern und ein Gemeinschaftsgefühl durch Beitrag und Zusammenarbeit zu erreichen.

Ein solches Vorgehen kann nicht aus einer Machtposition oder einer hierarchischen Überlegenheit heraus kommen. Stattdessen muss es in einer gleichwertigen Beziehung auf Augenhöhe auf der Autorität der Vernunft und des Gemeinschaftsgefühls basieren. Anstatt Drohungen, Lob, Vorwürfe, Belohnungen oder Bestrafungen einzusetzen, wirkt dieses Vorgehen durch logische und natürliche Konsequenzen und zeigt damit die negativen Ergebnisse destruktiver Manöver und die Vorteile von konstruktiver Zusammenarbeit auf.

> Und ein solches Vorgehen kann auch kein „Patentrezept" sein, weil jede Person und jede Interaktion unterschiedlich sind. Die Bewältigung verbaler Aggression erfordert daher Selbstreflexion und den Aufbau von Kompetenzen und Menschenkenntnis.

Dieses Wissen über die Grundlagen der Wahrnehmung, des Verhaltens und der Interaktion von Menschen ermöglicht es, im nächsten Abschnitt Kriterien für ein realistisches und pragmatisches Vorgehen zur Bewältigung verbaler Aggression zu formulieren und die verschiedenen Elemente eines solchen Vorgehens zu verstehen.

Literatur

Adler, A (1912). Über den nervösen Charakter. Inktank Publishing.
Adler, A (1920). Praxis und Theorie der Individualpsychologie. München, Wiesbaden: J.F. Bergmann.
Adler, A (1927). Menschenkenntnis. Leipzig: S. Hirzel Verlag.
Adler, A (1928). Heilen und Bilden. Prag: e-artnow
Adler, A (1933). Der Sinn des Lebens. Wien / Leipzig: Verlag Dr. Rolf Passer.
Böhlke, K (2023). Vom Mindset zum Bodyset: Mit Körper-Biologik Emotionen selbstwirksam aktivieren und führen. Göttingen: Business Village.
Birnbaum, F (1937). Alfred Adler in memoriam. Internationale Zeitschrift für Individualpsychologie. Wien. S. 66f
Brunner, R (1995). Wörterbuch der Individualpsychologie. München, Basel: Ernst Reinhardt Verlag.
Buck, R (1985). Prime Theory: An Integrated View of Motivation and Emotion. Psychological Review, Volume: 92, Issue: 3. https://doi.org/10.1037/0033-295X.92.3.389
Coombes, S (2006). Emotion and the defense cascade: Modulation of voluntary and involuntary movement. University of Florida.
Dreikurs, R (1969). Grundbegriffe der Individualpsychologie. Stuttgart: Klett-Cotta.
Ellis, M (2013). Bullying Behavior: Birth Order as a Contributing Factor. Chicago: The Chicago School of Professional Psychology.
Fernandes, O et al (2013). How you perceive threat determines your behavior. Frontiers in Human Neuroscience, 8. October 2013. https://doi.org/10.3389/fnhum.2013.00632
Guy-Evans, O (2021). Amygdala Hijack and the Fight or Flight Response. www.simplypsychology.org
Goleman, D (2005). Emotional Intelligence: Why it can matter more than IQ. New York: Bantam Books.
Hirigoyen, M-F (2002). Die Masken der Niedertracht: Seelische Gewalt im Alltag und wie man sich dagegen wehren kann. München: dtv Verlagsgesellschaft mbH & Co. KG.
Kishimi, I & Koga, F (2019). Du musst nicht von allen gemocht werden. Hamburg: Rowohlt Verlag GmbH.

Kishimi, I & Koga, F (2020). Du bist gut genug. Hamburg: Rowohlt Verlag GmbH.

Kozlowska, K, et al (2015). Fear and the Defense Cascade: Clinical Implications and Management. Harvard: Harvard Review of Psychiatry.

Lang, P et al (2000). Fear and anxiety: Animal models and human cognitive psychophysiology. Journal of Affective Disorders, Volume: 61, Issue: 3. https://doi.org/10.1016/S0165-0327(00)00343-8

Lazarus, R (1991): Cognition and Motivation in Emotion. The American psychologist, Volume 46, Issue 4, Page: 352, https://doi.org/10.1037/0003-066X.46.4.352

LeDoux, J (2012): Rethinking the Emotional Brain, Neuron Volume 73, Issue 4, Page 653-676, https://doi.org/10.1016/j.neuron.2012.02.018

Makari, G (2008): Revolution in Mind. The Creation of Psychoanalysis. New York: Harper Collins

Maslow, A (1954). Motivation und Persönlichkeit. Hamburg: Rowohlt Verlag GmbH.

Maslow, A (1968). Toward a Psychology of Being. Summit: Start Publishing LLC.

Perminiene, M et al (2016). Lifestyle, Conflict-Solving Styles, and Exposure to Workplace Bullying – A model of mediation. Swiss Journal of Psychology, Volume 75, Issue 2. https://doi.org/10.1024/1422-4917/a000173

Roelofs, K (2017). Freeze for action: Neurobiological mechanisms in animal and human freezing. London: The Royal Society Publishing. https://doi.org/10.1098/rstb.2016.0206

Rogers, C (1951). Client Centered Therapy. London: Constable & Robinson.

Smith, C & Ellsworth, P (1985). Patterns of cognitive appraisal in emotion. Journal of Personality and Social Psychology, Volume 48, Issue 4. DOI: https://doi.org/10.1037//0022-3514.48.4.813

Schauer, M & Elbert, T (2010). Dissociation Following Traumatic Stress: Etiology and Treatment. Zeitschrift für Psychologie mit Zeitschrift für angewandte Psychologie, Volume: 218, Issue: 2. https://doi.org/10.1027/0044-3409/a000018

Watzlawick, P (2011). Münchhausens Zopf oder: Psychotherapie und «Wirklichkeit». Bern: Verlag Hans Huber.

Watzlawick, P (2016). Menschliche Kommunikation: Formen, Störungen, Paradoxien. Göttingen: Hogrefe.

4

Ein pragmatisches Vorgehen zur Bewältigung verbaler Aggression im Beruf

Dieses Kapitel stellt das auf den Erkenntnissen der menschlichen Physiologie und der Individualpsychologie beruhende Vorgehen zur Bewältigung verbaler Aggression im Beruf vor.

Auf Basis der in Kap. 2 beschriebenen Formen, Zwecke und Auswirkungen verbaler Aggression und des in Kap. 3 vermittelten fundamentalen Verständnisses der physiologischen und psychologischen Hintergründe werden zunächst in Abschn. 4.1 Kriterien definiert, welchen ein nachhaltiges Vorgehen gerecht werden muss, um verlässlich Konfrontation in Kooperation umzuwandeln.

Nach einem allgemeinen Überblick über die Intention und das Konzept des Vorgehens in Abschn. 4.2 werden in Abschn. 4.3 Maßnahmen zur Vorbereitung auf verbale Aggression vorgestellt, welche einen zunehmenden Fokus von einer allgemeinen Reflexion über Training bis hin zur Vorbereitung auf eine bestimmte Interaktion haben.

Abschn. 4.4 stellt einen breiten Werkzeugkasten zur Verfügung, um bei einer direkten Interaktion mit einem Aggressor die Kontrolle über sich selbst und über die Konversation wiederzuerlangen und um Entscheidungen über das weitere Vorgehen zu treffen.

Dieses wird in Abschn. 4.5 vorgestellt mit einer Reihe von logisch aufeinander aufbauenden Schritten, um die Konfrontation in Kooperation umzuwandeln. Dabei wird das Vorgehen anhand einer sehr typischen Konstellation im Beruf beschrieben, nämlich der persönlichen Interaktion zwischen Personen mit langfristigen Verbindungen bei einem moderaten Grad der Aggression.

Dieses Vorgehen wird in Abschn. 4.6 auf weitere Situationen übertragen, in welchen eine direkte Reaktion nicht möglich ist, eine konstruktive Einigung wenig aussichtsreich erscheint, kein gemeinsames Interesse besteht, grenzüberschreitendes Verhalten vorliegt oder die Aggression schriftlich oder über bzw. gegen Dritte erfolgt.

Zuletzt werden Schritte für die emotionale Entlastung und Reflexion, für die Nachsorge und Sicherung des konstruktiven Miteinanders sowie für persönliches Wachstum in Abschn. 4.7 beschrieben.

4.1 Anforderungen an ein Vorgehen zur Bewältigung verbaler Aggression

Die Bewältigung verbaler Aggression erfordert ein umfassendes und realistisch umsetzbares Vorgehen, das der Schwere dieses destruktiven Verhaltens Rechnung trägt.

Aus den Erkenntnissen über die Ziele, Formen und Auswirkungen verbaler Aggression und aufbauend auf dem Wissen über die physiologischen und psychologischen Hintergründe werden in diesem Abschnitt Kriterien definiert, denen ein solches Vorgehen genügen muss.

Dabei werden auch verschiedene propagierte Methoden aus der Literatur zum Umgang mit verbaler Aggression betrachtet. Ihre Defizite werden erläutert, und gangbare und konstruktive Alternativen werden ihnen gegenübergestellt.

Von Selbsthilfeliteratur bis hin zu Businesswebsites werden viele Ansätze für den Umgang mit verbaler Aggression vorgeschlagen. Die wenigsten erfassen das Phänomen in all seinen Facetten, wie sie in Abschn. 2.4 vorgestellt wurden, und sie ignorieren die schwerwiegenden Auswirkungen, die in Abschn. 2.5 erläutert wurden. Weiterhin missachten die meisten von ihnen die in Abschn. 3.1 vorgestellte Rolle der körperlichen Stressreaktion sowie die in Abschn. 3.2 erläuterten fundamentalen Prinzipien menschlicher Psychologie und zwischenmenschlicher Interaktion.

Solche Methoden sind daher für den Leser nicht praktisch umsetzbar, ignorieren die Ernsthaftigkeit der Auswirkungen verbaler Aggression oder empfehlen kurzfristige Lösungen, die das konstruktive Miteinander untergraben und dadurch langfristig schädlich sind.

> Die hier vorgestellten Kriterien berücksichtigen den Ernst verbaler Aggression und stellen eine konstruktive Ausrichtung sicher, während sie die physiologischen und psychologischen menschlichen Gesetzmäßigkeiten beachten und eine Umsetzbarkeit in der Praxis gewährleisten.

4.1.1 Beachtung der Vielfalt und des Kontexts verbaler Aggression

Ein umfassendes Vorgehen zur Bewältigung verbaler Aggression muss auch verschleierte und komplexe Formen verbaler Aggression berücksichtigen. Dabei muss es die gesamte Interaktion und die Stellung der involvierten Personen zueinander berücksichtigen.

4.1.1.1 Berücksichtigung komplexerer Formen von Aggression

Die meisten herkömmlichen Ansätze zur Bewältigung verbaler Aggression berücksichtigen nicht die verschiedenen Formen der Aggression. Sie beschränken sich stattdessen auf offenkundig feindselige Äußerungen, ad hominem Angriffe oder insbesondere Beleidigungen (Agar-Hutton 2003).

Eine umfassende Methode muss alle Formen und Ausdrücke verbaler Aggression berücksichtigen, hinter denen die Absicht steht, Überlegenheit zu erringen, und die durch ihre Auswirkungen wie Abwertung und Entmutigung erkennbar sind. Diese sind unter Umständen nicht in einer einzelnen Äußerung enthalten, sondern können sich im Verlauf eines Gesprächs herausschälen oder sich hinter scheinbar unschuldigen Aussagen oder vorgeblich sachlichen Beobachtungen verbergen.

4.1.1.2 Betrachtung der gesamten Interaktion

Wenn man nur einer Seite eines Gesprächs zuhört, so ist dies laut Dreikurs (1969) so, als würde man nur eine Rolle eines Dialoges in einem Theaterstück lesen – die Äußerungen ergeben keinen Sinn, da sie stets nur die Wahrnehmung des Verhaltens der Gegenseite beschreiben. Nur dann, wenn beide Seiten berücksichtigt werden, ergibt sich ein sinnvolles Bild des Konfliktes, was dann Möglichkeiten für eine Schlichtung bietet.

Viele Vorschläge für Reaktionen auf verbale Aggressionen beziehen sich auf eine einzelne Äußerung seitens des Aggressors.

Ein Vorgehen für die Bewältigung verbaler Aggression muss hingegen die gesamte Interaktion in Betracht ziehen – nicht nur einen einzigen Satz, der den Kern der Aggression ausmacht – und diese in den Kontext des vorherigen Austausches, der gesamten Beziehung und der jeweiligen Persönlichkeiten setzen.

4.1.2 Beachtung des Ernstes verbaler Aggression

Aufgrund der schädlichen Auswirkungen der Aggression muss ein Angriff ernst genommen werden. Dabei darf die Antwort jeodoch nicht zu einer weiteren Eskalation führen.

4.1.2.1 Ansprechen und Begrenzen verbaler Aggression

Einige Ratgeber empfehlen, eine aggressive Äußerung zu übergehen, mit einer humorvollen Bemerkung abzutun oder die Aggression gänzlich zu ignorieren, als hätte sie nie stattgefunden (Agar-Hutton 2003, Ryborz 2019).

Dies wird jedoch der Schwere einer verbalen Aggression und ihrer Auswirkungen nicht gerecht. Indem man das Problem nicht anspricht, klingt es im Gedächtnis des Angegriffenen und der anderen Teilnehmer weiter nach. Es beeinträchtigt daher den Teamgeist und hat negative Auswirkungen auf die Leistung und Zusammenarbeit aller Beteiligten (Marrs 1999, Chang 2012).

> Jean Ziegler erklärte diesbezüglich: „Alles, was das Böse braucht, um zu siegen, ist das Schweigen der guten Menschen."

Darüber hinaus wird durch ein Übergehen der aggressiven Bemerkung die Absicht des Aggressors nicht erfüllt. Insbesondere dann, wenn er ignoriert oder durch die angesprochene Person oder Gruppe sogar lächerlich gemacht wird, wird sein Ziel des Erringens von Überlegenheit unterlaufen.

Die Aggression führt bei ihm stattdessen zu einem Gefühl der Unterlegenheit, da sie – und somit der Aggressor selbst – nicht ernst genommen wird. Dies kann dazu führen, dass der Aggressor nachlegt und seine Aggression in einer noch kräftigeren und schädlicheren Form wiederholt.

Daher ist es notwendig, dass ein Vorgehen zur Bewältigung der Aggression diese direkt anspricht und begrenzt.

4.1.2.2 Keine Bejahung der Aggression

Einige Webseiten empfehlen, dem Aggressor zu danken oder die beleidigende Äußerung zu bestätigen, um Widerstand zu vermeiden und eine offene Kommunikation aufrechtzuerhalten. Andere Vorschläge plädieren dafür, die Äußerung zu wiederholen und im Raum stehen zu lassen

(Weisbach 2017). Diese Ansätze ignorieren die Tatsache, dass eine initiale Bestätigung nur schwer zurückgezogen werden kann und das Ziel einer objektiven Beurteilung der Situation untergräbt.

Außerdem verkennen sie, dass die ursprüngliche aggressive Äußerung das Miteinander beschädigt hat. Ein Ausdruck der Bestätigung oder gar der Dankbarkeit ist nicht angemessen, wenn man die Schwere der Auswirkungen berücksichtigt. Er erzeugt eine kognitive Dissonanz in anderen Teilnehmern und verwirrt den Aggressor, wenn er zu einem späteren Zeitpunkt mit den negativen Auswirkungen seines Manövers konfrontiert wird.

Eine ebenfalls ungeeignete Methode ist, weitere Beispiele verbaler Aggression vorzutragen, welche „besser" oder „treffender" gewesen wären als der ursprüngliche Angriff. Das Ziel dieses Vorgehens ist, einerseits die Absurdität des Angriffs herauszustellen und dadurch den Angreifer zu beschämen und andererseits quasi als Warnung die eigene Überlegenheit bezüglich verbaler Angriffe zu demonstrieren. Auch soll durch den spöttischen Ansatz ein Lachen hervorgerufen und die Stimmung gelöst werden (Janson 2020).

Doch auch dieses Vorgehen verstärkt zum einen den Angriff, führt zu einer negativen emotionalen Reaktion der Beteiligten und zu einer kognitiven Dissonanz. Zum anderen stellt dieses Vorgehen aus Sicht des ursprünglichen Angreifers wiederum einen Gegenangriff dar, der ihn unterlegen und beschämt dastehen lässt. Dadurch wird eine weitere Eskalation wahrscheinlich, mit entsprechend destruktiven Auswirkungen.

Die Reaktion auf einen Angriff darf diesen also nicht bestätigen, sondern muss ihn klar zurückweisen. Insbesondere dann, wenn die Aussage wortwörtlich zurückgespiegelt wird, muss deutlich sein, dass dies keine Bestätigung darstellt.

4.1.2.3 Schutz der Beziehung

Eine schlagfertige Antwort spricht Menschen an, da sie das eigene Ansehen als schnell, intelligent und humorvoll steigert und gleichzeitig den Angreifer in die Schranken verweist. Der Spieß wird umgedreht, und anstatt in ein Gefühl der Unterlegenheit zu verfallen, erzielt man Überlegenheit über den Aggressor, die noch durch ein Gefühl der Rechtschaffenheit verstärkt wird, weil man sich gegen einen ungerechtfertigten Angriff verteidigt hat.

Es ist nicht überraschend, dass umfassende Literatur sowie eine Vielzahl von Websites daher Schlagfertigkeit als das Mittel der Wahl propagieren, um verbale Aggression zu erwidern.

Doch selbst wenn man sich eine geistreiche Bemerkung ausdenken und pointiert vortragen könnte, würde es nur das Streben nach Überlegenheit eskalieren, die Gegenseite entwerten und das Gemeinschaftsgefühl weiter beschädigen. Dies wiederum würde die Zurückhaltung des Gegners vermindern, nach der initialen Attacke zu eskalieren, und stattdessen von ihm als Freibrief für eine noch stärkere und heftigere Vergeltung angesehen werden.

Und da man im beruflichen Umfeld in der Regel dauerhaft mit den anderen Menschen zusammenarbeiten muss, egal, ob es sich um Kollegen, Vorgesetzte, Mitarbeiter, Kunden oder Lieferanten handelt, führt Schlagfertigkeit nur zu einer Spirale verbaler Gewalt.

Ein Vorgehen muss daher von Gegenangriffen absehen und eine weitere Eskalation effektiv verhindern, um so die Beziehung zu schützen und die Möglichkeit einer konstruktiven Einigung zu erhalten.

4.1.3 Befriedung des Konflikts und Verfolgung eines konstruktiven Zieles

4.1.3.1 Verlässliche Begrenzung verbaler Aggression

Die Antwort auf eine verbale Aggression muss diese klar begrenzen und deutlich machen, dass dieses Verhalten schädlich ist, den Interessen aller Beteiligten entgegenläuft und daher nicht akzeptabel ist.

Diese Ausrichtung weicht deutlich ab von den Empfehlungen vieler Schlagfertigkeitsratgeber, welche gerade einen Gegenangriff empfehlen und damit verbale Aggression legitimieren (Janson 2020). Die daraus resultierende Eskalation wurde oben beschrieben.

Bei der Begrenzung muss der Fokus klar auf das Verhalten gerichtet sein und darf keinesfalls die Person mit einbeziehen, um persönlichen Widerstand zu vermeiden und die Änderung des Verhaltens in den Mittelpunkt zu stellen.

4.1.3.2 Wiederherstellung einer konstruktiven Beziehung als Ziel

Eine verbale Aggression ist dann erfolgreich bewältigt, wenn sie nicht nur beendet wurde, sondern auch die schädlichen Auswirkungen auf das Miteinander neutralisiert wurden und die Beziehung wiederhergestellt und gestärkt werden konnte.

Im Gegensatz zu vielen Empfehlungen diverser Publikationen darf folglich die Beziehung nicht weiter belastet werden, denn im beruflichen Umfeld ist man in den allermeisten Fällen dazu gezwungen, über lange Zeiträume weiter zusammenzuarbeiten. Daher muss ein Weg aufgezeigt werden, um auch in Zukunft konstruktiv miteinander umzugehen, Vertrauen wieder aufzubauen und die positive Beziehung dauerhaft abzusichern.

4.1.3.3 Gesichtswahrung beider Seiten

Eine Voraussetzung für den Erhalt einer konstruktiven Beziehung ist, dass sowohl der Angegriffene als auch der Angreifer das Gesicht wahren können.

Die verbale Aggression besteht in der Abwertung der angegriffenen Person, mit dem Ziel, Überlegenheit zu gewinnen oder sogar Rache und Vergeltung zu üben. Damit verbunden ist in den meisten Fällen auch ein Angriff auf das Ansehen der Person.

Viele Vorschläge in Ratgebern empfehlen, den Angriff umzudrehen und im Gegenzug den Angreifer zu beschämen, was wiederum zu einem Gesichtsverlust führen und den Weg zu einer konstruktiven Beziehung versperren würde (Janson 2020).

Der Angriff muss daher abgelehnt werden, ohne den Angreifer selbst abzulehnen und ohne dass dies zu einem Gesichtsverlust für den Angreifer führt. Dadurch hat dieser die Möglichkeit, auf Augenhöhe und aus freien Stücken eine konstruktive Einigung zu erzielen.

4.1.3.4 Kommunikation über Befriedung und einvernehmliche Lösung

Die negative Wirkung verbaler Aggression geht über den Angreifer und den Angegriffenen hinaus und beeinträchtigt weitere Zeugen der Aggression sowie Menschen, die zu einem späteren Zeitpunkt von der Aggression erfahren.

Dies erfordert, im Nachgang die Einigung auch diesem erweiterten Kreis bekannt zu machen. Zwei Elemente gehören zu dieser Kommunikation: Zum einen die Klarstellung, dass beide Seiten verbale Aggression als Verhalten ablehnen und zusagen, diese zukünftig nicht anzuwenden, und zum anderen, dass man eine gemeinsame Lösung für die Ursache des Konfliktes gefunden hat und weiterhin eine gute Beziehung pflegen wird.

Dies verhindert Missverständnisse und Unterstellungen, und es wird ein deutliches Beispiel gegeben, wie man mit verbaler Aggression konstruktiv umgehen kann.

4.1.4 Berücksichtigung der Vorgeschichte, Persönlichkeiten und Ziele

4.1.4.1 Die Persönlichkeiten der Anwesenden bestimmen den Austausch

Die Art, auf welche man die verbale Aggression bewältigt, kann nicht bestimmt werden, ohne die Persönlichkeiten sowohl des Angreifers als auch des Angegriffenen zu betrachten. In Publikationen werden die vorgeschlagenen Methoden jedoch üblicherweise als universell anwendbar dargestellt, ohne Rücksicht darauf zu nehmen, ob der Anwender der Methode eine Persönlichkeit hat, welche für diese geeignet ist, oder ob die Persönlichkeit der Gegenseite dafür empfänglich oder unempfindlich ist.

Die Kenntnis des eigenen psychologischen Lebensstils ist unabdingbar, um zu entscheiden, wie man auf verbale Aggression reagiert und mit welchen Mitteln man sie am besten bewältigt. Es ist essenziell für den Erfolg, diese Selbstkenntnis mit einem allgemeinen Verständnis der Persönlichkeit des Gegenübers zu kombinieren, um zu entscheiden, wie die eigene Reaktion angepasst werden sollte und welche Mittel man einsetzen will.

4.1.4.2 Berücksichtigung der Absicht des Aggressors

Viele Ansätze beschränken sich darauf, nur mit der aggressiven Äußerung selbst umzugehen und sie isoliert zu behandeln oder manchmal den Kontext des Geschehens für ein Verständnis des Grundes der Attacke heranzuziehen. Adler erläuterte jedoch, dass das Ziel, welches der Angreifer erreichen wollte – seine Finalität – ein klareres Verständnis für die Triebkräfte hinter den Handlungen liefert (Adler 1927).

Insbesondere dann, wenn die Finalität lediglich in einer Ablenkung von Fehlern oder dem Erlangen von Aufmerksamkeit liegt, könnte eine umfangreiche Antwort nicht gerechtfertigt sein. Bei einem destruktiven Ziel der Rache und Vergeltung hingegen wird ein konstruktives Vorgehen vermutlich nicht unmittelbar erfolgreich sein, und es müssen stattdessen klar und streng Grenzen gesetzt werden.

Für die Bewältigung der Aggression muss daher geklärt werden, was die zugrunde liegende Absicht des Angreifers ist. Da dieser sich eventuell selbst nicht über seine unbewussten Ziele im Klaren ist, erfordert dies ein respektvolles und gleichzeitig konsequentes Gespräch über die Hintergründe und Zielsetzungen.

4.1.4.3 Schaffung von Klarheit über die eigenen Ziele

Als Antwort auf einen Angriff empfehlen mehrere Ansätze, die eigenen Ziele zurückzustellen, um „nicht weiter Öl ins Feuer zu gießen" (Weisbach 2017). Sobald man jedoch die Finalität der Gegenseite verstanden hat, ist es essenziell, Klarheit über die eigenen Intentionen und Wünsche zu schaffen, sodass ein gemeinsamer Weg gefunden werden kann, welcher die Anforderungen beider Seiten erfüllt.

Die eigenen Intentionen deutlich zu signalisieren, ist ein Kernbestandteil der Ansätze, die von Rogers (1951), von Rosenberg (2015) mit seiner gewaltfreien Kommunikation sowie von Schranner (2001) mit seinem Vorgehen für schwierige Verhandlungen propagiert werden. Sie ermöglichen der Gegenseite, die konstruktive Gesinnung und die positiven Ziele zu verstehen, fehlgeleitete Annahmen über destruktive Ziele zu revidieren und gemeinsam nach Wegen zu suchen, die Ziele beider Seiten in Deckung zu bringen.

4.1.5 Realismus, Erlernbarkeit und Anwendbarkeit

4.1.5.1 Notwendigkeit einer gewissenhaften Vorbereitung

Bei vielen Ratgebern wird davon ausgegangen, dass ihre einmalige Lektüre ausreichend ist, um für den Umgang mit verbaler Aggression gewappnet zu sein und Angriffe mit Schlagfertigkeit abwehren zu können. Vereinzelt finden sich Empfehlungen, sich mit Aspekten wie dem Training des eigenen Humors zu beschäftigen (Ryborz 2019).

Um eine substanzielle Erweiterung der eigenen Fähigkeiten im Umgang mit verbaler Aggression zu erzielen, ist jedoch deutlich mehr Vorbereitung notwendig. Insbesondere ist es unerlässlich, sich durch Reflexion Klarheit über den eigenen Umgang mit Aggression zu verschaffen und Techniken zur Erlangung der Selbstkontrolle und Kontrolle des Gesprächs zu üben.

Weiterhin erleichtert es den Umgang mit Aggressionen ungemein, wenn man sich im Vorfeld einer Interaktion bereits über die Beziehung zu den anderen Personen und über potenzielle Konflikte Gedanken macht.

Daher muss ein umfassendes Vorgehen diese Vorbereitung im Großen wie im Kleinen berücksichtigen und unterstützen.

4.1.5.2 Handlungsfähigkeit trotz körperlicher Stressreaktion

Verschiedene Publikationen empfehlen, auf verbale Aggression mit einer schlagfertigen Antwort zu reagieren, den Gegner zu entwaffnen, mit einer noch bissigeren Antwort zu übertrumpfen oder durch ein Umdeuten seiner Worte die Attacke gegen den Angreifer selbst zu richten (Janson 2020). Sie empfehlen dabei eine ordentliche Portion Humor sowie die Vorbereitung durch das Studieren und Auswendiglernen möglicher Antworten. Ein Ratgeber empfiehlt sogar das regelmäßige Lesen von Büchern mit Witzen, um den eigenen Sinn für Humor zu verstärken (Ryborz 2019).

In der Realität „sitzen" Angriffe jedoch oft und erzeugen eine Schockreaktion, die eine smarte Antwort unrealistisch macht. Während eine Stufe der Abwehrkaskade wie das Einfrieren oder die Kampf-oder-Flucht-Reaktion als Antwort auf die wahrgenommene Bedrohung abläuft, ist die menschliche Fähigkeit zu kreativem Denken und eloquenten Antworten unmittelbar nach dem Angriff deutlich eingeschränkt, und sobald die initiale Stressreaktion abgeebbt ist, ist auch die Gelegenheit für eine treffende Antwort verflossen.

Das Vorgehen muss also dieser Stressreaktion Rechnung tragen und selbst nach einer Pause von mehreren Sekunden bis zu einigen Minuten ermöglichen, die Kontrolle über sich selbst und über das Gespräch wiederzuerlangen und es anschließend in eine konstruktive Richtung zu lenken.

4.1.5.3 Struktur und Anpassbarkeit des Vorgehens

Jede Situation, in welcher eine Person verbal angegriffen wird, ist einzigartig, und benötigt eine Reaktion, welche auf die beteiligten Personen, den Kontext, die konkrete Aggression und die Zielsetzung zugeschnitten ist.

Viele Ratgeber liefern ein Universalrezept, mit welchem man ungeachtet der Details reagieren sollte. Dies wird der individuellen Situation und den Persönlichkeiten jedoch fast niemals gerecht.

Für ein nutzbares Vorgehen benötigt man eine Struktur, die es einem ermöglicht, mit logischen Schritten von der Konfrontation über eine Klärung zu einer Kooperation zu gelangen. Diese müssen dabei flexibel gehalten sein und durch einen reichhaltigen Werkzeugkasten unterstützt werden, sodass man in der Lage ist, einerseits mit großem Vertrauen den einzelnen Schritten zu folgen und andererseits das Vorgehen situativ anzupassen.

4.1.5.4 Nachsorge zur Sicherstellung des konstruktiven Miteinanders

Mit einer erfolgreichen Lösung der Situation ist lediglich der erste Schritt getan auf dem Weg zu einem friedlichen Miteinander und einer positiven Beziehung. Viele Ratgeber belassen es bei der ersten Antwort auf eine Aggression; im beruflichen Umfeld ist jedoch eine Nachsorge unerlässlich, um die Beziehung tatsächlich langfristig zu verbessern.

Ein nachhaltiges Vorgehen muss daher auch eine Nachsorge mit einer regelmäßigen Pflege der Beziehung und Überprüfung der Einhaltung der Vereinbarungen beinhalten, sodass ein Rückfall in destruktive Verhaltensmuster unwahrscheinlich wird.

4.1.5.5 Förderung persönlichen Wachstums

In schwierigen Situationen wird stets auch der Grundstein für späteres Wachstum gelegt. Auch wenn man selbst das Ziel verbaler Aggression ist, bietet sich die Gelegenheit, nach erfolgreicher Bewältigung weitere positive Effekte zu nutzen.

Hierzu können eine größere Klarheit und eine geschärfte Beobachtungsgabe für die Beziehungen im eigenen Umfeld gehören sowie ein tieferes Verständnis des Verhaltens und der Motivation der Menschen. Auch über sich selbst kann man durch Reflexion im Nachgang weitere Erkenntnisse gewinnen und diese für weiteres Training nutzbar machen, sodass man im Nachgang langfristig profitieren und persönlich wachsen kann.

Dadurch kann ein solches Vorgehen mit seinen positiven Effekten weit über die Bewältigung verbaler Aggressionen hinausreichen.

4.2 Zweck und Konzept des Vorgehens zur Bewältigung verbaler Aggression

Das hier vorgestellte Vorgehen zur Bewältigung verbaler Aggression hat zum Ziel, einen Angriff zu begrenzen und die Konfrontation in Kooperation umzuwandeln, sodass ein konstruktives Miteinander zukünftig möglich ist.

Es enthält dabei drei klar voneinander abgegrenzte Phasen:

1. Die Vorbereitung auf Konflikte im Allgemeinen und auf spezifische Interaktionen im Besonderen.
2. Die Anwendung einer logischen Abfolge von Schritten, um die Konfrontation in Kooperation umzuwandeln und die Situation zu einem konstruktiven Ergebnis zu führen. Übergreifend wird eine Reihe von Techniken verwendet, um die eigene Reaktion und den Verlauf des Gesprächs zu kontrollieren. Weiterhin werden Varianten für Sondersituationen vorgestellt.
3. Die strukturierte Nachbereitung, um sich emotional zu entlasten, das erzielte konstruktive Miteinander zu schützen und die Erkenntnisse für persönliches Wachstum zu nutzen.

Abb. 4.1 zeigt einen Überblick über das Vorgehen:

4.2.1 Detaillierte Gesamtsicht auf das Vorgehen

Vorgestellt wird das Vorgehen anhand eines typischen Szenarios, bei welchem die Aggression im direkten Gespräch zwischen zwei Personen erfolgt, die im Beruf langfristig zusammenarbeiten müssen, und in welchem

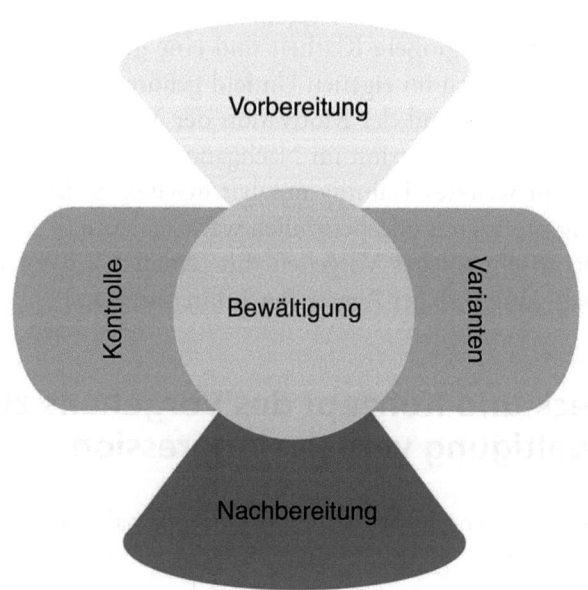

Abb. 4.1 Gesamtüberblick über das Vorgehen

weitgehende Handlungsfähigkeit besteht. Dies ermöglicht die Ableitung von Varianten für abweichende Szenarien.

Die Vorbereitung ruht auf einer breiten Basis persönlicher Reflexion über die eigene Persönlichkeit sowie einer Rückbesinnung auf persönliche Kraftquellen. Diese reflektierte Selbstkenntnis und die Selbstversicherung der eigenen Stärken sind das Fundament, auf welchem aufbauend man das vorgestellte Vorgehen für die Bewältigung verbaler Aggression erlernen und trainieren kann. Zur situativen Vorbereitung gehören das proaktive Lösen von Konflikten sowie die Vorbereitung auf spezifische Interaktionen.

> Verbale Aggression kann in fünf logisch aufeinander aufbauenden Schritten von Konfrontation in Kooperation umgewandelt werden.

Am Anfang stehen dabei die klare Begrenzung der Aggression sowie die Klarstellung der eigenen konstruktiven Absichten und der Verpflichtung zu einem konstruktiven Miteinander. Darauf aufbauend kann man die Perspektive beider Seiten klären und damit Transparenz durch Objektivierung der Situation schaffen. Diese Perspektiven können dann neu bewertet und vereinigt werden, sodass man daraus gemeinsame Maßnahmen ableiten und verabreden kann. Zum Schluss richtet man die gemeinsame Beziehung durch einen konstruktiven Impuls positiv auf die Zukunft aus.

Diese Schritte erfordern die Kontrolle und Steuerung des Verhaltens der beteiligten Personen und des Prozesses. Dies beginnt beim Wiedergewinnen der Selbstkontrolle nach einer heftigen Attacke, gefolgt von der Entscheidung über das beste weitere Vorgehen und dem Aufrechterhalten der eigenen konstruktiven Haltung. Neben dem Erlangen und Beibehalten der Kontrolle über die Konversation muss man störendes oder ausweichendes Verhalten des Aggressors begrenzen und nach Bedarf weitere Teilnehmer in die Schaffung einer konstruktiven Lösung einbeziehen.

Die Schritte zum Erzielen eines konstruktiven Miteinanders und zur Kontrolle der Interaktion müssen in gewissen Szenarien abgewandelt werden. Dies ist zum Beispiel der Fall, wenn die angegriffene Person nur eingeschränkt reaktions- und handlungsfähig ist, eine geringe Wahrscheinlichkeit für eine erfolgreiche Einigung besteht oder kein gemeinsames Interesse an einem konstruktiven Miteinander existiert. Auch bei Aggression, von welcher man über Dritte erfährt, die gegen eine dritte Person gerichtet ist, sowie bei schriftlicher Aggression muss man nach einem ähnlichen Schema, aber mit entsprechenden Anpassungen handeln.

Zuletzt erfordert die Nachbereitung des Geschehens zunächst das Abschütteln negativer Emotionen, bevor eine persönliche Reflexion weitere Einsichten über die Aggression und das weitere Verfahren liefert. Durch

Nachsorge stellt man sicher, dass der Kontrahent sich an Absprachen hält und dass der eigene Ruf und die Wahrnehmungen des Geschehens im Unternehmensumfeld konstruktiv bleiben. Zuletzt kann man aus den Erkenntnissen Konsequenzen und Pläne für die weitere Entwicklung der eigenen Persönlichkeit ableiten.

Das folgende Diagramm gibt diesen detaillierten Überblick über die drei Phasen des Vorgehens wieder.

Dabei wird der Fokus der Vorbereitung schrittweise von genereller Reflexion zu einer spezifischen Begegnung geschärft. Dies ermöglicht die situative Bewältigung der Aggression selbst, unterstützt durch Maßnahmen zur Kontrolle der Situation und Varianten für Sondersituationen. Abgeschlossen wird das Vorgehen durch die Anwendung von zunehmend umfassenden Folgeaktivitäten.

Die detaillierte Gesamtsicht auf das Vorgehen ist in Abb. 4.2 dargestellt.

Abb. 4.2 Detaillierte Gesamtsicht des Vorgehens

4.2.2 Konstruktive Ausrichtung des Vorgehens

Nach Dreikurs (1969) hängt der Erfolg unserer Aktivitäten davon ab, dass wir der menschlichen Logik folgen, so wie auch von Alfred Adler (1933) formuliert. Diese Logik erfordert die Anerkennung der Gleichwertigkeit der Menschen, und diese ist in Beziehungen mit gegenseitiger Achtung gegründet. Diese Beziehungen wiederum sind abhängig vom Grad des Gemeinschaftsgefühls der beteiligten Personen.

Das hier vorgestellte Vorgehen zur Bewältigung verbaler Aggression im Beruf stellt die Erhaltung und Stärkung des konstruktiven Miteinanders in den Mittelpunkt. Es berücksichtigt die Tatsache, dass jedes Individuum einzigartig ist und seinem ganz eigenen psychologischen Lebensstil, tendenziöser Wahrnehmung und privater Logik unterliegt und dass die Persönlichkeit aller an einem Austausch Beteiligten in Betracht gezogen werden muss.

Das Vorgehen erkennt auch den Ernst verbaler Aggression aufgrund ihrer schädlichen Wirkung auf das Gemeinschaftsgefühl und das Miteinander an. Es basiert auf der Nutzung von Empathie und Ermutigung, um das Ziel zu erreichen, die Positionen der Beteiligten zu vereinigen, und zielt auf ein konstruktives Ergebnis, welches schlussendlich das Miteinander stärkt und einen Weg zu verbesserter zukünftiger Zusammenarbeit eröffnet.

Es gibt deutliche Parallelen zu den von Dreikurs (1969) definierten Phasen der Psychotherapie, die mit dem Aufbau und der Aufrechterhaltung einer positiven zwischenmenschlichen Beziehung beginnen, gefolgt von der Analyse der aktuellen Situation und anschließend der Durchführung, die ein neues Verständnis in der anderen Person hervorrufen und schlussendlich zu einer Anpassung ihrer Position und ihres Verhaltens führen kann.

Und auch viele Ansätze für Konfliktlösung, Mediation und Verhandlung folgen einem ähnlichen Schema (Coleman 2014, Schranner 2001, Ury 1993, 2011).

4.3 Stufenweises Vorgehen zur Vorbereitung auf die Interaktion

4.3.1 Reflexion über die eigene Persönlichkeit

Die Grundlage für das Bewältigen verbaler Aggression ist die Entwicklung eines wohlbegründeten Verständnisses des eigenen Lebensstils sowie der eigenen tendenziösen Wahrnehmung und privaten Logik. Diese beeinflussen, wie Aggression wahrgenommen wird, was die initiale Bewertung und Reaktion sein werden und welches Verhalten natürlich erscheint und trainiert wurde.

> Indem man Klarheit über diese Aspekte der eigenen Persönlichkeit erlangt, kann man einen besser reflektierten Umgang mit der Situation und einen passenderen Ansatz zur Bewältigung der verbalen Aggression finden.

Kontraproduktives Verhalten kann dadurch ebenfalls effektiver unter Kontrolle gebracht werden.

4.3.1.1 Erfahrungen und Glaubenssätze bezüglich Aggression

Ein zu untersuchender Aspekt ist beispielsweise, welche Erfahrungen man im Leben bisher mit Aggressionen gemacht hat – egal, ob die Aggression verbal oder körperlich war.

Dazu können Fälle gehören, in welchen man selbst das Ziel der Aggression, lediglich ein Zuschauer oder sogar selbst der Aggressor war, sowie ein Überblick über Auslöser und zugrundeliegende Ursachen und typische Ergebnisse – hat man üblicherweise gewonnen oder verloren, war das Ergebnis unklar, und was waren später die Folgen?

Es lohnt sich, dabei schrittweise vorzugehen und verschiedene Lebensabschnitte und Personenkreise zu betrachten:

- Wie habe ich Aggression als Kind im Kreis der Familie erlebt?
- Was waren meine Erfahrungen mit Aggressionen in der Schule, im Freundeskreis, im Verein?
- Welche Aggressionen habe ich als junger Erwachsener erlebt, in der Ausbildung, im Studium, im Beruf?
- Was ging mir in diesen Situationen damals durch den Kopf?

Diese Erfahrungen beeinflussen die eigene Sicht auf Aggression und die Reaktion darauf sehr stark.

Eine relevante Frage ist, was die persönlichen Schmerzpunkte sind, wo man besonders heftig zu treffen ist. Insbesondere Aspekte des Stolzes und Selbstwertes können dabei Angriffspunkte sein.

Man kann auch die eigenen typischen Reaktionen auf Aggressionen untersuchen, wie zum Beispiel Versuche, den Aggressor zu besänftigen, in eine rationale Diskussion auszuweichen, sich hinter Autoritäten oder externen Zwängen zu verstecken oder mit noch größerer Kraft zurückzuschlagen.

Dahinter verbergen sich persönliche Glaubenssätze in Bezug auf Aggression, welche sich lohnen, erkundet zu werden:

- Ist Aggression ein legitimes Mittel?
- Wenn ja, in welchen Situationen? Durch wen?
- Kann ich gewinnen? Werde ich verlieren?
- Wie sollte ich reagieren?

Hilfreich ist auch das Nachdenken darüber, welche Personen als Vorbilder für den Umgang mit Aggression dienen können. Dabei identifiziert man Menschen, die man in der Vergangenheit dabei beobachten konnte, wie sie gelassen und konstruktiv auf verbale Aggression reagierten.

Es ist lohnend, sich diese Situationen noch einmal so konkret und plastisch wie möglich vor Augen zu führen. Dabei registriert man die Emotionen, die während des Erinnerns in einem entstehen, achtet darauf, welche konkreten Verhaltensweisen nützlich waren, und entscheidet, was man von diesen kompetenten Personen übernehmen möchte.

4.3.1.2 Nutzung psychometrischer Werkzeuge

Die Nutzung psychometrischer Werkzeuge zum Quantifizieren bestimmter Neigungen und Verhaltensweisen ist populär, wie die große Anzahl im Internet verfügbarer Persönlichkeitstest zeigt.

Gleichzeitig gibt es Kritik an den Verfahren, da sie nur übergreifende Tendenzen abbilden können, innerhalb derer es jedoch situativ eine große Bandbreite unterschiedlicher Wahrnehmungen und divergierenden Verhaltens geben kann. Man kann dies vergleichen mit der Bewegung eines Wanderers in unwegsamem Gelände: Auch wenn insgesamt eine bestimmte Richtung festgestellt werden kann, ist es möglich, dass die Ausrichtung und Bewegung der Person zu einem bestimmten Zeitpunkt ganz anders sind, zum Beispiel zur Vermeidung gefährlicher Abschnitte, zur Umgehung eines Hindernisses oder zur Betrachtung einer interessanten Aussicht.

Dennoch können die Auseinandersetzung mit den Fragen eines psychometrischen Werkzeugs sowie Erkenntnisse zu übergeordneten Tendenzen die Reflexion unterstützen.

Ein Werkzeug, welches die Konzepte der Individualpsychologie und die von Alfred Adler definierten Fragen umsetzt, ist das BASIS-A Inventory mit der BASIS- und der HELPS-Skala (Rogner 2020).

Die BASIS-Skala untersucht die Charakteristiken eines Menschen bezüglich des Gemeinschaftsgefühls, des Mitmachens, des Übernehmens von Führung, des Bedürfnisses nach Anerkennung und der Vorsichtigkeit.

Unterstützt wird sie durch sekundäre Eigenschaften der HELPS-Skala, welche die gefühlte Härte bzw. Milde der Kindheit, das Anspruchsdenken, das Bedürfnis, anderen zu gefallen, und das Streben nach Perfektion prüft.

Ein weiteres Instrument ist das Coping Resources Inventory for Stress (CRIS, Richards 2000, Matheny 1993), das Aspekte der persönlichen Resilienz gegenüber widrigen Situationen und Ereignissen prüft. Hierzu gehören u. a. Selbststeuerung und Selbstvertrauen, Akzeptanz eigener Fehler, Unterstützung durch ein soziales Netzwerk, Selbstwahrnehmung und Kontrolle von Stress sowie die Fähigkeit zur Neubewertung von Situationen. CRIS-Fragebögen sind im Internet zu finden.

Weitere Aufschlüsse über die eigenen Fähigkeiten, sich selbst zu behaupten und durchzusetzen, können die Rathus Assertiveness Schedules (RAS - Rathus Assertiveness Schedule, Rathus 1973) liefern.

4.3.1.3 Persönliches Wachstum und Entlastung durch Reflexion

Reflexion darf nicht in Grübeln ausarten, da dies eine heftige Reaktion auf eine spätere Provokation vorbereiten könnte. Man muss also sensibel dafür sein, wenn negative Emotionen während der Reflexion auftreten, und diese nicht am Laufen halten, sondern sich der Ursachen hinter dem konkreten Auslöser und der Ziele hinter dem eigenen Verhalten gewahr werden.

Am einfachsten ist dies, wenn man sich vorstellt, dass man ein unabhängiger Beobachter ist und sich selbst von außen betrachtet. Man kann dann alternative, positive Reaktionen ersinnen und durchdenken.

Das Ergebnis einer umfassenden Reflexion ist nicht nur ein Verständnis davon, wie die eigene Persönlichkeit die Vorgehensweise im Falle einer Aggression bestimmt. Sie sorgt auch für eine Linderung von Minderwertigkeitsgefühlen und erzeugt eine Selbstvergewisserung, dass man genügt und durch die Erfüllung der Lebensaufgaben einen Platz in der Gesellschaft hat.

Es ist wichtig, anzumerken, dass diese Reflexion keine einmalige Übung ist, sondern ein kontinuierlicher Prozess der Erkundung, des Lernens und des persönlichen Wachstums, welcher die anderen in diesem Abschnitt beschriebenen Aspekte der Vorbereitung unterstützt.

4.3.2 Rückbesinnung auf persönliche Werte, Ziele und Stärken

Um in der Lage zu sein, während einer Konfliktsituation eine feste Orientierung zu behalten und die eigenen Wünsche und Forderungen selbstbewusst und überzeugend zu äußern, ist es wichtig, sich über diese Klarheit zu verschaffen – unabhängig von bestimmten Interaktionen – und sich vorzubereiten, diese Ziele klar auszudrücken und zu erläutern.

Insbesondere können eine Überprüfung der eigenen Werte und ethischen Prinzipien sowie eine strukturierte schriftliche Zusammenfassung beim Verständnis helfen, was man insgesamt für wirklich wichtig hält und in welchen Belangen man keine Kompromisse eingehen will. Ebenso hilft es, sich Klarheit über die eigenen Handlungen und deren Nutzen für die Gemeinschaft verschaffen, um die Gültigkeit der eigenen Werte und Handlungen zu bekräftigen.

Darüber hinaus kann man eine Prioritätenliste von Zielen aufstellen, die mit dem Schutz des Selbst und der eigenen Integrität, des Selbstbildes sowie des eigenen Rufes beginnt. Diese können gefolgt werden von dem Schutz weiterer anwesender Personen und der eigenen Gruppe, bevor man die Geschäftsinteressen des Arbeitgebers oder der Kunden berücksichtigt. Diese Priorisierung könnte mit dem Ziel abgeschlossen werden, eine konstruktive Beziehung und schlussendlich auch den Ruf der angreifenden Person zu erhalten.

Ein besonderes Augenmerk muss auf das Verständnis des konstruktiven Miteinanders und dessen zentralen Wert gelegt werden. Miteinander und Verbundenheit bedeuten nicht, durch Konfliktvermeidung ein oberflächliches Harmoniegefühl zu erzeugen. Es beinhaltet auch die Begrenzung störenden Verhaltens durch konsequentes Ansprechen und Erzielen einer Einigung, dieses zu unterlassen.

Goleman (2005) schlägt vor, sich auf persönliche Stärken zu konzentrieren, um Widerstandskraft für Konfliktsituationen aufzubauen. Er betont dabei Aspekte der emotionalen Intelligenz wie Selbstwahrnehmung und Selbstregulierung der eigenen Emotionen Diese werden ergänzt durch, ein Verständnis für intrinsische Motivationen, die von äußeren Anreizen unabhängig sind, Einfühlungsvermögen und Verständnis für die Emotionen anderer Personen sowie soziale Fähigkeiten mit klarer zwischenmenschlicher Kommunikation.

In ähnlicher Weise schlägt Schoenaker (2017) die Erstellung eines „Zielsatzes" vor, welcher die persönlichen Stärken und Ambitionen in einem einzigen Satz zusammenfasst und als ermutigendes Mantra genutzt werden kann.

Eine solche Klarheit über Werte, Prioritäten und Stärken kann als Wegweiser während eines Austausches in einer komplexen und unklaren Situation dienen.

4.3.3 Training zum kompetenten Bewältigen verbaler Aggression

Die Bewältigung verbaler Aggression im Beruf erfordert eine gewisse Reaktionsfähigkeit und Agilität, um abwertende Manöver zu begrenzen, die Situation unter Kontrolle zu bringen und sie zu einem konstruktiven Ergebnis zu lenken.

> Da alleine die Kenntnis des vorgestellten Vorgehens durch bloßes Lesen nicht ausreicht, um den Leser in schwierigen Stresssituationen in die Lage zu versetzen, geschickt und kompetent zu handeln, wird eine Kombination aus Training, Orientierung mithilfe von Checklisten und regelmäßiger Vorbereitung empfohlen (Weitzmann 2006).

4.3.3.1 Training harmonischer und konstruktiver Interaktionen

Da das Ziel ein konstruktives Miteinander ist, lohnt es sich, dieses bereits in Interaktionen ohne Konfliktpotenzial zu trainieren.

Insbesondere kann man Gespräche sehr bewusst konstruktiv führen und dabei darauf achten, während der Eröffnung die eigene positive Ausrichtung zu verdeutlichen und eine gute Gesprächsatmosphäre aufzubauen.

Dabei stehen insbesondere Bejahung der anderen Person sowie Unterstützung, Empathie und Bestätigung der Position des Gegenübers im Vordergrund.

Auch der harmonische Abschluss der Interaktion mit einer Ermutigung und einem konstruktiven Impuls sollte dabei geübt werden.

4.3.3.2 Anpassung und Training der vorgestellten Methoden

Abschn. 4.4 beschreibt eine Reihe von Methoden, um nach einer Stressreaktion das persönliche Gleichgewicht wiederzuerlangen, die Situation unter Kontrolle zu bringen und widerzuspiegeln, dabei störende und ausweichende Manöver zu begrenzen und das Gespräch in Richtung eines konstruktiven Abschlusses zu lenken.

Welche dieser Methoden effektiv und glaubwürdig angewandt werden können, hängt von dem eigenen psychologischen Lebensstil, der tendenziösen Wahrnehmung und der privaten Logik des Ausübenden ab. Auch die Stellung in der eigenen Gruppe und das Verhältnis zu den anderen Personen haben wesentlichen Einfluss. Zudem ist die Wortwahl stets hochgradig persönlich und sollte dem eigenen Wortschatz und der eigenen Sprechweise angepasst werden.

Es empfiehlt sich daher, eine Auswahl und Anpassung der vorgestellten Methoden auf Basis persönlicher und situativer Kriterien durchzuführen und diese so lange zu üben, bis sie auswendig gelernt sind und flüssig und natürlich rüberkommen.

Zum Beispiel kann man sich auf eine Stressreaktion vorbereiten, indem man zunächst an eine Situation denkt, in welcher man sich bedroht fühlte, wie zum Beispiel ein Ereignis mit verbaler Aggression aus der eigenen Vergangenheit.

Man kann dann diese Szene „einfrieren" und von außen betrachten, während man eine der vorgestellten Beruhigungstechniken anwendet, wie das Einfordern einer kurzen Pause und anschließende Tiefenatmung. Nachdem die initiale Stressreaktion abgeklungen ist, kann man an eine positive Situation oder an einen positiven Aspekt denken. Zum Beispiel kann man sich auf die gemeinsamen Werte und Ziele oder ein ermutigendes Mantra besinnen und anschließend das darauffolgende positive Gefühl auf sich wirken lassen.

Das Üben einer nicht konfrontativen Körpersprache vor dem Spiegel oder mit einem Partner sowie das Proben von Schlüsselsätzen mit einer klaren und selbstbewussten Stimme tragen ebenfalls dazu dabei, diese Methoden zu verinnerlichen, sodass sie auch unter Stress während der Aggression reibungslos und natürlich abgerufen werden können.

4.3.3.3 Erstellen von Checklisten

In Abhängigkeit von den eigenen Vorlieben kann es hilfreich sein, Checklisten, Akronyme oder andere Gedächtnisstützen zu erstellen, um sich Kernaspekte dieses Vorgehens zu merken und sie in eine Routine einzubauen.

Zum Beispiel kann eine Liste persönlicher Schmerzpunkte dabei helfen, die Überraschung und die Stressreaktion abzumildern, wenn diese in einem Meeting berührt werden. Ein Akronym, das aus den ersten Buchstaben der persönlichen Werte und Prioritäten oder der Kernelemente des Selbstwertgefühls und des Selbstvertrauens besteht, kann nützlich sein, um sich an die konstruktiven Aspekte zu erinnern, auf die man hinarbeiten möchte.

Beispielsweise kann man mithilfe eines Anagrammgenerators Werte wie Freiheit – Anständigkeit – Respekt – Beharrlichkeit – Ermutigung zum Akronym FARBE kombinieren.

Zu guter Letzt können Checklisten als regelmäßige Routine genutzt werden, die dabei hilft, sich auf Interaktionen vorzubereiten und die vorgestellten Methoden situativ anzupassen.

4.3.3.4 Integration der Vorbereitung in den eigenen Zeitplan

Um das Bewusstsein und das Training für die verschiedenen Aspekte des Vorgehens zur Bewältigung verbaler Aggression aufrechtzuerhalten, ist es hilfreich, solche Aktivitäten in bestimmten Abständen in den persönlichen Zeitplan zu integrieren.

Zum Beispiel könnte eine wöchentliche Planung eine Überprüfung verschiedener Aspekte des eigenen psychologischen Lebensstils, tendenziöser Wahrnehmung und privater Logik sowie der persönlichen Werte und Ziele beinhalten, um diese in allen Interaktionen zu berücksichtigen. Sie könnte auch eine kurze Übung der relevantesten Methoden umfassen, zum Beispiel Techniken zur Beruhigung, um in einer Stresssituation die Kontrolle zurückzugewinnen. Eine Durchsicht am Ende der Woche könnte den Schwerpunkt auf Reflexion legen sowie auf die Identifizierung neuer Erkenntnisse konzentrieren, welche in die Aktivitäten der folgenden Woche einfließen können.

In einer täglichen Planung kann man Fragen über wichtige Meetings und Beziehungen zu wichtigen Gesprächspartnern durchgehen. Dabei sollte man über die zentralen Werte wie Befriedung und Aufbau eines konstruktiven Miteinanders reflektieren und sich an die geschäftlichen Prioritäten erinnern.

Man kann sich auch täglich an einen weisen Spruch erinnern wie zum Beispiel den von Ian Maclaren: „Sei freundlich; jeder, den Du triffst, kämpft einen schweren Kampf." Dadurch bekräftigt man die eigene konstruktive Ausrichtung und das Einfühlungsvermögen gegenüber anderen Menschen, unabhängig von ihrer Persönlichkeit und ihrem Verhalten.

4.3.3.5 Verringerung der Sensibilität gegenüber negativen Reizen

Um die Erregbarkeit und das Ansprechen auf negative Reize abzumildern, bieten sich sowohl auf den Körper als auch auf das Gehirn gerichtete Verfahren an.

Unter den körperbezogenen oder somatischen Methoden stehen atembezogene Übungen im Mittelpunkt. Hierzu gehören insbesondere Atemübungen aus dem Yoga und aus fernöstlichen Schulen. Auch das Singen im Chor sowie das Spielen von Blasinstrumenten vermitteln eine gute Kontrolle des Atems. Weiterhin können Akupunktur, körperliche Betätigung und Ausdauersport sowie Achtsamkeitsübungen eingesetzt werden.

Sollte aufgrund von traumatischen Ereignissen in der Vergangenheit oder aufgrund entsprechender Symptome der Verdacht auf posttraumatische Belastungsstörungen bestehen, ist eine Konsultation von medizinischen Fachpersonen unerlässlich. Diese Form der Belastungsstörung lässt sich mithilfe von Psychotherapie in der Regel in der Regel gut behandeln; unterstützend kann auch eine Therapie mit Psychopharmaka eingesetzt werden.

4.3.4 Proaktive Konfliktvermeidung

Verbale Aggression kommt in geschäftlichen Interaktionen selten völlig unerwartet ohne vorherige Anzeichen eines möglichen Konfliktes. Oft gehen einem offen aggressiven Austausch eine zunehmende Divergenz der Ziele, Enttäuschung gegenseitiger Erwartungen, persönliche Verärgerung und niederschwellige Kritik voraus.

4.3.4.1 Beständiges Lösen kleiner Probleme

Im Allgemeinen ist es ratsam, Zeit in die kontinuierliche Lösung kleiner Konflikte mit allen Beteiligten zu investieren, um zu verhindern, dass sich einer davon zu einem großen Konflikt auswächst, welcher das Gemeinschaftsgefühl zu beschädigen droht.

Dieser Ansatz mag sich zunächst problematisch anfühlen, da dabei beständig potenziell kontroverse oder unangenehme Themen angesprochen werden. Dies gilt insbesondere dann, wenn das eigene Lebensstilmuster darin besteht, Konflikte zu vermeiden und Menschen zu beschwichtigen und zufriedenzustellen. Die anderen Personen schätzen jedoch in der Regel die Offenheit und die Berücksichtigung ihrer abweichenden Ansichten und Ziele, und die wiederholte frühzeitige Lösung trägt tatsächlich zur Vertrauensbildung und zur Stärkung des Gemeinschaftsgefühls bei.

4.3.4.2 Aufbau eines Rufes als machtvoll und anständig

Konflikte im geschäftlichen Umfeld lassen sich reduzieren oder sogar vermeiden, indem man die eigene Reputation gemäß dem Leitbild der x+1Akademie® als „machtvoll und anständig" aktiv fördert. Dabei helfen auch ein starkes persönliches Netzwerk sowie das direkte Eingehen auf Konflikte ohne Zögern und mit dem Ziel, eine Lösung zu erreichen. Menschen, die sich so positionieren, werden tendenziell seltener mit aggressiven Äußerungen angegriffen.

Um diese Stellung aktiv zu fördern, muss man bestimmen, wie man seine eigene Macht und Zuversicht ausstrahlt, nicht in einer einschüchternden Form, sondern auf eine Art, welche Mut macht und Aggression abwehrt.

Es ist weiterhin wichtig, zu prüfen, ob man Signale aussendet bzw. Emotionen zeigt, die von anderen so interpretiert werden können, dass sie ohne Angst vor Konsequenzen angreifen könnten. In diesem Fall muss man solche Signale umkehren. Eigene Handlungen oder Verhaltensweisen, die den Eindruck vermitteln könnten, dass ein Angriff legitim und risikoarm ist, sollten identifiziert und beendet werden.

Diese Überprüfung und Anpassung erfordern ein hohes Maß an Reflektion und Wachstumskompetenz. Abschnitt 6.2 gibt hierfür entsprechende Hinweise.

4.3.4.3 Prüfung des eigenen Beitrags zu Konflikten

Schließlich ist es wertvoll, den eigenen potenziellen Beitrag zu einem Konflikt im Vorfeld einer Interaktion zu überprüfen.

So sollte man ehrlich über die eigene Haltung gegenüber den Gesprächspartnern nachdenken und auch überlegen, welche der eigenen Handlungen – egal, ob in der Vergangenheit oder im Rahmen der aktuellen Situation – von den anderen als Angriff wahrgenommen werden könnte, der ihren Erfolg, ihre Stellung oder sogar ihren Ruf gefährdet.

Dabei könnte ein „Meeting vor dem Meeting" ein Schritt sein, um Konflikte proaktiv zu vermeiden.

Auch eine Prüfung, ob man ein Aufeinandertreffen mit potenziell aggressiven Menschen vermeiden kann, ist lohnend. Und zuletzt sollte man sich selbst die ehrliche Frage stellen, ob man unbewusst die Interaktion mit Menschen sucht, mit denen ein belastetes Verhältnis besteht, um zum Beispiel wiederholt eine Opferrolle spielen zu können. Die Vermeidung einer Interaktion, die nicht unbedingt notwendig erscheint, ist einem konfliktreichen Aufeinandertreffen stets vorzuziehen.

4.3.5 Vorbereitung auf eine bestimmte Interaktion

Im Vorfeld einer bestimmten Interaktion und der konkreten Begegnung mit anderen Personen ist es ratsam, die Liste der Teilnehmer durchzugehen, über die persönliche Beziehung und die relativen Machtpositionen sowie Eskalationsmöglichkeiten im geschäftlichen Kontext nachzudenken und dann potenzielle Streitpunkte zu identifizieren.

4.3.5.1 Überprüfung der Machtkonstellation

Insbesondere kann eine Überprüfung der Machtverhältnisse Auskunft darüber geben, welche Handlungsoptionen im Konfliktfall gangbar sind, sowohl auf der organisatorischen als auch auf der zwischenmenschlichen Ebene.

Wenn man im Vorfeld Klarheit darüber hat, welche Mittel man tatsächlich zur Verfügung hat, um schädliches Verhalten zu begrenzen – von einer direkten konstruktiven Konfrontation über die Meldung an Vorgesetzte bis hin zur Beendigung der Beziehung –, kann man schnell handeln, ohne zusätzliche Überlegungen oder Abwägungen der Optionen während der Interaktion selbst anstellen zu müssen.

Hält die andere Person zum Beispiel eine höhere hierarchische Position, müssen die Maßnahmen zur Bewältigung von Aggression vorsichtiger sein, als wenn sich die andere Person auf Augenhöhe befindet; an Autoritäten zu appellieren ist vermutlich keine Option. Es ist weiterhin wichtig, zu prüfen, wie das eigene Lebensstilmuster beim Umgang mit hierarchisch höherstehenden Personen aussieht, auch im Kontext mit den anderen Teilnehmern.

Bezüglich der relativen Machtverhältnisse ist ein gutes Verständnis der Sicht der anderen Anwesenden hilfreich. So sollte man prüfen, ob die Macht, die man selbst hat, von ihnen bejaht wird, ob sie von einer Autorität verliehen, durch harte Arbeit und Beiträge erworben oder aber energisch ergriffen wurde. Und man sollte auch abwägen, wie die Anwesenden oder eine Autoritätsperson diese relative Macht im Konfliktfall weiterhin unterstützen oder sich verhalten würden.

4.3.5.2 Sammlung möglicher Konfliktpunkte und Anschuldigungen

Falls das Verhältnis bereits angespannt sein sollte und man eine Idee davon hat, welche Themen die Gegenseite kritisieren könnte, ist es hilfreich, eine Bestandsaufnahme der Anschuldigungen durchzuführen. Dabei werden alle negativen Emotionen und Beschwerden, welche die andere Seite haben könnte, gesammelt und gruppiert sowie mit einem beschreibenden Namen oder Etikett versehen.

Anschließend kann man vor dem Spiegel diese Anschuldigungen „proaktiv abspielen" und dabei die eigenen Gefühle und emotionalen Reaktionen auf diese Beschuldigungen überwachen, um so vorbereitet zu sein und das Überraschungselement und die physiologische Reaktion auszuschalten.

Eine ehrliche Bewertung der Elemente dieser Bestandsaufnahme möglicher Vorwürfe kann Bereiche aufdecken, in welchen man tatsächlich Defizite hat oder in welchen man die andere Person in der Vergangenheit enttäuscht beziehungsweise verletzt hat. Dies eröffnet die Möglichkeit, diese Themen vor der Interaktion unter vier Augen anzusprechen und eine für beide Seiten einvernehmliche Lösung zu finden.

4.3.5.3 Einplanung eines Meetings vor dem Meeting

Sollte die Bestandsaufnahme wesentliche Konfliktbereiche aufgezeigt haben oder sollten Themen auf der Tagesordnung stehen, welche potenziell strittig sein könnten, ist es sinnvoll, proaktiv auf die Teilnehmer zuzugehen, die vermutlich andere Erwartungen oder Ziele haben als man selbst oder mit denen ein Konflikt wahrscheinlich ist.

Dies kann entweder schriftlich via E-Mail oder Chat geschehen oder vorzugsweise durch ein kurzes „Meeting vor dem Meeting", um die Position der Gegenseite abzuprüfen und mögliche Probleme in einem vertraulichen Rahmen zu lösen.

Sollte die Gegenseite dabei verbal aggressiv werden, so wird es in diesem Rahmen einfacher sein, die Aggression direkt anzusprechen und zu einem friedlicheren Miteinander zu kommen als bei einem entscheidenden Meeting in größerer Runde.

4.3.5.4 Visualisierung des gewünschten Verhaltens und Verhältnisses

Zuletzt kann man sich zur Vorbereitung auf die Interaktion bildlich vorstellen, wie die Beziehung zu den anderen Teilnehmern hinterher aussehen soll und wie man mit ihnen umgehen und zusammenarbeiten möchte. Dies kann unter Umständen eine verborgene negative Gesinnung aufdecken, wenn man zum Beispiel feststellt, dass man die anderen Personen „auf den Pott setzen" oder „mal richtig einnorden" möchte – ein Anlass, die eigene Haltung zu überdenken und konstruktiv umzulenken.

Es kann daher wertvoll sein, eine Liste der verschiedenen Erwartungen an Verhalten, Handlungen und Ergebnisse zu erstellen, welche die verschiedenen Teilnehmer haben könnten. Dies hilft später, Wünsche und Forderungen klar auszudrücken, ohne sich während der Interaktion mit den anderen Personen um eine Formulierung oder Priorisierung bemühen zu müssen.

In den meisten Fällen wird man den Wunsch nach einem harmonischen Umgang mit anregender Interaktion und gemeinsamem Erfolg verspüren, und indem man diese Form der Beziehung visualisiert, verankert man dieses positive Gefühl und erhält eine weitere Orientierungsrichtung, in die man die Interaktion steuern kann.

4.4 Methoden zur situativen Kontrolle der Situation

Die hier vorgestellten Methoden zur situativen Kontrolle der Situation sind nicht nur einmalig und in starrer Abfolge anzuwenden. Sie sollten als Sammlung bewährter Techniken gesehen werden, welche in die Gesamtstrategie eingebettet sind und die in Abschn. 4.5 beschriebene logische Schrittfolge zum Umwandeln der Konfrontation in Kooperation unterstützen.

> Eine besondere Rolle kommt dabei den Techniken zu, welche initial die Wiedererlangung der körperlichen Kontrolle, die Entscheidungsfindung für ein optimales Vorgehen sowie die Gewinnung der Kontrolle über das Gespräch ermöglichen.

Die bewusste Beobachtung der Situation, die Erzeugung einer konstruktiven und positiven Atmosphäre, die Begrenzung von störenden oder ausweichenden Manövern und die Einbindung der anderen Teilnehmer zur Stärkung des Miteinanders sind wichtige ergänzende Elemente.

Es ist damit zu rechnen, dass man im Verlauf des Gesprächs wiederholt auf einige dieser Techniken zurückgreifen muss, zum Beispiel zur Selbstkontrolle nach einer erneuten Verbalattacke oder zum Treffen einer Entscheidung auf Basis neuer Information.

4.4.1 Wiedererlangung der Selbstkontrolle

Die verbale Aggression und die unmittelbare Reaktion darauf stellen einen Machtkampf in einem Mikromoment dar, und es ist daher notwendig, diesen kurzen Moment im Detail zu kontrollieren, um sich selbst und die

Gegenpartei zu beruhigen und die Grundlage für die folgenden konstruktiven Schritte zu schaffen.

> Wie Dreikurs beobachtete: „Im Allgemeinen ist es notwendig, ruhig zu handeln und nicht zu viel zu reden. Im Moment eines Konfliktes ist Reden sinnlos; niemand ist bereit, zuzuhören, und Worte werden zu Waffen. (Dreikurs 1969)"

4.4.1.1 Akzeptanz der körperlichen Reaktionen

Betrachtet man die Situation aus einer breiteren Perspektive, stellt man fest, dass die Einheit von Körper und Geist eine direkte Schlussfolgerung aus einem der Grundgedanken der Individualpsychologie ist – dass der Mensch als holistische, ungeteilte Einheit verstanden werden muss.

Daher ist das Konzept einer Trennung von Körper und Geist künstlich, und es ist logisch, die körperlichen Reaktionen auf eine Aggression – Einfrieren, Kampf, Flucht, Schreckstarre – als integralen Teil der eigenen Persönlichkeit zu begreifen. Diesem entsprechend hat man auch dazu passende Verhaltensmuster entwickelt.

Diese Reaktionen müssen daher nicht bekämpft werden, sondern können als Teil des Selbst akzeptiert werden, und folglich muss man lernen, mit diesem besonderen Aspekt der eigenen Persönlichkeit umzugehen.

4.4.1.2 Schaffung einer Pause zur Wiedererlangung der Selbstkontrolle

Wie in Abschn. 3.1 erläutert, ist es entscheidend, die initiale physiologische Reaktion auf eine wahrgenommene Bedrohung und ihre Auswirkung auf das logische Denken zu verstehen und Techniken trainiert zu haben, um die Kontrolle über sich selbst und die Situation wiederzuerlangen. Man muss vorbereitet sein, indem man ein definiertes Vorgehen internalisiert hat, welchem man folgen kann, ohne im Moment der Aggression auf kreatives Denken oder differenzierte Entscheidungen angewiesen zu sein.

Während man eine Pause schafft, die es erlaubt, den initialen Adrenalinstoß der Abwehrkaskade abklingen zu lassen, ist es wichtig, den Fokus der Konversation beizubehalten und gleichzeitig eine selbstbewusste und professionelle Haltung nach außen zu wahren. Dies sorgt dafür, dass die Konversation nicht ohne eine konstruktive Intervention weiterläuft.

Es ist ratsam, für diesen Fall einen kurzen Satz vorbereitet zu haben, um ihn in dieser Situation zu nutzen, zum Beispiel:

- Ein lang gezogenes „Schwierig …", gefolgt von einem stummen Zählen bis drei.
- „Lass mich versuchen, dich richtig zu verstehen …"
- „Also, um das, was du gerade gesagt hast, anders auszudrücken …"

Dies wird gefolgt von einer konzentrierten Denkpause.

Wenn die körperliche Reaktion derart heftig ist, dass man sich unfähig fühlt, zu sprechen, oder wenn man befürchtet, dass durch den trockenen Mund, die zugeschnürte Kehle oder die allgemeine Anspannung jede Äußerung unangemessen oder unprofessionell klingen würde, kann man sich auch nonverbal behelfen:

- Ein lang gezogenes „Hmmmm …"
- Ein kurzes „Ah" oder „Aha."
- Ein Räuspern, um die Kehle zu lockern und gleichzeitig die Aufmerksamkeit zu halten.

Anschließend muss man die entstehende Pause abwarten, bis die eigene körperliche Reaktion abgeklungen ist.

Wenn man zum klaren Sprechen in der Lage ist, dann ist es eine sehr effektive Technik, sich die Zeit für das wortwörtliche Aufschreiben der aggressiven Äußerung zu nehmen und um eine kurze Pause hierfür zu bitten:

- „Das war ein wichtiger Satz. Gib mir eine Sekunde, um ihn aufzuschreiben, damit ich ihn genau erfassen kann."
- „Lass uns einen Moment innehalten. Was du gesagt hast, ist wichtig, und ich muss sicherstellen, dass ich es wortwörtlich aufzeichne."
- „Halt mal an dieser Stelle an. Ich muss sicher sein, dass ich das, was du gerade gesagt hast, richtig verstehe; lass es mich also schnell aufschreiben."

4.4.1.3 Wiedererlangung der körperlichen und emotionalen Kontrolle

Diese Pause kann genutzt werden, um weitere Techniken zur körperlichen Beruhigung zu nutzen, so wie:

- Tiefe und bewusste Atmung.
- Progressive Muskelentspannung.
- Die Fingerkuppen aufeinanderpressen.
- Sanftes, abwechselndes Tippen auf die Oberschenkel.
- Eine Hand auf den Bauch oder das Herz legen und die Atmung oder den Herzschlag fühlen.
- Den Zustand des eigenen Körpers genau erfassen und erfühlen, um die Abwehrkaskade zu unterbrechen.
- Die Körperhaltung von links nach rechts und wieder zurück verändern.
- Ablenkende Bewegungen wie das Greifen nach einem Getränk.
- Wechsel der Position, indem man aufsteht und ein paar Schritte macht.

Es ist hilfreich, diese Aktivitäten mit ruhigen Erklärungen zu untermalen, sodass zum Beispiel der Griff nach einer Flasche nicht als Aggression wahrgenommen wird oder das Aufstehen nicht als Flucht. Die Aktivität kann sogar mit einem Angebot verbunden werden, zum Beispiel ein Glas Wasser einzuschenken oder einen Kaffee zu holen.

Eine unterstützende Methode kann sein, sich gefühlt am Boden zu verankern, indem man beide Füße fest auf den Fußboden setzt und das eigene Gewicht auf dem Stuhl und auf dem Boden fühlt, sodass man sich seiner eigenen Festigkeit und seines Beharrungsvermögens vergewissert.

Auch mentale Techniken können eingesetzt werden, wie zum Beispiel:

- Die Situation annehmen im Sinne von Corssens (2004) Konzept „Die Situation ist mein Coach, und ich bin ihr Schüler."
- Das mentale Bild einer schützenden Kuppel schaffen, welche den Angriff ablenkt.
- Sich vorstellen, dass man die aggressiven Worte mit den Händen auffängt und vor allen Beteiligten sichtbar ablegt, so dass sie wirkungslos sind, aber in ihrer Schädlichkeit für alle offenbar werden.
- Sich durch den Gedanken an etwas Angenehmes, Positives ablenken.
- Die eigene negative Emotion benennen und anerkennen, und sich bildlich vorstellen, dass sie ohne Effekt an einem vorbeizieht.
- Sich vorstellen, diese Situation einem guten Freund zu berichten, und dabei die hervorgerufene Emotion benennen.
- Die eigene Haltung verändern von „Ich verteidige mich jetzt" zu einem „Ich kämpfe dafür, dass hier nicht mit solchen Methoden gearbeitet wird."
- Sich die gewünschte zukünftige Beziehung mit allen Beteiligten vorstellen.

Insbesondere dann, wenn man vor dem Meeting eine Bestandsaufnahme möglicher Anschuldigungen durchgeführt hat, könnte man die Aggression vielleicht bereits benannt und ihren Effekt auf sich selbst bewertet haben, was eine rasche Rückkehr zu einem emotionalen Gleichgewicht erlaubt.

Es ist zudem hilfreich, durch die Besinnung auf das eigene Selbstwertgefühl und Selbstvertrauen sowie auf persönliche Werte und Prioritäten seine innere Stabilität wiederzugewinnen. Man nimmt dabei seinen Selbstwert als unabhängig von äußerer Bestätigung wahr, insbesondere als unberührt von den Ansichten der aggressiven Person oder der anderen Beteiligten.

Falls man im Vorfeld einen Zielsatz nach Schoenaker verfasst hat, kann das mentale Aufsagen des Satzes einen schnellen Schub an Selbstvertrauen geben.

4.4.1.4 Nachsicht gegenüber der eigenen Stressreaktion

Nachdem die initiale Stressreaktion verflossen ist, wird man sich dessen bewusst, dass das eigene Denken gehemmt war, dass man nicht die angestrebte intellektuelle Leistung erbringen konnte und dass man sich vielleicht sogar unprofessionell verhalten haben könnte.

Dies kann eine sekundäre emotionale Reaktion hervorrufen, da man sich unzulänglich, unterlegen und unangemessen fühlt, angetrieben von der Enttäuschung, dass man die eigenen Erwartungen nicht erfüllt sowie von der Diskrepanz zwischen dem Selbstbild und der tatsächlichen Reaktion auf die Aggression.

Es ist dabei essenziell, sich in dieser Situation bewusst zu machen, dass es der Initiator der verbalen Aggression ist, der die initiale Stressreaktion auslöst und der damit im Endeffekt das eigene Gehirn manipuliert, indem er das logische Denken unterdrückt. Es ist also sein Verhalten, das unanständig ist, und die Stressreaktion ist dessen logische Konsequenz und stellt keine eigene Schuld oder Unzulänglichkeit dar.

4.4.1.5 Umgang mit einer eigenen aggressiven Reaktion

Der Kampf-oder-Flucht-Reflex kann auch dazu führen, dass man, ohne nachzudenken, verbal zurückschlägt, damit die Beziehung weiter belastet und wiederum bei der Gegenseite einen Kampf-oder-Flucht-Reflex auslöst.

Wenn man gelernt hat, auf eine Aggression seinerseits mit Gegenaggression zu reagieren, erfolgt dies in der Regel in sehr kurzen, verinnerlichten Aussagen, zum Beispiel:

- „Deine Kunden sind viel unzufriedener!"
- „…, das muss gerade der sagen, der … verbockt hat!"
- „…, und darum will auch niemand mit dir zusammenarbeiten!"

Die Aggression kann sogar die üblichen Konventionen am Arbeitsplatz verletzen, da sie reflexartig kommt und nicht bewusst gemäß gesellschaftlicher Erwartungen kontrolliert wird: „So etwas kann ja nur von einem Saboteur wie dir kommen", „Du Schwächling traust dich nur, weil andere im Raum sind" oder „Warte bloß ab, wir treffen uns sicher einmal in einer dunklen Gasse".

Wenn man sich wieder gefangen hat und klar denken kann, bereut man aller Voraussicht nach die eigene aggressive Entgegnung, und die typische Reaktion darauf ist eine Entschuldigung für das eigene Verhalten.

Diese Entschuldigung ist jedoch unangemessen, da die ursprüngliche Aggression von der Gegenseite ausging. Diese Person hat also damit die eigene Stressreaktion ausgelöst und somit unanständig gehandelt. Die eigene aggressive Reaktion war lediglich eine – wenn auch ungewollte und destruktive – logische Konsequenz. Eine Entschuldigung ist zudem kontraproduktiv, da sie wieder eine vertikale Beziehung herstellt und die Gegenseite in eine überlegene Position bringt, wohingegen eine Lösung des Konfliktes nur auf Augenhöhe erfolgen kann.

Es ist daher passender, neben der eigenen Beruhigung mit den oben benannten Techniken auch der Gegenseite die Möglichkeit zu geben, sich ihrerseits wieder zu fangen, indem man so ruhig und einfach wie möglich die Situation beschreibt und den Willen zur Befriedung klar ausdrückt:

- „Tja, da haben wir es uns gegenseitig ja ganz schön gegeben. Lass uns mal sehen, wie wir da zusammen wieder herauskommen…"
- „Also, das war jetzt von uns beiden ziemlich heftig. Lass uns mal kurz durchatmen, damit wir uns sammeln können und dann zu einer Lösung kommen."
- „Das war jetzt ein wirklich unschöner Austausch. Ich schreibe mir das Gesagte mal kurz auf, damit wir uns das gemeinsam ansehen und wieder aufräumen können."

4.4.2 Beobachtung und Aufrechterhaltung einer konstruktiven Ausrichtung

Während des Gesprächs ist es essenziell, sich selbst zu beobachten und die eigene konstruktive Ausrichtung aufrechtzuerhalten. Nur durch eine positive

Gesinnung ist es möglich, eine Einigung zu erzielen, welche von beiden Seiten anerkannt wird und zu einem konstruktiven Miteinander führt.

Es ist daher hilfreich, ab und zu „auf die Tribüne" (Schranner 2011) oder „auf den Balkon" (Ury 2011) zu gehen, um den Austausch von einer neutralen Warte aus zu betrachten. Dabei fragt man sich selbst regelmäßig, ob der aktuelle Verlauf tatsächlich dazu dient, das Gemeinschaftsgefühl zu stärken, und ob man in dieser Situation selbst zur Überkompensation neigt oder aufgrund des eigenen Lebensstils ineffektiv ist.

4.4.2.1 Persönliche Neubewertung der Situation

Falls man auf eine verbale Aggression emotional reagiert hat oder sogar in eine Stufe der Abwehrkaskade geraten ist, beeinträchtigt dies die eigenen kognitiven Fähigkeiten und beeinflusst das Handeln. Auch der Versuch, die eigenen Emotionen zu unterdrücken, benötigt erhebliche mentale Ressourcen, die eine professionelle Gesprächsführung und eine einvernehmliche Lösung erschweren. Eine Neubewertung der Situation bringt hingegen keine wesentlichen kognitiven Kosten mit sich (Richards 2000).

Wenn man eine umfassendere Perspektive der Situation erlangen kann, dann reagiert man weniger emotional und kann auch klarer denken. Ein effektiver Weg besteht darin, sich bewusst zu machen, dass man angegriffen wird, und daraus direkt abzuleiten, dass die andere Person Überlegenheit gewinnen möchte. Man erhält dadurch eine erweiterte Sichtweise, die dann entsprechend innere Ruhe schafft. Damit kann man von der automatisierten, emotionalen Reaktion zu einer Neubewertung der Situation und somit zu einer nüchternen, durchdachten Antwort kommen, für die man wieder alle geistigen Ressourcen nutzen kann.

Die persönliche Neubewertung kann dabei zum Beispiel die folgenden Formen annehmen:

- „Ich fühle mich zwar angegriffen, aber ich befinde mich in einer physisch sicheren Situation."
- „Was hier geschieht ist echt nicht in Ordnung, und ich werde mich wehren."
- „Die andere Person muss wirklich ein Problem haben, wenn sie glaubt, zu so einem Mittel greifen zu müssen."

Auch einige Sätze von Kuschik (2022) kann man für eine solche eigene Neubewertung heranziehen:

- „Wer mich ärgert, bestimme immer noch ich."
- „Das sagt mehr über die andere Person als über mich."
- „Schade, dass diese Person den Eindruck erhalten haben, dass sie so mit mir sprechen könnte."
- „Das Privileg, mich zu beleidigen, gebe ich dieser Person nicht."

Für eine Befriedung der Situation und ein Angebot zu einer konstruktiven Zusammenarbeit ist es allerdings ungeeignet, diese Sätze laut auszusprechen.

Nach Watzlawick (2016) steckt in jeder Aussage auch immer eine Selbstaussage. Eine Aggression kann als eine Selbstaussage verstanden werden, dass der Angreifer selbst ein Problem hat, mit dem er ringt, aber dessen er sich vermutlich gar nicht bewusst ist. Seine verdeckten Ziele und sein Unvermögen, diese auf eine konstruktive Weise zu erreichen, führen zu der Aggression.

Durch so eine persönliche Neubewertung unter Aspekten der Individualpsychologie kann man eine unmittelbare emotionale Entlastung erreichen und benötigt auch keine geistigen Ressourcen zum Unterdrücken negativer Emotionen mehr.

4.4.2.2 Erspüren und Führen der eigenen Emotion

Unsere Denkweisen und Interaktionen werden maßgeblich durch unsere Emotionen beeinflusst. Wenn man selbst nach der erfolgten Aggression zum Beispiel eine deutliche Emotion der Aggression oder des Abscheus verspürt, wird dies von dem Aggressor und anderen Anwesenden mit großer Wahrscheinlichkeit unbewusst aufgegriffen und beeinflusst dann ihr Denken und Verhalten.

Hierzu können Ansätze aus der Körperbiologik von Böhlke (2023) verwendet werden, um den eigenen emotionalen Zustand zu erspüren und so zu beeinflussen, dass man die eigene Position halten kann und gleichzeitig eine Klärung wahrscheinlich bleibt.

Die eigene wahrgenommene Emotion kann verwendet werden, um Aufschluss über die eigenen Motivationen und die Prozesse zu erlangen, die gerade in einem ablaufen. Davon ausgehend kann man entscheiden, welche neue Kombination von Emotionen für das Beruhigen der Situation und Herbeiführen einer Klärung am günstigsten sein könnte.

Hierzu kann man zum Beispiel ein moderates Maß an Durchsetzungsemotion hervorrufen und mit einer Nuance Vertrauensemotion kombinieren, um es dem Gegenüber zu erleichtern, sich einem emotional anzuschließen.

Eine Haltung gegenseitigen Respekts, kombiniert mit Offenheit und Neugier für die Position der Gegenseite, ist dabei immer die Voraussetzung für das Erzielen eines konstruktiven Miteinanders und kann entsprechend emotional unterstützt werden.

4.4.2.3 Kontrolle der Körpersprache

Die Kontrolle der eigenen Körpersprache ist wichtig, da die Spiegelneuronen des menschlichen Hirns Stresssignale wie ein rotes Gesicht oder zusammengekniffene Augen aufgreifen und beim Gegenüber entsprechende Gefühle von Aggression auslösen können.

Man sollte daher die andere Person offen anschauen, aber sie nicht anstarren oder die Augen zusammenkneifen. Weiterhin sollte man einen neutralen Gesichtsausdruck annehmen und dabei weder lächeln – was in einer Konfliktsituation missinterpretiert werden kann – noch die Stirn runzeln.

Es empfiehlt sich weiterhin, die eigene Körperhaltung entsprechend anzupassen, um eine nicht konfrontative Haltung einzunehmen. Man kann sich zum Beispiel um 45 Grad wegdrehen, um der anderen Person nur indirekt zugewandt zu sein. Dies wirkt für das Gegenüber weniger bedrohlich und senkt über interne Rückkopplung die eigene Erregung.

Auch ist es essenziell, die persönliche Distanz einzuhalten, sie soweit notwendig anzupassen und sich weder vor- noch zurückzulehnen.

Schließlich muss man beim Fortsetzen des Gesprächs auf eine gelassene und gleichmäßige Stimme sowie gemessene und flüssige Bewegungen achten, um die andere Person weder zu erschrecken noch eine weitere Aggression hervorzurufen. Gerade dieser Punkt ist nicht trivial, da die Nachwirkungen der Abwehrkaskade dazu führen können, dass die eigenen Bewegungen deutlich abrupter ausfallen, als man dies beabsichtigt. Man ist auf der sicheren Seite, wenn man sich so langsam und behutsam bewegt, wie es einem noch als passend erscheint.

4.4.2.4 Überwinden des Zögerns im Umgang mit der Aggression

Es ist möglich, dass einem Gedanken kommen, die einen zögern lassen, die Aggression anzusprechen. Vordergründig möchte man nicht noch mehr Stress erzeugen oder die Beziehung belasten. Tatsächlich basieren solche Gedanken oft auf Erfahrungen, in welchen man negative Konsequenzen erlitten hat, sodass man sich angewöhnt hat, sich wegzuducken oder gute Miene zum bösen Spiel zu machen.

Es ist eine Herausforderung, dieses antrainierte Zögern zu überwinden. Die Prämisse von Corssen (2004) „Schmerz – ja sofort" kann dabei helfen, nach dem Motto „Augen zu und durch" dennoch das Problem direkt anzusprechen. Man tut dies in dem Wissen, dass durch ein Stillhalten das Problem später noch größer wird und dass ein Ende mit Schrecken immer besser ist als ein Schrecken ohne Ende.

Dreikurs (1969) stellt fest, „dass eine ungeheure Kraft in uns allen liegt, die wir aber nicht nutzen können, solange wir uns als Opfer fühlen." Wenn man das eigene Zögern überwindet, auf diese Weise die Opferrolle verlässt und sich der Herausforderung einer offenen Klärung stellt, setzt dies die beschriebene Kraft frei, wirkt befreiend und lässt einen persönlich wachsen.

4.4.2.5 Ermutigung und Mut zur Unvollkommenheit

Es ist ebenfalls sinnvoll, sich auf Ermutigung der Gegenseite zu konzentrieren und ermutigende Worte zu nutzen, anstatt auf Fehler oder Defizite hinzuweisen, und das gewünschte Verhalten zu skizzieren, anstatt nicht hilfreiche Handlungen aus der Vergangenheit zu kritisieren.

Ebenso muss man, wenn die andere Person auf weniger perfekte Aspekte des eigenen Verhaltens oder der eigenen Arbeit abzielt, diesen Schritt nachsichtig behandeln – egal, ob die Kritik gerechtfertigt ist oder nicht – und Mut zur Unvollkommenheit zeigen, bevor man die Kritik in ein gewünschtes Ergebnis und die notwendigen Bedingungen und Handlungen übersetzt.

Sollte hartnäckige Kritik einem konstruktiven Vorankommen im Wege stehen, ist es sinnvoll, dieses Problem zu umschiffen, indem man die eigene Absicht betont, die einer Klärung zugrunde liegen könnte. Hierzu erläutert man, worin das gemeinsame Interesse und das übergreifende Ziel liegen und dass ein konstruktives Miteinander im Mittelpunkt einer positiven zukünftigen Beziehung stehen muss.

Durch emotionales Einfühlungsvermögen und durch das Einnehmen der Perspektive der anderen Person kann man die Richtung des Austausches verändern, falls die Diskussion ins Negative drehen sollte. Auch ist es hilfreich, sich selbst an die eigene positive Haltung der anderen Person gegenüber zu erinnern und sich vor Augen zu führen, dass jeder mit seinen eigenen Herausforderungen kämpft, mit seinen persönlichen Minderwertigkeitsgefühlen, tendenziöser Wahrnehmung und privater Logik.

4.4.2.6 Schildern einer möglichen Klärung und positiven Zukunft

Oft kann das Erzählen einer Anekdote eine konstruktive Orientierung liefern sowie einen kreativen Impuls und Anreiz bieten, auch in dieser Begegnung zu einem konstruktiven Ergebnis zu kommen. Hierzu kann man zum Beispiel eine Begebenheit schildern, wie man es einmal geschafft hat, in einer anderen schwierigen und strittigen Situation eine gütliche Einigung zu erzielen.

Ebenso kann man die positive Zukunft, die man sich für das gemeinsame Miteinander wünscht, in kurzen Sätzen plastisch schildern. Dies kann der Gegenseite ermöglichen, sich in eine konstruktive Alternative zur aktuellen Konfrontation einzufühlen und auch emotional positiver gestimmt zu sein.

4.4.3 Entscheidung über das weitere Vorgehen

Nachdem die initiale Stressreaktion abgeklungen ist und man wieder klar denken kann, tendiert man dazu, die „verlorene Zeit" aufholen zu wollen und wieder direkt in die Konversation einzusteigen.

Dabei ist zu berücksichtigen, dass man sich jederzeit die Kontrolle über die Konversation zurückholen kann, aber der einmal eingeschlagene Weg sich später schwieriger korrigieren lässt.

Es lohnt sich daher, sich zunächst die Zeit für eine kurze Analyse der Situation zu nehmen und zu entscheiden, wie man das weitere Vorgehen gestalten möchte. Insbesondere ist die Entscheidung zu treffen, ob man direkt in eine Klärung einsteigt, diese vertagt oder eskaliert.

Auch während einer laufenden Klärung sollte man zwischendurch immer wieder eine übergeordnete Perspektive einnehmen und entscheiden, wie man weiter verfahren möchte und auf welchem Weg eine Lösung am wahrscheinlichsten ist bzw. ob ein Abbruch der Interaktion gerechtfertigt ist.

An erster Stelle muss dabei stets der Schutz der eigenen Person und der anderen Beteiligten stehen, insbesondere, wenn ein hoher Grad an Emotionalität eine nachhaltige Schädigung der Beziehungen oder sogar physische Gewalt möglich erscheinen lässt. An unmittelbar zweiter Stelle stehen die Wiederherstellung der Beziehung und die Schaffung eines zukünftigen konstruktiven Miteinanders.

4.4.3.1 Grundlegende Handlungsoptionen

Es stehen verschiedene Handlungsoptionen zur Verfügung, die unten detaillierter erläutert werden:

- Unmittelbare Durchführung der Klärung.
- Vertagen der Klärung und Beenden der Interaktion.
- Vertagen der Klärung und Fortsetzen der Interaktion.
- Beenden der Interaktion und anschließende Eskalation.

Dreikurs (1964) erläutert dazu: „Die einzigen zwei Handlungsweisen, die keine Feindlichkeit ausdrücken - und deshalb die Feindlichkeit auch nicht vermehren - sind der Gebrauch natürlicher Folgen [Klärung] oder, wenn dies nicht möglich ist, das Entfernen von der Situation."

Eventuell hat man bereits im Rahmen der eigenen Vorbereitung entschieden, wie man im Falle eines verbalen Angriffs handeln möchte.

Andernfalls muss man situativ entscheiden, welches Vorgehen die meiste Aussicht auf Erfolg hat und wie dabei die Ziele des Selbstschutzes und des zukünftigen konstruktiven Miteinanders erreicht werden können.

Hierfür kann man die folgenden Kriterien heranziehen.

4.4.3.2 Wesentliche Kriterien für die Entscheidung

Zunächst prüft man, ob man selbst handlungsfähig und willens ist, um die Situation zu klären:

- Fühlt man sich mental und emotional in der Lage, eine Klärung herbeizuführen?
- Kann man derzeit von der aktuellen Handlung abweichen, oder ist man gebunden? Dies kann zum Beispiel der Fall sein, wenn man eine Maschine oder ein Fahrzeug führt, in größerem Rahmen präsentiert, mit einem Kunden spricht o. Ä.
- Will man selbst eine Klärung herbeiführen, oder möchte man lieber eine Eskalation in der Hierarchie oder zu einem Mediator anstreben?

Anschließend bewertet man, ob die Rahmenbedingungen dafür geeignet sind, eine Klärung herbeizuführen:

- Besteht ausreichend gegenseitiges Vertrauen, um zu einem konstruktiven Miteinander zu kommen?

- Kann die Klärung unter vier Augen erfolgen, oder ist es realistisch und sinnvoll, die Klärung unter Einbeziehung weiterer anwesender Personen durchzuführen?
- Sind andere Personen anwesend, vor denen die Person sich profilieren möchte?
- Ist die Umgebung laut, unruhig, kalt, zugig o. Ä.?

Weiterhin untersucht man, ob der Angreifer momentan in der Lage ist, eine offene Diskussion über sein Verhalten und geeignete Maßnahmen zu führen:

- Ist die Person müde, hungrig oder kränklich?
- Müssen zunächst auch ihrerseits Emotionen abgebaut werden? Zeigt sie gar Symptome einer Stufe der Abwehrkaskade?
- Ist die Person vielleicht aus anderen Gründen persönlich belastet? Ist der Gesamtkontext etwas, das die Person stresst?
- Gibt es ein persönliches Risiko für das Gegenüber, zum Beispiel Gesichtsverlust oder disziplinarische Konsequenzen?

Zuletzt stellt man sich die Frage, ob seitens des Aggressors die Bereitschaft besteht, die Situation zu klären und auf ein konstruktives Miteinander hinzuarbeiten:

- Zeigt die Person Ansätze zur Kooperation und den Willen, zu einer Einigung zu kommen?
- Sieht sich die Gegenseite im Recht oder sogar von einem Gefühl moralischer Überlegenheit erfüllt?
- Hilft der Person dieser Konflikt gerade, zum Beispiel, um von anderen Problemen abzulenken?
- Bekommt die Person etwas anderes von diesem Konflikt, zum Beispiel einen Kick gegen Langeweile, Selbstbestätigung o. Ä.?

Es liegt auf der Hand, dass man in so einer Situation keine lange Checkliste durchgehen und jeden einzelnen Punkt im Detail prüfen kann. Die oben stehenden Fragen geben jedoch allgemeine Anhaltspunkte, und oft ist es bereits ein einziger Faktor, wie zum Beispiel eine ungeeignete Umgebung oder weitere anwesende Personen, die es empfehlenswert erscheinen lassen, die Klärung zu einem späteren Zeitpunkt anzustreben.

4.4.3.3 Unmittelbare Durchführung der Klärung

Die unmittelbare Durchführung der Klärung ist der präferierte Ansatz, die verbale Aggression zu bewältigen. Durch die Klärung ohne Verzögerung kann sich negative Emotion nicht verfestigen, und auch Klatsch im Unternehmen kann so wirksam unterbunden werden.

Gleichzeitig müssen hierfür die meisten Bedingungen stimmen, neben der eigenen Verfassung und einer geeigneten Umgebung – insbesondere weiterer Anwesender – auch die Situation und Motivation des Aggressors.

Auch wenn man direkt in die Klärung eingestiegen ist, kann sich im Verlauf herausstellen, dass andere Beteiligte eine Lösung erschweren oder sich der Aggressor zurückzieht, sodass man doch dazu gezwungen ist, die Klärung zu vertagen.

4.4.3.4 Vertagen der Klärung und Beenden der Interaktion

Wenn die Situation für eine direkte Klärung ungeeignet erscheint, ist es vorzuziehen, die Aggression anzusprechen und zu begrenzen, die Klärung zu vertagen und anschließend die Interaktion zu beenden.

Dabei spricht man sehr offen aus, dass man an einer guten zukünftigen Beziehung und einem konstruktiven Miteinander interessiert ist und dass hierfür zunächst eine Klärung erforderlich ist, für die man ein Gespräch unter vier Augen ansetzt.

Durch das Beenden der Interaktion bleiben die negativen Emotionen nicht hängen und belasten nicht den weiteren Austausch.

4.4.3.5 Vertagen der Klärung und Fortsetzen der Interaktion

Es gibt Situationen, in welchen man weder die Interaktion beenden noch sich selbst aus ihr herausziehen kann.

Dies kann zum Beispiel bei einem umfangreichen Meeting sein, in dem man anwesend sein muss, oder bei einem Workshop, den man leiten muss und der nicht vertagt werden kann.

Ebenso kann man sich in gewissen Situationen nicht aus der Interaktion lösen, zum Beispiel wenn man durch das Bedienen einer Maschine örtlich gebunden ist, ein Kunde vor einem steht o. Ä.

Nach dem Ansprechen und Begrenzen der Aggression und der Ankündigung einer späteren Klärung muss man die verbleibende Interaktion durchstehen. Dabei muss man darauf achten, dass die entstandene Negativität nicht das Geschehen und die Ergebnisse zu stark beeinträchtigt sowie die gestörte Beziehung nicht noch weiter belastet.

4.4.3.6 Beenden der Interaktion und Eskalation

Falls keine konstruktive Haltung sichtbar wird, und falls weiterhin ausweichende oder aggressive Manöver eingesetzt werden, ist es notwendig, die Diskussion zu beenden und die Interaktion zu vertagen. Es ist nicht angebracht, zum nächsten Thema überzugehen, wenn das Verhältnis so ernsthaft beschädigt wurde.

Hierzu fasst man die Fakten zusammen, beginnend bei der ursprünglichen aggressiven Äußerung und den Versuchen, Klarheit über die Situation zu schaffen, sowie einer Zusammenfassung der ausweichenden oder aggressiven Manöver, die zum Abbruch geführt haben.

Zum Abschluss kündigt man kurz die nächsten Schritte an, die man unternehmen wird. Dies ist voraussichtlich der Anruf einer Schiedspartei oder einer höheren Autorität, kann aber auch eine Diskussion im privaten Rahmen sein, falls man glaubt, dass es unter anderen Rahmenbedingungen eine Aussicht auf Erfolg gibt.

Es ist nicht angemessen, der anderen Person zum Abschluss für den Austausch zu danken oder ihre Direktheit zu loben, weder als Höflichkeitsfloskel noch als positive Geste. Das Verhalten der anderen Person hatte weder eine konstruktive Intention noch eine positive Wirkung, und sollte daher nicht positiv gewürdigt werden.

4.4.4 Wiedererlangung der Kontrolle über die Konversation

Man braucht nach einem Erstarren oder nach dem Auslösen der Kampf- oder-Flucht-Reaktion in der Regel etwa 6 – 8 Sekunden, um die körperliche und emotionale Kontrolle wiederzufinden. Diese Zeit kann mit einem vorbereiteten Satz und körperlichen Bewegungen gefüllt werden, während man versucht, den Fokus des Gesprächs während dieser Pause zu halten.

Manchmal kann die Episode jedoch auch deutlich länger dauern, als man mit einer trainierten Bemerkung überbrücken kann, und die Stärke des Reizes kann einen auch vollständig verstummen lassen.

Daher ist es essenziell, auch zu einem späteren Zeitpunkt die Kontrolle über die Interaktion wiedererlangen zu können, um diese in Richtung eines konstruktiven Ergebnisses und eines guten Miteinanders lenken zu können.

4.4.4.1 Lenkung des Fokus auf die verbale Aggression

Falls der Aggressor trotz der bewusst geschaffenen Pause unvermindert fortgefahren hat oder falls ein anderer Teilnehmer einen Einwurf gemacht hat, muss man das Gespräch aktiv unterbrechen, um die Kontrolle zurückzugewinnen und dann mit den darauffolgenden Schritten fortfahren zu können.

Dadurch verhindert man, dass die Aggression im Raume stehen bleibt, während die Diskussion weiterläuft. Dies würde das Signal senden, dass Aggression ohne Konsequenzen bleiben kann, und dies ließe ein späteres Ansprechen des Themas unnatürlich erscheinen.

Auch wenn eine andere Person gerade spricht, kann man die Berechtigung zur Unterbrechung aufgrund der Wichtigkeit geltend machen:

- „Ich muss hier eben unterbrechen wegen der Bedeutung von dem, was … gerade gesagt hat."
- „Ich werde an dieser Stelle einmal unterbrechen, um sicherzustellen, dass wir das hier alle richtig verstehen."
- „Deine Aussage berührt einen kritischen Punkt, und wir müssen uns das jetzt einmal ansehen, um die Auswirkungen zu prüfen".

Es ist entscheidend, keine Entschuldigung für die Unterbrechung zu liefern oder um Erlaubnis zu bitten:

- Nicht entschuldigen: „Entschuldige die Unterbrechung, aber …"
- Nicht um Erlaubnis fragen: „… wenn ich hier unterbrechen dürfte …"
- Nicht nach dem Willen des anderen fragen: „Würde es dir etwas ausmachen, wenn wir an dieser Stelle anhalten?"

Die aggressive Äußerung der anderen Person hat einen negativen Effekt auf das Miteinander, und die Unterbrechung und der Fokus auf die Aggression sind die logische Konsequenz davon, so dass eine Entschuldigung oder eine Bitte um Erlaubnis unangebracht ist.

Es ist durchaus passend, die Relevanz der aggressiven Äußerung zu betonen („wichtig", „entscheidend", „bedeutend", „hochgradig relevant", „betrifft viele von uns", „weitreichende Auswirkungen" und so weiter), was die Forderung unterstützt, bei diesem Thema zu bleiben. Man muss jedoch achtgeben, sie nicht zu überhöhen oder ihr eine positive Assoziation zu geben („wertvoll" oder „aufschlussreich").

4.4.4.2 Zurückkommen, nachdem die erste Gelegenheit verstrichen ist

Auch mit Vorbereitung und Training sowie mit der Anwendung der oben empfohlenen Techniken kann es Situationen geben, in denen die eigene Reaktion erheblich verzögert ist und die natürliche Gelegenheit für einen Einwurf verstrichen ist. Zum Beispiel kann die Aggression durch einen Strom scheinbar sachlicher Aussagen verdeckt werden, deren Bedeutung als entwertende Aggression einem erst nach einiger Zeit bewusst wird, oder die Stärke des Adrenalinstoßes benötigt mehr Zeit zum Abklingen, sodass man erstarrt und längere Zeit sprachlos zurückbleibt, während die Konversation im Meeting weiterläuft.

Es ist ein zulässiges Vorgehen, das Gespräch trotzdem zu unterbrechen mit Äußerungen wie:

- „Deine Anmerkungen gehen mir immer noch durch den Kopf, und ich muss aufgrund ihrer Implikationen darauf zurückkommen."
- „Ich verarbeite immer noch die Bedeutung deiner Aussagen von vorhin, und wegen des Gewichts des eben Gesagten muss ich das Thema noch einmal aufgreifen".

Auch hier ist es wichtig, sich nicht für die Unterbrechung zu entschuldigen und sie nicht als höflichen Wunsch zu formulieren („Wenn ich dürfte", „Ich würde gerne"), sondern den Einwurf und die Rückkehr zum Thema als logische Notwendigkeit darzustellen, um die Bedeutung zu bekräftigen und eine Ablehnung zu verhindern.

4.4.4.3 Umgang mit Einwänden

Man sollte mit Widerstand rechnen, sowohl gegen die Unterbrechung als auch gegen die Forderung, die verbale Aggression zu begrenzen. Diese Reaktion kann sowohl von dem Aggressor kommen, der sich ertappt fühlt und nicht zur Rechenschaft gezogen werden möchte, als auch von anderen Teilnehmern, die lieber Sachthemen bearbeiten möchten, dem Konflikt ausweichen wollen oder den Aggressor sogar heimlich unterstützen.

Der Aggressor oder andere Anwesende können protestieren, man sei nun in der Konversation bereits weiter und könne nicht noch einmal zu einem abgeschlossenen Punkt zurück. Auch könnte behauptet werden, für dieses Thema sei in der Besprechung kein Platz. Man kann dann beharrlich darauf bestehen, dass zunächst der Konflikt aus der Welt geräumt werden muss. Auch kann man darauf hinweisen, dass Sachthemen durch den ungelösten Konflikt ohnehin nicht effektiv bearbeitet werden können oder durch Antipathie sogar auf eine schlechte Art und Weise gelöst werden.

Einen Versuch, das Thema vom Tisch zu wischen mit der Behauptung, die Bemerkung sei nicht so ernst zu nehmen, kann man ebenfalls mit Bestimmtheit abwehren: Man erwidert, dass es ausreicht, wenn eine Seite den Angriff als gravierend erachtet.

Oft ist die verbale Aggression kein Einzelfall, und in der laufenden Interaktion oder in der Vergangenheit kam es schon öfter zu verbalen Angriffen. Dies kann ein Aggressor nutzen, das Gesagte als „normal" hinzustellen und anzubringen, dass man sich bisher ja auch nicht darüber beklagt hätte. Als Antwort kann man mit Nachdruck seinen Willen ausdrücken: „Ich möchte das nicht mehr." Auf ein folgendes „Wieso jetzt auf einmal?" kann man antworten: „Es reicht mir jetzt, und wir müssen jetzt zu einem anderen Umgang finden."

Fortgesetzten Widerstand gegen eine Klärung sollte man in seinen kontinuierlichen Entscheidungsprozess einbeziehen – wenn seitens der Gegenseite keinerlei Bereitschaft für einen Dialog besteht, sind Vertagung auf einen späteren Zeitpunkt oder Eskalation vermutlich die einzigen Erfolg versprechenden Vorgehensweisen.

4.4.5 Begrenzen von störendem oder ausweichendem Verhalten

Es besteht durchaus die Möglichkeit, dass der Urheber der verbalen Aggression sich nicht auf den Versuch einlässt, die Situation objektiv zu bewerten und eine konstruktive Lösung zu finden, und dass er weiterhin störendes oder ausweichendes Verhalten zeigt, das den Weg zu einer Lösung versperrt.

Diese Manöver explizit anzusprechen und sie effektiv zu begrenzen ist essenziell, um den Austausch professionell zu halten und ein konstruktives Miteinander zu erhalten. Sollte dies nicht möglich sein, ist das beste Vorgehen, das Verhalten schriftlich zu dokumentieren und die Interaktion zu vertagen.

4.4.5.1 Verantwortlichkeit für Verhalten als Zeichen der Wertschätzung

Grundlage ist dabei die gegenseitige bedingungslose Wertschätzung, auch wenn man emotional dazu neigen sollte, die Abwertung durch die andere Person mittels wechselseitiger Abwertung zu erwidern.

Diese Wertschätzung beinhaltet auch, das Gegenüber ernst zu nehmen und darauf zu vertrauen, dass es kompetent ist und die volle Verantwortung für das eigene Verhalten übernehmen kann:

- Wenn der Aggressor insgesamt gut im Leben steht und normale Beziehungen pflegen kann, sollte man nicht davon ausgehen, dass eine mangelnde Fähigkeit zur Empathie oder eine niedrige emotionale Intelligenz für die Aggression verantwortlich sei.
- Wenn sich die Person im Normalfall konkret und unmissverständlich ausdrücken kann, sollte man nicht annehmen, dass ein Angriff nicht so gemeint war oder nur aufgrund einer ungeschickten Formulierung aggressiv wirkte.

Gleiches gilt auch für einen selbst: Wenn man sich nicht in vielfältigen Situationen persönlich angegriffen fühlt und dafür Unverständnis der Umgebung erntet, sollte man nicht sofort vermuten, dass man eine aggressive Bemerkung nur durch die eigene Empfindlichkeit oder eine unglückliche Kombination mit der eigenen tendenziösen Wahrnehmung negativ auffasst.

Indem man beide Seiten des Konfliktes in dieser Form ernst nimmt und als selbstbestimmte und erwachsene Menschen behandelt, vermeidet man Tendenzen und Manöver, durch Entschuldigungen und Ausreden einem Konflikt auszuweichen.

Diese Entschuldigungen können von allen Beteiligten kommen – vom Aggressor, von weiteren Anwesenden und sogar von einem selbst – und können mit einer kurzen Antwort abgewiesen werden:

- „Ich nehme dich stets als einen kompetenten Menschen wahr, der normale Beziehungen pflegt und emotionale Intelligenz zeigt. Lass uns nicht so tun, als würdest du hier ein Defizit haben, welches deine Aussage entschuldigen würde."
- „Wir alle kennen Dich schon lange und wissen, dass du dich gewählt und präzise ausdrücken kannst. Und deshalb nehmen wir dich mit dem gerade Gesagten auch ernst, anstatt es als Versprecher durchgehen zu lassen."

- „Ich habe nicht den Ruf eines Sensibelchens, das auf die kleinste kritische Bemerkung mit theatralischer Verletzung reagiert. Deine Bemerkung von eben hat mich wirklich getroffen, und uns allen ist klar, dass dies nicht an mir liegt."

Durch das Ablehnen von Entschuldigungen auf Basis von Inkompetenz und durch die deutliche Erklärung, einander ernst zu nehmen, unterbindet man eine Vielzahl von Ausweichmanövern effektiv.

4.4.5.2 Ausweichmanöver eindämmen

Viele Arten von Manövern sind ausweichend und versuchen, eine aggressive Intention zu leugnen, trotz der offensichtliche Finalität, die durch die Formulierung der ursprünglichen verbalen Aggression deutlich wird:

- „Ich habe es nicht ganz so gemeint, wie du es auffasst."
- „Ich bin missverstanden worden."
- „Du interpretierst zu viel in meine Worte."
- „Meine Äußerung wird von dir falsch gedeutet."

Auf diese Weise schieben die Akteure die Schuld an der Aggression dem Opfer zu, was wiederum eine weitere Form verbaler Aggression ist, die ihrerseits angesprochen werden muss.

Die Schuld auf unbewusste Prozesse zu schieben, ist eine weitere verbreitete Methode, sich aus der Verantwortung zu stehlen:

- „Ich weiß nicht, was über mich gekommen ist."
- „Das muss wohl ein Freud'scher Versprecher gewesen sein."
- „Das war doch nur eine unbewusste und unreflektierte Bemerkung."

Man kann diese Ausweichmanöver eingrenzen durch das Rückverweisen auf die Kernkonzepte der Individualpsychologie und die ruhige Erläuterung, dass die Einheit des Individuums uns dazu zwingt, die Verantwortung für die volle Bandbreite unserer Handlungen zu übernehmen.

Ein weiteres Manöver ist der Rückzug mit einer Einschränkung, welche die Aggression immer noch stehen lässt, wenn auch unter anderen Bedingungen: „Ich wollte dich nicht vor so einer großen Gruppe bloßstellen" – was die Frage aufwirft, ob die Intention war, jemanden vor einer kleineren Gruppe bloßzustellen. Diese Einschränkung kann direkt hinterfragt werden und so eine klare Stellungnahme erzwingen.

Ein häufig genutztes Ausweichmanöver besteht darin, sich immer wieder auf Sachthemen zurückzuziehen. Dabei ist eine Einleitung mit „Ja, aber ..." typisch, und anstatt auf die Frage oder Aussage bezüglich des Verhaltens oder der Beziehung einzugehen, wird ein sachliches Problem vorgebracht. Man muss dies mit Bestimmtheit unterbinden und darauf bestehen, dass nicht auf die Sachebene ausgewichen wird, sondern dass die Abwertung und der zwischenmenschliche Konflikt geklärt werden. Dies folgt einem Leitbild der x+1Akademie®: „Erst die Menschen, dann die Themen", und berücksichtigt die Logik, dass eine Lösung von Sachfragen unwahrscheinlich ist, solang persönliche Konflikte den Austausch überlagern und das Miteinander belasten.

Das Abstreiten, dass die aggressive Äußerung darauf abzielte, Überlegenheit zu erringen und die Gegenpartei zu entwerten, ist im geschäftlichen Umfeld ebenfalls ein typisches Manöver:

- „Ich habe nur versucht, auf eine wichtige Tatsache hinzuweisen."
- „Ich weiß, dass es schwierig ist, aber irgendjemand muss ja die Fakten aussprechen."
- „Natürlich war das konstruktiv gemeint."
- „Es ist nicht mein Problem, wenn du dich dadurch angegriffen fühlst."

Wenn die aggressive Äußerung mit Lösungsvorschlägen, Hilfsangeboten oder Angeboten zur Zusammenarbeit verbunden war, besteht tatsächlich die Möglichkeit, dass sie sachlich oder konstruktiv gemeint war. Anderenfalls kann man auf das Fehlen dieses konstruktiven und auf Zusammenarbeit ausgerichteten Elements hinweisen und dadurch eindeutig feststellen, dass allem Anschein nach das Ziel der Abwertung hinter der Äußerung stand.

Auch wenn die Möglichkeit besteht, dass die Absicht tatsächlich konstruktiv war und nur besonders unpassend formuliert wurde, kann man die Wahrscheinlichkeit eines solchen Szenarios normalerweise aufgrund des Kontextes und der gesamten Beziehung beurteilen.

Im Zweifelsfall kann man die aggressive Bemerkung wortwörtlich wiederholen und die Reaktion abwarten oder die weiter unten beschriebenen Taktiken anwenden, um Raum für eine Erklärung zu geben. Man kann auch wiederholt nach Vorschlägen fragen, um damit die andere Person aus ihrer ausweichenden Position zu locken.

Besonders problematisch ist es, wenn der Angreifer die Situation auf den Kopf stellt und sich selbst als Opfer darstellt: „Ich rackere mich hier die ganze Zeit ab und opfere mich für die Sache auf, und wenn ich mal klar ausdrücke, was hier schiefläuft, werde ich noch dafür angegriffen." Mit der

Opferrolle geht oft ein Gefühl moralischer Überlegenheit einher, welches einer ehrlichen Reflexion und einer Anerkennung der problematischen Aggression im Wege steht.

Wenn diese Opferrolle ernst gemeint ist und nicht nur zur Schau gestellt wird, dann ist ihr aufgrund des Gefühls moralischer Überlegenheit schwer beizukommen. Eine Klärung in diesem Gespräch erscheint dann unwahrscheinlich. Anderenfalls kann man den Einwand mit Bestimmtheit als theatralische Ausflucht zurückweisen.

4.4.5.3 Raum schaffen, um die wahre Absicht zu enthüllen

Die Macht des Schweigens kann eine effektive Taktik sein, um Aussagen hervorzulocken, welche die wahre Absicht enthüllen.

Indem man einem offensichtlichen Ausweichmanöver mit Schweigen und einem dauerhaften Blickkontakt mit der anderen Person begegnet, kann man sie dazu bringen, mit zunehmend heftigen oder verzweifelten Erklärungen nachzulegen und möglicherweise mit einer Erklärung ihrer wirklichen Finalität zu schließen. Dies wird üblicherweise durch einen überraschten Gesichtsausdruck begleitet, aber auch mit einem Anflug von Erleichterung, dass die wahre Absicht endlich offenkundig geworden ist.

In dieser Situation ist es essenziell, nicht zu triumphieren, sondern die Aussage ernst zu nehmen im Sinne des in Abschn. 4.5.2 beschriebenen aktiven Zuhörens und diese neue Wahrheit als Basis für einen konstruktiven Fortgang zu verwenden.

4.4.5.4 Wiederholtes Fragen nach Vorschlägen

Die Frage „Was schlägst du vor?" kann ebenfalls Einblicke in die Finalität und die wahre Absicht der anderen Person liefern. Üblicherweise wird ihr zunächst mit pauschalen Aussagen begegnet wie:

- „Ich möchte nur, dass wir Erfolg haben."
- „Ich will bloß, dass du deinen Job machst."
- „Das ist dein Verantwortungsbereich, du solltest das schon selbst wissen."

Indem man jedoch die Frage mehrfach wiederholt, um tiefer zu graben, neigt die andere Person dazu, schließlich einen Vorschlag zu machen, der ihre wahre Intention widerspiegelt sowie ihre Finalität enthüllt. Wie bei der vorhergehenden Taktik bietet dies eine Chance, den Austausch konstruktiv fortzusetzen.

4.4.5.5 Nutzung eindeutiger Fragen

Wenn man durch offene Fragen nach der Intention oder durch Schweigen keine klaren Antworten erhält, hat man die Möglichkeit, mit Hilfe eindeutiger Fragen zu konkreten Antworten zu gelangen.

Da diese Form von Fragen auch einen provozierenden Charakter haben, sollten sie nur genutzt werden, wenn man fest davon ausgeht, mit den offenen Fragen zu keiner ehrlichen und eindeutigen Aussage gelangen zu können:

- „Sollte ‚…' ein Angriff sein?"
- „Wenn ‚…' kein Angriff war, was sollte es denn sonst sein?"
- „Wie würdest du denn ‚…' selbst auffassen?"
- „Wie würde [Name einer Autoritätsperson] deine Aussage ‚…' interpretieren?
- „Was wolltest du damit für unsere Beziehung bewirken?"
- „Wie sieht unsere Beziehung jetzt aus?"
- „Welche Reaktion hattest du von mir erhofft?"
- „Was sollten die anderen Anwesenden denken?"
- „Was würdest du an meiner Stelle jetzt tun?"
- „Was sollten wir beide jetzt tun?"

Diese Art strenger Fragen setzen die andere Person unter Druck und können zu erneuter Aggression führen. Daher sollte sie nur mit viel Bedacht angewandt werden und so neutral wie möglich vorgebracht werden. Keinesfalls dürfen sie als rhetorische Fragen gemeint oder aufgefasst werden, da dies dem Gegenüber das Gefühl gibt, in eine Ecke gedrängt zu werden, und einen offenen Austausch verhindert.

Gleichzeitig unterbinden sie „schlampige" Ausreden und können dadurch zu einem Durchbruch mit einem ehrlichen Eingeständnis der Aggression führen, was den Weg zu einer konstruktiven Einigung eröffnet.

4.4.5.6 Aggressive Manöver eindämmen

Andere Manöver können eine neue oder verstärkte Aggression darstellen, die begrenzt werden muss, um eine Chance für eine Lösung aufrechtzuerhalten.

Insbesondere werden weitreichende Anschuldigungen und Schlussfolgerungen aus einzelnen Anlässen genutzt, bei denen es scheinbar um dritte

Parteien geht, aber die mit dem Ziel der Aggression selbst assoziiert sind. Dies erfolgt unter der Annahme, dass sie hinreichend vage sind, um ein begrenztes Risiko darzustellen:

- „Aber dein Team ist immer so unzuverlässig."
- „Sie halten doch nie einen Termin ein."
- „Wir müssen ja immer alle Ergebnisse von ihnen checken."

Abgesehen von offensichtlichen Unwahrheiten und Lügen kann ein Aggressor auf unvollständige Darstellungen, als Fakten ausgedrückte Meinungen oder unbeweisbare Verallgemeinerungen zurückgreifen:

- „Du hast schon wieder nicht geliefert" (aber Faktoren außerhalb der eigenen Kontrolle werden weggelassen).
- „Wir alle fühlen, dass dein Team uns im Stich gelassen hat."
- „Deine Leute zeigen nicht genug Ehrgeiz und Kundenorientierung."

Solche Aussagen sind einem rationalen Diskurs nicht zugänglich, und die destruktive Finalität ist offensichtlich. Als Reaktion sollte man daher den Inhalt der Aussagen ignorieren und sich auf die sie äußernde Person fokussieren. Dabei benennt man die offensichtliche negative Intention mit aller Klarheit.

Es ist unwahrscheinlich, dass der Austausch in eine konstruktive Richtung gedreht werden kann, nachdem die andere Person ihre Aggression in dieser Form bekräftigt hat. Daher könnte es nach dem Benennen des schädlichen Verhaltens und seiner destruktiven Wirkung auf das Miteinander und den Unternehmenserfolg am besten sein, das Meeting zu beenden.

4.4.5.7 Unterbrechen eines Stroms von Negativität

Eine Taktik, um eine Aggression in scheinbar objektive Aussagen zu hüllen, ist ein Strom von Negativität, in welchem eine Person eine lange Liste von negativen Beobachtungen aufzählt, möglicherweise versetzt mit Berichten über die eigenen Erfolge bei der Behebung dieser Probleme. Dieses Manöver ist sehr schwierig auszumachen und zu kontern, da der ununterbrochene Verlauf des Berichts und das Fehlen von Möglichkeiten für einen Einwurf oft mit eher neutralen Aussagen zum Ende hin kombiniert werden.

Ein guter Indikator ist ein steigender Stresslevel – Unruhe oder Beklemmung – in einem selbst, und sobald man der Abfolge negativer Aussagen gewahr wird, besteht die Gegenmaßnahme darin, trotzdem zu unterbrechen: „Verstehe ich es richtig, dass du gerade fünf Beschuldigungen von Fehlleistungen aufgelistet hast, ohne die Gelegenheit oder die Absicht, sie anzugehen und sich auf Lösungen zu verständigen?"

Man kann diesen Satz fest und ruhig (und wenn nötig wiederholt) aussprechen, bis die andere Person ihren Monolog schließlich beendet.

Dies bietet die Gelegenheit, zu erklären, dass dieses Verhalten selbst eine verbale Aggression darstellt, und die Konversation entweder neu aufzusetzen oder zu beenden, falls keine Ausrichtung auf ein konstruktives Gespräch erkennbar ist.

4.4.5.8 Nutzung von Dokumentation als Warnung

Falls die andere Person weiterhin mit Ausweichmanövern agiert, kann man schriftliche Dokumentation als Warnung nutzen, um daran zu erinnern, dass mögliche Konsequenzen über das aktuelle Gespräch hinausgehen.

Insbesondere veranlasst es die andere Person dazu, das von ihr gerade Gesagte zu überdenken, wenn man sie auffordert, ihre Aussage wortwörtlich zu wiederholen, sodass sie exakt und schriftlich festgehalten werden kann. Nachfolgende Ausflüchte bremst man aus, indem man darauf besteht, den genauen Wortlaut der ursprünglichen Aussage zu notieren und keinen Raum für Unklarheiten zu lassen. Einem Ausweichen mit „Es war nicht so gemeint" begegnet man mit der strengen Frage, wie genau sie gemeint war – und verweist damit auf die Finalität hinter der Aussage.

4.4.6 Andere Teilnehmer in die Konfliktlösung einbeziehen

Verbale Aggression tritt häufig in Interaktionen mit mehr als zwei Teilnehmern auf, sodass beim Beantworten und Bewältigen der verbalen Aggression das Verhalten und die Wahrnehmung der anderen Anwesenden berücksichtigt werden müssen.

4.4.6.1 Berücksichtigung des emotionalen Zustandes

Insbesondere bei heftigen verbalen Angriffen können sowohl die angegriffene Person als auch weitere Anwesende eine starke emotionale Reaktion zeigen und sogar in eine Stufe der Abwehrkaskade geraten.

Wenn eine Bedrohung direkt auf eine Person gerichtet ist, kann diese eher in eine Kampf- oder Fluchtreaktion geraten, während Menschen eher zum Einfrieren und Beobachten neigen, wenn sie eine Aggression nur von der Seite verfolgen. (Fernandez 2013, Porath 2009).

Dabei ist die räumliche Orientierung des Angreifers von entscheidender Bedeutung. In fast allen Fällen wird er die angegriffene Person direkt anschauen und ist in einem gewöhnlichen Zusammentreffen dann für andere Anwesende nur von der Seite zu sehen. In Videokonferenzen schaut der Angreifer jedoch in Richtung Bildschirm und Kamera, sodass er damit alle Beteiligten mehr oder weniger direkt anschaut und daher von allen Beteiligten als direkte Bedrohung wahrgenommen wird.

Bei der Kampf-oder-Fluchtreaktion sind die Reaktionszeiten verkürzt, beim Einfrieren und Beobachten jedoch etwas verlängert. Dies hat Auswirkungen auf weitere anwesende Personen. Bei physischer Präsenz reagieren sie auf eine Aggression und die entsprechende Reaktion des Angegriffenen selbst nur etwas verzögert, in virtuellen Umgebungen können sie jedoch ähnlich abrupt wie der Angegriffene handeln.

Auch wenn man aufgrund der Kenntnisse über die physiologische Reaktion und durch Training in der Lage ist, sich selbst zu beruhigen und wieder zu einem gefassten Zustand zurückzukehren, muss man prüfen, in welchem emotionalen Zustand sich die anderen Teilnehmer befinden, bevor man diese in das Gespräch einbindet.

4.4.6.2 Einbeziehung der anderen Teilnehmer

Falls die Vorbereitung auf die Interaktion keine klare Einschätzung der Position und Haltung der Teilnehmer erbracht hat, ist es notwendig, während des Austausches zu ermitteln, wo sie stehen.

Hierzu kann man sie in Schritt B des Vorgehens (Abschn. 4.5.2) um ihre Wahrnehmung der Situation bitten oder sie auffordern, ihre Meinung mitzuteilen, was geschehen muss, um ein konstruktives Miteinander wiederherzustellen und zu stärken.

Man kann sie auch bitten, sich einzuschalten, wenn der Angreifer allen Versuchen, die Konversation auf ein konstruktives Ziel zu lenken, durch mit ausweichenden oder aggressiven Manövern begegnet. Ihre Anwesenheit kann man auch nutzen, um die Emotionen des Aggressors zu beruhigen, indem man sie als Zeugen benennt und zu einem professionellen und konstruktiven Diskurs aufruft.

4.4.6.3 Verfahren bei Solidarität der Anwesenden mit dem Aggressor

Es besteht das Risiko, dass die anderen Teilnehmer aufgrund ihrer Ausrichtung oder wegen eines gemeinsamen Interesses, Überlegenheit über den Angegriffenen zu erringen, Partei für den Aggressor ergreifen.

In diesem Fall besteht das beste Vorgehen darin, die Interaktion abzubrechen und die Konversation mit dem Aggressor in Anwesenheit eines Vermittlers oder einer Autorität wieder aufzugreifen.

4.5 Schritte zur Umwandlung der verbalen Aggression in Zusammenarbeit

Das vorgestellte Vorgehen zur Umwandlung der verbalen Aggression in Zusammenarbeit folgt einer einfachen und vielfach bewährten Reihenfolge von aufeinander aufbauenden Schritten. Wie der Stratege Helmuth von Moltke bekanntlich sagte, reicht kein Operationsplan mit einiger Sicherheit über das erste Zusammentreffen mit dem Gegner hinaus.

> Die Klarheit über die Prioritäten und Ausrichtung und die anschließende Anwendung der Techniken in logischer Reihenfolge erhöhen in jedem Fall die Aussichten auf Erfolg.

Auch wenn Umfang und Details der einzelnen Schritte einschüchternd erscheinen mögen, folgen sie einer überschaubaren und universellen Struktur von Absicht – Erkenntnisse – Schlussfolgerungen – Handlungen – Impuls, mit dem klaren Ziel, das Gemeinschaftsgefühl wiederherzustellen und zu stärken.

A. Nachdem man sein inneres Gleichgewicht wiedererlangt und die Initiative in der Kommunikation ergriffen hat, spricht man den Konfliktpunkt klar an und bekräftigt die Absicht und Zusage, ein konstruktives Miteinander wiederherzustellen.

B. Man beschreibt die Situation objektiv und erzeugt Transparenz durch Externalisierung und durch aktives Zuhören zum Verstehen der Position der anderen Person.
C. Man führt die Perspektiven zusammen, zieht Schlussfolgerungen und definiert Optionen für eine konstruktive Zusammenarbeit.
D. Man vereinbart konkrete Maßnahmen und nächste Schritte, um das konstruktive Miteinander zu stärken.
E. Man schließt das Thema oder die Interaktion mit klaren Folgeaktivitäten und einem positiven Impuls für eine konstruktive zukünftige Zusammenarbeit.

Diese Schritte müssen durch die Methoden aus Abschn. 4.4 begleitet werden, um die Auseinandersetzung situativ unter Kontrolle zu halten.

Bevor man mit den im Folgenden beschriebenen Schritten beginnt, muss man anhand der Kriterien aus Abschn. 4.4.3 situativ entscheiden, ob der Rahmen des Meetings dazu geeignet ist, zu einer vollständigen Lösung zu kommen, oder ob man nach dem ersten Schritt – Ansprechen des Konfliktpunktes und Bekräftigung der eigenen positiven Absicht – die Lösung auf ein persönliches Treffen vertagen sollte.

In größerer Runde (zum Beispiel einem Steeringcommittee) oder in einer sehr inhomogenen Gruppe aus verschiedenen Teams sollte man nicht den Rahmen sprengen und dazu ansetzen, die Perspektive einer anderen Person zu verstehen und nach ihrer Finalität zu fragen. Dennoch sollte man das Wort vom Moderator erbitten und mit dem Vorgehen in Schritt A auf die Problematik hinweisen, den eigenen Lösungswillen bekunden und ankündigen, einen Folgetermin zu vereinbaren.

In einem Vieraugengespräch oder in einer kleinen, homogenen Gruppe (z. B. aus dem eigenen Team oder der eigenen Abteilung) sollte man direkt einsteigen und – sofern die andere Person zur Mitarbeit bereit ist – auf eine gemeinsame Lösung mit den Schritten A bis E hinarbeiten.

4.5.1 Schritt A – Begrenzung der Aggression und Bekräftigung der positiven Absicht

Nachdem man die Kontrolle wiedererlangt und die Initiative in der Kommunikation ergriffen hat, besteht der erste Schritt darin, die Aggression zu benennen und zu begrenzen. Weiterhin bekundet man die eigene Absicht und Zusage, ein konstruktives Miteinander wiederherzustellen und eine positive Beziehung anzustreben. Anschließend erläutert man, wie man weiter vorzugehen gedenkt.

> Es ist von größter Wichtigkeit, so kurz und knapp wie möglich zu formulieren.

Es wird den Wenigsten gelingen, die drei Themen in genau drei Sätzen zu formulieren, aber mehr als drei kurze Sätze pro Punkt sollten es auf keinen Fall sein.

4.5.1.1 Ansprechen und Begrenzen der verbalen Aggression

Wenn man die verbale Aggression anspricht, ist es essenziell, dass man sie klar benennt und begrenzt, aber dabei Ausdrücke vermeidet, die als von destruktiven Nahzielen geleitet interpretiert werden können.

Zum Beispiel wird es Widerstand hervorrufen und einen konstruktiven Dialog verhindern, wenn man die andere Person anklagt, um Schuldgefühle zu erzeugen und damit Überlegenheit zu erringen, oder wenn man sie für ihre Aussage schlecht macht, um sie abzuwerten.

Stattdessen fasst man, die Aggression und ihre Wirkung auf die eigene Emotion und das eigene Gemeinschaftsgefühl mit kurzen sachlichen Sätzen zusammen, um Transparenz über das Thema und seine Bedeutung zu schaffen, ohne darauf herumzureiten.

Eine abschließende knappe kausale Begründung, weshalb die verbale Aggression inakzeptabel ist, erhöht die Wahrscheinlichkeit, dass diese Aufforderung zur Begrenzung angenommen wird:

- „Du sagtest gerade, ich hätte den Kunden und alle im Team enttäuscht, ohne Belege oder konstruktive Vorschläge. Das fühlt sich für mich an, als wolltest du mich kleinmachen, damit ich aufhöre, mich zu engagieren. Das ist abwertend und geht so nicht, weil das unseren Teamgeist zerstört."
- „Du hast meinen Beitrag eben als irrelevant bezeichnet im Vergleich zu den Ergebnissen der Kollegen. Das gibt mir das Gefühl, dass meine Stellung in unserem Team weniger wert ist, was dann dazu führt, dass ich mich zurückziehe. Und das ist destruktiv und unangemessen, weil sich dann irgendwann keiner mehr traut, einen Beitrag zu bringen."
- „Ich habe mir hier die folgenden Worte von Dir notiert: ‚Deine Vorschläge sind echt auf Praktikantenniveau, damit kann man keinen Blumentopf gewinnen'. Und auch beim Vorlesen versetzen mir diese Worte einen Stich, sodass ich mir die Frage stelle, ob ich eigentlich überhaupt noch mit Dir zusammenarbeiten will. Aber so etwas können wir uns einfach nicht erlauben, weil damit das Engagement und damit der Erfolg von uns allen akut gefährdet wird."

4.5.1.2 Bekräftigung der eigenen positiven Absicht

Der zweite Teil unterstreicht, wie wichtig es ist, ein konstruktives Miteinander zu erhalten, und den eigenen Wunsch äußern, ein positives persönliches Verhältnis zu erzeugen und auszubauen.

Auch die anderen Teilnehmer des Meetings müssen uneingeschränkt verstehen, dass die folgenden Beobachtungen und Erläuterungen einem durchgehend positiven Zweck dienen, und sie müssen offen dafür sein, diese als Ausgangspunkt für einen ehrlichen Austausch und eine Verbesserung des Miteinanders zu akzeptieren:

- „Wir sind aber darauf angewiesen, dass jeder voll engagiert ist, und das funktioniert nur mit einem positiven Teamgeist; daher möchte ich mit dir und euch allen ein konstruktives Miteinander schaffen."
- „Aber wenn ich mich zurückziehe, hat das weitreichende Konsequenzen auf die Atmosphäre im Team und unseren Erfolg. Daher möchte ich jetzt mit dir daran arbeiten, dass wir den Beitrag von jedem ausreichend würdigen und damit jedem einen Platz im Team und die Möglichkeit zum Beitragen geben."
- „Ich kann euch allen hier versichern, dass ich weiterhin mit euch zusammenarbeiten will – immerhin hängt davon der Erfolg des ganzen Projektes ab –, und dafür müssen wir jetzt diesen Konflikt konstruktiv lösen, sodass wir wieder ohne gegenseitige Abneigung und stattdessen mit einer positiven Haltung zueinander weitermachen können."

4.5.1.3 Erläuterung des weiteren Vorgehens

Anschließend beschreibt man kurz und knapp, wie man weiter vorgeht. Dies ist abhängig von der Entscheidung, die man gemäß der konkreten Situation getroffen hat.

- „Ich schlage vor, dass wir beide uns kurz beruhigen und unsere jeweilige Sichtweise vorbringen. Wir finden sicherlich Punkte, auf die wir uns einigen können, und aus den neuen Erkenntnissen können wir dann gemeinsam entscheiden, wie wir zusammen weitermachen wollen."
- „Das hier ist jetzt nicht die richtige Zeit und der richtige Ort für eine echte Klärung. Ich stelle uns für morgen einen Termin ein, damit wir in Ruhe unsere Positionen erklären können und gemeinsam eine Lösung finden. Jetzt beenden wir erst einmal unser Meeting – da sind eben die

Emotionen zu sehr hochgekocht, als dass wir jetzt wirklich produktiv weitermachen könnten."
- „Ich denke nicht, dass das hier der richtige Rahmen für eine Klärung ist, auch wenn diese sehr dringlich ist. Nachher werde ich dir eine Einladung für morgen schicken, damit wir die Situation klären können und eine gütliche Einigung erzielen können. Auch wenn uns vielleicht nicht danach zumute ist, müssen wir jetzt erst einmal wie geplant weitermachen."
- „Ich verspüre leider auf deiner Seite keine Ambitionen, hier zu einer gütlichen Einigung zu kommen. Ich spreche das Thema dann nachher mit … an, damit wir mit weiterer Unterstützung doch noch zu einer Lösung und einem konstruktiven Miteinander kommen können. Unter diesen Voraussetzungen beende ich jetzt hier unser Meeting."

4.5.1.4 Pausieren vor dem nächsten Schritt

Bevor man zum nächsten Schritt übergeht, legt man eine kurze Pause ein und fokussiert sein Gegenüber. Diese Pause ist von entscheidender Bedeutung – sie soll es den Anwesenden ermöglichen, die Aussagen voll zu begreifen und möglicherweise kurz zu bestätigen (Kopfnicken, „Ja", „Okay" und so weiter), aber darf nicht interpretiert werden als Raum für eine Antwort oder Gegenrede.

4.5.2 Schritt B – Klärung und Schaffung von Transparenz durch Objektivierung

Der zweite Schritt in Richtung einer Lösung ist die Erzeugung von Transparenz durch Objektivierung, das heißt durch die Verlagerung der eigenen und der fremden Gefühle, Wahrnehmungen und Ziele nach außen, sodass sie einer gemeinsamen konstruktiven Diskussion zugänglich sein können.

Diese Aktion muss mit einer Haltung bedingungsloser positiver Wertschätzung für die andere Partei durchgeführt werden. Die positive Intention, eine gemeinsame Lösung zu finden und das Gemeinschaftsgefühl zu stärken, muss zu Beginn deutlich ausgedrückt werden.

Innerlich muss man ebenfalls eine gewisse Nachsicht walten lassen: Auch wenn die Aggression einen persönlichen Schmerzpunkt berührt haben sollte, muss man offenbleiben für andere Erklärungen oder für eine Fehleinschätzung der anderen Seite. Nur diese Haltung und diese Art der Einordnung der nächsten Schritte erlauben es der Gegenseite, die folgenden potenziell schwierigen Beobachtungen zu akzeptieren und das Vertrauen zu haben, dass die Diskussion nicht dazu genutzt werden wird, um sie ihrerseits abzuwerten.

Diese Externalisierung hat zwei Teile, von denen der erste aus der Erläuterung der eigenen Wahrnehmung der aggressiven Äußerung, ihrem Effekt auf die eigenen Emotionen und die Beziehung sowie ihren Implikationen und logischen Konsequenzen besteht. Der zweite Teil dient dazu, die Perspektive der anderen Person zu verstehen und dabei ihre Finalität und private Logik zu verstehen. Sie wird schließlich abgeschlossen mit einer Zusammenfassung des erzielten gemeinsamen Verständnisses.

> Die Reihenfolge des Vorgehens ist wichtig, um die Form der konstruktiven Objektivierung beispielhaft vorzugeben und den Raum für Ausweichmanöver einzugrenzen.

Dies kann entsprechend offen angesprochen werden: „Für eine konstruktive Lösung ist es wichtig, dass wir beide unsere Sichtweisen und Wünsche einmal offen darlegen, und um zu verdeutlichen, was ich damit meine, gehe ich einmal mit meiner Perspektive voran."

4.5.2.1 Erläuterung der eigenen Perspektive

Um die eigene Sichtweise objektiv und sachlich zu erklären, besteht das beste Vorgehen darin, eine neutrale Perspektive von einem unabhängigen Standpunkt aus einzunehmen – was Schranner (2001) als „auf die Tribüne gehen" oder was Ury (2011) als „auf den Balkon gehen" bezeichnet. Der Trick besteht darin, dass man sich bildlich vorstellt, zu einem erhöhten Aussichtspunkt zu gehen und von dort auf das Meeting herabzublicken, um dann sachlich über die Ereignisse zu berichten, die man beobachtet.

Diese Art der Analyse kann auch explizit benannt werden:

- „Wenn ich ein unabhängiger Beobachter wäre, der mit Abstand auf diese Diskussion blickt, ..."
- „Wenn ich ein externer Mediator wäre und ein Video unseres Austauschs zugeschickt bekäme, ..."

Wenn man die aggressive Äußerung wortwörtlich aufgeschrieben hat, kann es sehr effektiv sein, diese dem Gegenüber erneut vorzulesen, um ihm und den anderen Teilnehmern die darin enthaltene Aggression und ihren destruktiven Charakter bewusst zu machen.

Um den anderen Personen ein vollständiges Bild zu geben, ergänzt man die Beobachtung um die eigene Bewertung ergänzen, und beschreibt dabei die folgenden Aspekte:

- Wie man die Aussage der anderen Person interpretiert.
- Welche initiale Reaktion sie ausgelöst hat.
- Wie die daraus resultierende Gefühlspalette aussieht.
- Welche Auswirkung dies auf die Zusammenarbeit hat.
- Was die letztendliche Konsequenz für das Unternehmen ist.

Da diese Punkte sehr schwerwiegend sein können, muss man eine Balance finden, um ernsthaft und fest zu wirken, ohne dabei zu dramatisieren oder anzuklagen.

Man darf dabei nicht über die Motivation des anderen spekulieren – dies wird der Gegenseite im zweiten Schritt überlassen. Es lohnt sich jedoch, auch Gedanken darüber zu äußern, welche eigene Handlung den anderen zu der verbalen Aggression veranlasst haben könnte. Indem man auch seinen eigenen Anteil an dem Konflikt reflektiert und offen ausspricht, zeigt man Offenheit und ermutigt die Gegenseite, sich ihrerseits zu öffnen.

Wichtig ist also neben klarer und eindeutiger Sprache sowie der Möglichkeit für das Gegenüber, auch ein emotionales Verständnis aufzubauen, dass die Formulierung weder Widerstand noch Ablehnung hervorruft. Diese Form der Kommunikation lässt sich als nachvollziehbar – nacherlebbar – annehmbar zusammenfassen.

Um schließlich Klarheit über die eigenen Ziele und Absichten zu schaffen, erklärt man seine eigenen Werte, Wünsche und Ziele und gibt damit der anderen Seite eine Gelegenheit, sich selbst gegenüber diesen Intentionen zu positionieren. Auch Rosenberg (2015) schlägt dies im Rahmen seiner gewaltfreien Kommunikation vor: Die Schaffung von Klarheit über die eigenen Beobachtungen, Gefühle, Bedürfnisse und Wünsche ist Voraussetzung für die Schaffung eines einvernehmlichen Miteinanders. Und Dreikurs (1964) drückt aus: „Zusammenarbeit muss erworben werden, sie kann nicht gefordert werden. Der beste Weg zur Zusammenarbeit ist, frei zu sagen, was jeder denkt und fühlt, um miteinander bessere Wege des Zusammenlebens zu erkunden."

Das eigene Ziel besteht dabei nicht in einer Entschuldigung, Unterwerfung oder Wiedergutmachung durch die andere Person, sondern in einer Zusage des anständigen Miteinanders ohne Abwertung sowie einer Verpflichtung zur konstruktiven Zusammenarbeit.

Die Erläuterung der eigenen konstruktiven Ziele sowie das Zeigen des eigenen Mutes zur Unvollkommenheit durch das Zugeben eigener Fehler können die andere Person dazu ermutigen, ihre eigene negative Wahrnehmung und Interpretation zu überwinden und sich ebenfalls konstruktiv einzubringen.

4.5.2.2 Ermittlung der Perspektive der anderen Person

Nach der Erläuterung der eigenen Perspektive wird der Urheber der verbalen Aggression gebeten, seine Perspektive darzulegen. Es ist essenziell, dass diese Aufforderung nicht als Anklage oder als Herausforderung zu einer Rechtfertigung aufgefasst wird, sondern als ein ehrlicher Versuch, die Beweggründe zu verstehen. Um dies zu erreichen, kann es hilfreich sein, in dieser Konversation eine Coachinghaltung einzunehmen und mit offenen, nicht wertenden Fragen zu führen.

Auch wenn man sich durch die verbale Aggression verletzt fühlte und als Mensch in erster Linie nach Bestätigungen für die gefassten Meinungen sucht, muss man in dieser Phase seine eigene Sichtweise zurückstellen und offen für neue Erkenntnisse sein.

> Adler (1933, S. 22) bemerkte hierzu: „(…) ich [glaube] mich an keine (…) Voreingenommenheit gebunden (…), vielmehr [huldige ich] dem Grundsatz: Alles kann auch anders sein."

Es ist wichtig, nach der Absicht zu fragen, um so die Finalität zu ermitteln und nicht vorgeschobene Gründe oder Rationalisierungen zu hören zu bekommen. Andernfalls ist das Risiko hoch, dass man lediglich beliebig kreative und so wenig glaubwürdige wie widerlegbare Ausflüchte erhält.

Ein Schlüssel ist die Formulierung der Aufforderung zur Erklärung mit Sätzen wie:

- „Was war die Absicht von …?"
- „Was war das Ziel hinter …?"
- „Zu welchem Zweck …?"

Wenn ein Grund anstelle einer Finalität angegeben wird, nimmt man diesen Grund respektvoll an, bevor man erneut beharrlich nach der zugrunde liegenden Motivation fragt und dabei versucht, zwischen bewussten und unbewussten Motiven zu unterscheiden.

Oft lässt sich die Finalität an der in einem selbst hervorgerufenen emotionalen Reaktion erkennen. Fühlt man sich also entmutigt, ausgegrenzt oder abgewertet, kann man an dieser Stelle das eigene Gefühl noch einmal ansprechen und die Frage stellen, wie der Zusammenhang mit der tatsächlichen Motivation aussehen könnte.

Rogers (1951, S. 1227) legte in seinem VII. Satz dar, dass „der beste Standpunkt, um das Verhalten zu verstehen, vom inneren Bezugsrahmen der Person selbst ist". Um die andere Person zu verstehen, betonte er

„Offenheit über den eigenen emotionalen Zustand", die Befriedigung, die dabei entsteht, wenn man andere auf eine Weise hört, „die in ihnen Widerhall findet", und die bereichernde und ermutigende Erfahrung des „kreativen, aktiven, sensiblen, genauen und empathischen Zuhörens".

> Adler fasste dieses genaue Zuhören wie folgt zusammen: „Mit den Augen eines anderen zu sehen, mit den Ohren eines anderen zu hören, mit dem Herzen eines anderen zu fühlen."

Es ist wertvoll, dem allerersten, einleitenden Satz besondere Aufmerksamkeit zu schenken und ihn am besten wortwörtlich zu notieren, da er Hinweise auf die wahre Finalität der anderen Person enthalten könnte. Auch bestimmte Begriffe, die mehrfach wiederholt werden, oder Worte, welche mit einem ungewöhnlichen Nachdruck ausgesprochen werden, können als Hinweise auf persönliche Schmerzpunkte dienen und rechtfertigen möglicherweise respektvolle Anschlussfragen.

In dieser Phase ist es ratsam, das Tempo des Gespräches zu drosseln, um Emotionen abzubauen und eine bedachte Reflexion zu ermöglichen, und die andere Person auch nonverbal zu spiegeln, um eine Verbindung herzustellen. Um sicherzustellen, dass man die Perspektive der anderen Person korrekt versteht, kann man ihre Aussagen umformulieren oder paraphrasieren, insbesondere wenn sie immer noch als aggressiv gedeutet werden können, aber eine konstruktive Absicht möglich ist. Ein Triangulieren des eigenen Verständnisses über andere Anwesende kann ebenso dabei helfen, ein genaues Verständnis aufzubauen.

Man kann ebenfalls nach den verschiedenen Dimensionen der ursprünglichen Aussage fragen, da jede Aussage gemäß Watzlawick (1972, S. 60ff) nicht nur einen inhaltlichen Aspekt, sondern auch einen Beziehungsaspekt enthält, der möglicherweise auch eine Aufforderung oder eine Erklärung über die wahrgenommene Position und das gegenseitige Verhältnis beinhaltet.

Man kann auch mit Feingefühl bestimmten Vermutungen nachgehen, zum Beispiel prüfen, ob interkulturelle oder inhaltliche Missverständnisse vorliegen oder ob eine gefühlte Abwertung, Demütigung oder Erniedrigung der anderen Person sie zu ihrem Angriff veranlasst hatte.

Es ist nicht unwahrscheinlich, dass die andere Person Ausweich- oder Ablenkungsmanöver anwendet, um ihre wahren Absichten nicht preiszugeben. Abschn. 4.4.5 bietet eine Auswahl von Maßnahmen zur Eindämmung solcher Manöver.

Wenn ein umfangreiches Bild der Absicht der anderen Person gegeben wurde, dankt man ihr für ihre Offenheit und Klarheit. Man sollte ihr jedoch nicht für ihre vermeintliche Ehrlichkeit danken, da der Wahrheitsgehalt ihrer Aussagen noch nicht feststeht. Auch sollte man ihre Erläuterungen weder loben, da die Implikationen immer noch schwierig und destruktiv sein können, noch kritisieren, da dies die Erzeugung einer Synergie und eine Einigung im nächsten Schritt verhindern könnte.

4.5.2.3 Prüfung der Finalitäten jenseits der gesprochenen Worte

Auch Menschen, die sich unanständig verhalten, haben ein gutes Gespür dafür, was allgemein als angemessen und passend angesehen wird. Auf ihr problematisches Verhalten angesprochen, neigen Aggressoren dazu, sich konziliant zu verhalten und die „richtigen Worte" zu finden, und gehen dabei oft sogar noch einen Schritt weiter, um durch beflissene Entschuldigungen besonders edel und großmütig zu erscheinen.

Bei der Ermittlung der Perspektive des Gegenübers sollte man daher das Augenmerk nicht nur auf das Gesagte, Beteuerungen sowie hehre Ziele und wohlklingende Absichtserklärungen legen, sondern wie von Adler (1933, S. 42) beschrieben aufmerksam auf die nonverbalen Ausdrucksbewegungen achten:

> „Erst das erkannte Bewegungsgesetz gibt uns Aufschluss. Dabei stoßen wir auf den Sinn, auf die Meinung der Ausdrucksbewegungen, die Worte, Gedanken, Gefühle und Handlungen sein können. Wie sehr aber auch der Körper unter diesem Bewegungsgesetz steht, verrät der Sinn seiner Funktionen, einer Sprache, meist eindrucksvoller, die Meinung deutlicher aufzeigend als Worte es vermögen, aber immerhin eine Sprache des Körpers..."

Nimmt man eine Dissonanz zwischen dem Gesagten und dem Ausdruck und der Bewegung des Körpers wahr, so ist dies mit hoher Wahrscheinlichkeit ein Indiz dafür, dass die andere Person nur Aussagen tätigt, von denen sie glaubt, dass sie die Erwartungen der anderen Anwesenden erfüllt, während sie ihre wahre Finalität weiterhin verschleiert.

Auch diesem Ausweichen kann man mit den in Abschn. 4.4.5 beschriebenen Maßnahmen zum Kontrollieren von Ausweichmanövern begegnen, insbesondere mit fokussiertem Schweigen und wiederholtem Fragen nach konkreten Vorschlägen.

Sollte es einem nicht gelingen, eine Übereinstimmung zwischen dem Gesagten und der wahrgenommenen Haltung des Gegenübers herzustellen, muss man entscheiden, ob eine Fortführung des Gesprächs sinnvoll ist. Die Einigung auf konkrete Maßnahmen in Schritt D in Abschn. 4.5.4 bietet eine weitere Möglichkeit, verborgene Finalitäten aufzudecken, da das Gegenüber dabei verbindliche Zusagen machen muss, welche dann im Einklang mit den beflissenen Worten und Beteuerungen stehen müssen. Es ist daher in der Regel empfehlenswert, trotzdem fortzufahren und dabei zu berücksichtigen, dass einige der Erkenntnisse aus diesem Schritt zu einem späteren Zeitpunkt revidiert werden müssen.

4.5.3 Schritt C – Bewerten und Vereinen der Perspektiven

Im Rahmen der Bewertung auf Basis der erfolgten Objektivierung des Sachverhaltes sind im Wesentlichen drei Szenarien zu unterscheiden:

1. Fehlverhalten oder Fehlinterpretation auf eigener Seite, oder eine ungeschickte oder unangemessene Ausdrucksweise der Gegenseite bei zugrundeliegender Sachorientierung.
2. Zugrundeliegende destruktive Nahziele, die von der Gegenseite als unangemessen anerkannt werden.
3. Zugrundeliegende destruktive Nahziele, welche die Gegenseite weiter zu verfolgen bereit ist.

4.5.3.1 Eigenes Fehlverhalten oder Fehlinterpretation

Man muss kritisch prüfen, ob die Aggression der anderen Person lediglich eine Reaktion auf eine eigene Aktion ist, die ihrerseits als initiale Aggression aufgefasst wurde. Dabei sollte man sich ehrlich fragen, ob die eigene Finalität selbst destruktiv sein könnte.

Es ist auch möglich, dass die andere Person eigentlich ein Problem lösen wollte, und das Anliegen dabei unbeabsichtigt so formulierte, dass es wie eine Aggression klang. Auch kann die eigene tendenziöse Wahrnehmung zur Interpretation als Aggression geführt haben. Letzteres bietet die Gelegenheit, die eigene persönliche Bewertung in ein positives Urteil abzuändern. Es kann dabei hilfreich sein, um eine kurze Pause zu bitten, um diese Abschätzung in einer ruhigen und konzentrierten Form durchführen zu können.

Wenn man zu dem Schluss kommt, dass dem Konflikt eigentlich ein Sachproblem zugrunde liegt und dass die Aggression nicht beabsichtigt war oder ein Nebenprodukt des Lösungsversuchs war, hat man die Möglichkeit, eine Synergie der vertretenen Standpunkte zu schaffen und sich auf Wege zu einer konstruktiven Zusammenarbeit zu einigen. Das Vorgehen besteht dann darin, sich auf ein gemeinsames Ziel sowie auf die Methode zur gemeinsamen Erreichung dieses Ziels zu einigen.

4.5.3.2 Gemeinsame Ablehnung destruktiver Nahziele

Die Schaffung von Transparenz durch Objektivierung kann dazu führen, dass die andere Person sich ihrer tatsächlich zugrunde liegenden destruktiven Nahziele bewusst wird oder dass sie erkennt, dass diese bereits bewussten und bisher akzeptierten Verhaltensweisen schwerwiegende negative Auswirkungen auf ihr Gegenüber, das Miteinander und schlussendlich auf sie selbst haben.

Dies kann unterschiedlich starke Gefühlslagen hervorrufen, von leichter Verlegenheit über Scham bis hin zu tiefer Betroffenheit und Entsetzen über das eigene Verhalten, auch verbunden mit der Frage, bei welchen früheren Anlässen man ein solches Verhalten gezeigt hat und welches Bild von einem entstanden ist.

Eine typische Folgereaktion ist der Versuch, die Aggression und die Störung der Beziehung durch Abbitte oder großzügige Angebote zu kompensieren. Zum Teil wird das ursprüngliche Ziel des Erringens von Überlegenheit dabei ins Gegenteil verkehrt, und der ursprüngliche Aggressor versucht, sich selbst zu erniedrigen und die angegriffene Person zu hofieren.

Dies schafft dann allerdings wieder eine – nun umgekehrte – vertikale Beziehung, die nichts zu einem gesunden Miteinander beiträgt. Das eigene Ziel besteht ja, wie im vorherigen Schritt dargelegt, gerade nicht in einer Entschuldigung, Unterwerfung oder Wiedergutmachung.

Eine solche Überkompensation kann man auffangen, indem man die von Kishimi (2020) beschriebenen drei Bedingungen für das Bilden von Gemeinschaftsgefühl schafft und diese seinem Gegenüber dabei mit freundlichen, einfühlsamen Worten erläutert: Anerkennung des Selbst, bedingungsloses Vertrauen sowie Engagement für andere.

Die Anerkennung des eigenen Selbst ist Teil der eigenen Vorbereitung, wie in Abschn. 4.3.2 beschrieben; das Gegenüber kann hingegen durch ein tief sitzendes Minderwertigkeitsgefühl zu der Aggression veranlasst worden sein oder aufgrund seines unangebrachten Verhaltens den eigenen Wert infrage stellen. Eine Lösung dieses unangemessenen Minderwertigkeitsgefühls innerhalb dieses Austausches ist nicht realistisch; durch ermutigende Worte kann man allerdings ein akutes Minderwertigkeitsgefühl lindern und durch Ausdruck der eigenen Wertschätzung des anderen einen positiven Impuls geben.

Auch das bedingungslose Vertrauen unterliegt einer klaren Aufgabentrennung: Man selbst signalisiert der Gegenseite, dass man auf Basis der stattfindenden Klärung volles Vertrauen darin hat, dass die andere Person nach Kräften an der guten Beziehung arbeiten wird, und unterwirft dieses

Vertrauen keinen Vorbedingungen oder Einschränkungen. Die andere Person muss dann zeigen, dass das Vertrauen gerechtfertigt ist, und ihrerseits Vertrauen schenken, ohne dafür Zusagen oder gar einen Eid einzufordern.

Das Engagement für andere kann man für eine Überleitung zum nächsten Schritt nutzen, in welchem konkrete Maßnahmen für konstruktive Zusammenarbeit und zur Stärkung des Gemeinschaftsgefühls vereinbart werden:

- „Ich glaube, wir haben ein Einverständnis erreicht, wie ein fairer Umgang aussehen könnte, sodass wir die nächsten Schritte vereinbaren können. Ich habe deine Sichtweise und deine Zielsetzung jetzt besser verstanden und erläutere gerne als Erstes, was ich dazu beitragen kann."
- „Ich weiß deine Zusage für eine bessere Zusammenarbeit zu schätzen und möchte daher mit dir die folgenden Schritte absprechen. Ich habe jetzt ein besseres Verständnis deiner Wünsche und erkläre gerne, was ich dafür tun würde."
- „Danke für Deine Zusage, gemeinsam an einem konstruktiven Miteinander zu arbeiten, und für die Klärung Deiner Intention. Lass uns das nutzen, um die nächsten Schritte zu vereinbaren; ich stelle gerne vor, was ich hierfür anbieten möchte."

Das Erzeugen einer gleichwertigen Beziehung auf Augenhöhe und das Wiederherstellen des Gemeinschaftsgefühls sind anspruchsvoll und stellen einen gewichtigen Schritt nach vorn dar. Es empfiehlt sich daher, etwaige neben dem Beziehungsproblem identifizierte Sachprobleme erst im Nachgang des Meetings zu bearbeiten, um den erreichten Erfolg nicht durch Vermischung mit Sachproblemen zu verwässern.

4.5.3.3 Beharrliches Verfolgen destruktiver Nahziele

Wenn die Erklärungen der anderen Person jedoch destruktive Nahziele als Ursache des Austauschs bestätigen, mit der Absicht des Erringens von Überlegenheit durch Abwertung der Gegenseite und mit einer bewussten Bestätigung dieser Absicht, muss man eine Entscheidung treffen: Man kann an das Gemeinschaftsgefühl der anderen Partei appellieren, um ein konstruktives Ergebnis zu erzielen., Alternativ begrenzt man das störende Verhalten, sowohl in dieser Interaktion als auch im weiteren Kontext, einschließlich der Anrufung höherer Stellen.

Man hat in dieser Situation die Möglichkeit, die in Abschn. 3.3.3 beschriebenen konstruktiven Verhaltensweisen zur Entgegnung von destruktivem Verhalten zu nutzen, um auf einer fundamentaleren Ebene ein Umdenken hervorzurufen.

Der Ich-Bezogenheit des Gegenübers können dabei Sachbezogenheit und gesunder Menschenverstand entgegengestellt werden mit dem Ziel, dass die knappe und nüchterne Beschreibung der Situation und möglicher Konsequenzen eine Nachdenklichkeit hervorruft, sodass die egozentrische Sicht aufgegeben wird.

Ein feiner oder leicht ironischer Humor kann im Sinne einer paradoxen Intervention zusammen mit freundlicher Nachsichtigkeit ebenfalls eingesetzt werden, um zu vermitteln, dass Perfektion unerreichbar und damit lediglich ein fiktives Ziel ist. Hier ist ein großes Maß an Fingerspitzengefühl gefordert, damit der Humor nicht als sarkastischer Spott interpretiert wird und die Situation verschärft. Wenn man zum Ausgleich die eigene Unvollkommenheit eingesteht, kann dies Missverständnisse vermeiden helfen und gleichzeitig die konstruktive Ausrichtung und die angestrebte Begegnung auf Augenhöhe unterstreichen. Allerdings besteht auch hierbei der Gefahr, dass die Gegenseite dieses Öffnen für einen Angriff nutzt.

Dem destruktiven Überlegenheitsstreben und der damit einhergehenden Abwertung kann man noch einmal mit einer ehrlich gemeinten Ermutigung begegnen, welche die im vorhergehenden Schritt erfassten Ziele des Gegenübers aufgreift und echte Hoffnung auf ein Dazugehören und ein Bewältigen der Lebensaufgaben macht, ohne auf eine fehlgeleitete private Logik oder destruktive Nahziele angewiesen zu sein. Auch hier kann die Ermutigung als Antwort auf die Abwertung paradox wirken und das Gegenüber stutzig machen, sodass es die eingeübten Denkmuster von Überlegenheit und Abwertung verlässt und sich offen mit dem Angebot für ein gutes Miteinander auseinandersetzt.

Zuletzt kann man noch einmal an die übergeordneten gemeinsamen Ziele und das Gemeinschaftsgefühl appellieren in der Hoffnung, dass die andere Person selbst erkennt, wie verfehlt die Ablehnung dieser allseits als positiv angesehenen Werte wäre und wie drastisch die Reaktion aller am Meeting Beteiligten sowie von weiteren Kollegen und Vorgesetzten ausfallen dürfte. Auch hier ist eine sorgfältige Balance gefragt, sodass die mögliche Konsequenz einer Ablehnung ausreichend deutlich wird, damit der Appell nicht als Falle angesehen wird, aber auch nicht so drastisch dargestellt wird, dass sie als Drohung aufgefasst werden könnte.

Das wünschenswerte Ergebnis dieses Austausches ist, dass die andere Person die Destruktivität und Vergeblichkeit der verbalen Aggression erkennt und zusagt, dieses Verhalten zu beenden und gemeinsam an einem verbesserten Verhältnis mitzuarbeiten. Man muss jedoch realistisch sein, wie wahrscheinlich es ist, dass man dies im Kontext der aktuellen Interaktion erreichen kann. Daher sollte man eine sich hinziehende Diskussion und vergebliche Versuche vermeiden, die wiederum von der anderen Person genutzt werden könnten, um ihre Macht und Überlegenheit zu behaupten.

4.5.4 Schritt D – Einigung auf konkrete Maßnahmen

In Abhängigkeit des Ergebnisses der vorhergehenden Abklärung und der Diskussion kann man entweder zum nächsten Schritt springen, falls der Konflikt nicht gelöst werden konnte, oder weitermachen und konkrete Maßnahmen vereinbaren, um die zugrunde liegenden zwischenmenschlichen und sachlichen Probleme zu lösen, die Zusammenarbeit zu verbessern und das konstruktive Miteinander zu stärken.

Es ist dabei wichtig, die Verantwortlichkeiten ausgewogen zu verteilen, da Zusammenarbeit und Gemeinschaftsgefühl symmetrisch sind und nicht nur einer einzigen Seite zugeordnet werden können. Und in diesem Schritt sollte jede Seite von Forderungen absehen und stattdessen konstruktive Angebote machen, wie sie selbst zu einer besseren Zusammenarbeit beitragen wollen. Dreikurs (1977) unterstreicht die Wichtigkeit dieser Herangehensweise: „Nur wenn jedes Individuum solange den Kampf einstellen kann, um zu entscheiden, was es selbst tun will, ohne von irgendeinem dasselbe zu verlangen, kann eine wirksame Übereinkunft erreicht werden."

Weiterhin ist es ausschlaggebend, Indikatoren zu vereinbaren, mit denen man die verbesserte Zusammenarbeit und ein besseres Miteinander bestätigen kann. Auch muss man festlegen, wie alle Teilnehmer die Aktivitäten und Indikatoren verfolgen und nachhalten können.

Dieser Schritt mit der Einigung auf konkrete Maßnahmen ist entscheidend. Er kann enthüllen, ob die bisherigen Aussagen tatsächlich die vollständige Finalität offenbart haben oder ob die Beteuerungen lediglich Floskeln waren, welche nur die Erwartungen der Anwesenden erfüllen sollten. Man sollte sich klarmachen, dass dies für einen selbst ebenso gilt wie für die Gegenseite, da alle Menschen dazu neigen, ein edles Selbstbild und eine anständige Außendarstellung zu pflegen und dabei destruktive Nahziele geschickt zu verbergen oder zu verschleiern.

Adler rät hierzu: „Vertraue nur der Bewegung. Das Leben geschieht auf der Ebene von Ereignissen, nicht von Worten. Vertrauensbewegung."

> Dreikurs drückt die Wichtigkeit dieses Schrittes wie folgt aus: „Fehler zu machen, ist unvermeidbar, und der Fehler ist in den meisten Fällen weniger bedeutsam als das, was eine Person tut, nachdem sie den Fehler gemacht hat. (Dreikurs 1969)"

Dieser Schritt bietet also die Gelegenheit, jenseits der Worte auf die Tat zu achten bzw. auf die tatsächliche Bereitschaft zur Tat und die Selbstverpflichtung hierzu.

4.5.4.1 Persönliche Maßnahmen und Indikatoren

Verschiedene Maßnahmen können von den am Konflikt beteiligten Personen individuell ergriffen werden; die Ergebnisse werden im Anschluss gemeinsam überprüft.

- Einen Coach hinzuziehen, der dem Aggressor hilft, potenziell verletzende und abwertende Formulierungen zu vermeiden und sich für die zugrunde liegende Finalität zu sensibilisieren.
Erfolgsindikator: Eine mit dem Coach abgestimmte Liste von Maßnahmen und Veränderungen, welche der Aggressor vornehmen wird. Die Liste wird mit der angegriffenen Person vertraulich geteilt.
- Einen Coach hinzuziehen, der dem Angegriffenen hilft, auf bestimmte Formen von Aggression weniger verletzt zu reagieren und selbstversichert zu bleiben sowie sich durch Emotionstraining seiner eigenen ausgelösten Emotionen bewusster zu werden.
Erfolgsindikator: Eine mit dem Coach abgestimmte Liste von Situationen, die mit dem Coach in einem Rollenspiel trainiert werden mit Schwerpunkt auf Emotionskontrolle. Diese Liste bleibt vertraulich, aber ihre Erstellung wird gegenüber der anderen Person bestätigt.
- Durch Training mehr Kompetenz in konstruktivem Argumentieren und Diskutieren aufbauen, um nicht aus Mangel an Argumenten in die Defensive zu kommen und auf verbale Aggression zurückgreifen zu müssen (Infante 1984).
Es ist empfehlenswert, dass beide Parteien zeitgleich dasselbe Training besuchen.
Erfolgsindikator: Bestätigung, dass beide Seiten ein entsprechendes Training absolviert haben.
- Den vorliegenden Ratgeber über das Bewältigen verbaler Aggression im Beruf lesen, sich dadurch gemeinsam für die Formen und Auswirkung von Aggressionen sensibilisieren sowie Kompetenzen für die Vermeidung und Überwindung von Aggression erwerben.

Erfolgsindikator: Gemeinsames Gespräch über die Themen des Buches und Aspekte mit besonderer Bedeutung für den Einzelnen sowie für die gemeinsame Beziehung.

4.5.4.2 Zwischenmenschliche Maßnahmen und Indikatoren

Der effektivste Ansatz ist die Vereinbarung von Maßnahmen, welche die zwischenmenschliche Beziehung verbessern und damit die Ursache der Aggression angehen.

- Ein gemeinsames Gespräch mit einer neutralen Vertrauensperson (Mediator oder Coach) führen, um an den Kern des Konfliktes zu kommen, auch unter Berücksichtigung der gemeinsamen Historie sowie gegenseitiger Angriffe und Verletzungen in der Vergangenheit.
Ziel ist die emotionale Entlastung sowie das Treffen einer gemeinsamen Vereinbarung, die Probleme der Vergangenheit nach diesem klaren Benennen hinter sich zu lassen.
Erfolgsindikator ist die gegenseitige Bestätigung, dass man vollständig reinen Tisch gemacht hat und keine weiteren Themen zurückhält, und die Zusage, die Vergangenheit hinter sich zu lassen und konstruktiv zusammenzuarbeiten.
- Ein informelles Treffen vereinbaren, um den anderen als Persönlichkeit besser kennenzulernen, mehr über seine Hintergründe sowie Sorgen und Nöte zu erfahren und ein Verständnis der Perspektive und Lebensstilmuster aufzubauen. Im Gegenzug kann man selbst mehr über sich selbst preisgeben, um dem Gegenüber ein tieferes Verständnis zu ermöglichen.
Ein Erfolgsindikator ist, wenn beide Seiten nach dem Treffen bestätigen, dass sie die Persönlichkeit des anderen besser kennengelernt haben und dessen Verhalten besser nachvollziehen können.
- Einen psychometrischen Test machen und die Ergebnisse gemeinsam mit einem Mediator besprechen.
Für den Aggressor eignet sich dabei ein Instrument wie das Buss-Durkee Hostility Inventory (Buss & Durkee 1957) oder die Verbal Aggressiveness Scale von Infante und Wigley (Infante 1986).
Die angegriffene Person kann im Gegenzug die Rathus Assertiveness Schedules (Rathus 1973) zur Prüfung der eigenen Wahrnehmung und Resilienz ausfüllen.
Die Ergebnisse, insbesondere zu einzelnen herausstechenden Antworten und möglicher Interaktion zwischen Aggressivität und (fehlender)

Resilienz, werden gemeinsam mit einem Mediator besprochen, und daraus werden Maßnahmen abgeleitet.
Der Erfolgsindikator sind die offengelegten Tests und die Vereinbarungen aus dem Gespräch mit dem Mediator.

- Verabreden, dass sich jede Person durch einen Mentor beraten lässt, wobei sich die Mentoren auch untereinander über Probleme und Lösungsansätze austauschen.

Die Themen des Mentorings entsprechen den im Abschnitt über persönliche Maßnahmen genannten und können durch die Mentoren gemeinsam näher abgestimmt und spezifiziert werden.
Erfolgsindikator: Bestätigung durch die Mentoren, dass die für den spezifischen Kontext der verbalen Aggression relevanten Themen mit Erfolg bearbeitet wurden.

- Eine regelmäßige gemeinsame Reflexion über verbale Aggression im Unternehmen verabreden.

Dabei sollte man auch darüber sprechen, wie sich Aggression auf einen selbst und das Gemeinschaftsgefühl auswirkt, und wie man der Aggression begegnen kann. Das Vorgehen kann auch strukturiert anhand der Themen des vorliegenden Ratgebers erfolgen.
Ein Erfolgsindikator ist die Durchführung der vereinbarten Gespräche und die gegenseitige Bestätigung, dass die gemeinsame Diskussion bei der Wahrnehmung, Vermeidung und Bewältigung von Aggression hilft.

4.5.4.3 Situative Maßnahmen und Indikatoren für Interaktionen

Für spätere gemeinsame Interaktionen kann man weitere Maßnahmen festlegen, die mögliche Konflikte im Vorfeld lösen, das Potenzial für Aggression minimieren und im Fall von Aggression rasches Gegensteuern erlauben.

- Vereinbaren, dass man sich vor kritischen oder potenziell konfliktbeladenen Interaktionen im Vorfeld unter vier Augen oder im Beisein eines Moderators oder gemeinsamen Vorgesetzten abstimmt.

Erfolgsindikator ist, dass die Vorgespräche konstruktiv und konfliktklärend verlaufen und die Interaktionen im Anschluss ebenfalls sachorientiert und ohne Aggression bleiben.

- Einbeziehen eines Moderators bei gemeinsamen Interaktionen, in denen man verbale Aggression befürchtet.

Der Moderator wird im Vorfeld von beiden Seiten unabhängig über die erfolgte verbale Aggression sowie die Hintergründe informiert. Damit

nicht fallweise über eine Teilnahme des Moderators entschieden werden muss, werden für die Interaktionen, in denen seine Anwesenheit erforderlich ist, verbindliche Kriterien festgelegt.
Auch ohne weitere Aggression teilt der Moderator nach den Interaktionen seine Beobachtungen mit und gibt Hinweise für eine Verbesserung der Zusammenarbeit und die Stärkung des konstruktiven Miteinanders.
Ein Erfolgsindikator ist das Ausbleiben weiterer Aggression und die Rückmeldung des Moderators, dass der Austausch stets sachlich und konstruktiv ist.

- Vereinbaren, dass man sich in Meetings nebeneinandersetzt, um weniger konfrontativ zu sein und physisch in die gleiche Richtung ausgerichtet zu sein.
Man kann sich zusätzlich im Vorfeld auf ein Symbol einigen, welches man im gemeinsamen Sichtfeld platziert. Dieses Symbol erinnert beide Seiten an ihr gemeinsames Ziel und repräsentiert dabei ein Miteinander anstelle von Konfrontation. Dies kann so einfach sein wie ein bestimmter Kaffeebecher, den man bei einem früheren klärenden Gespräch benutzt hatte oder ein Gegenstand, der an einen gemeinsamen Erfolg erinnert.
Erfolgsindikator ist, dass man etwas früher zu gemeinsamen Meetings erscheint, nebeneinander Platz nimmt und das vereinbarte Symbol im gemeinsamen Sichtfeld platziert.

- Vereinbaren, dass man zu Beginn einer Interaktion zunächst auf einer persönlichen Ebene eine Verbindung herstellt, den Teamgeist durch wertschätzende Aussagen stärkt, und die gemeinsamen Ziele sowie potenzielle Zielkonflikte benennt, bevor man zur Tagesordnung übergeht. Sollte ein Meeting von einer anderen Person einberufen worden sein und geleitet werden, bittet man diese im Vorfeld des Meetings um Berücksichtigung.
Der Erfolgsindikator ist, dass diese Aktivitäten zu Beginn gemeinsamer Interaktionen konsequent durchgeführt werden.

- Vereinbaren eines Zeichens, dass die Interaktion in Richtung verbaler Aggression tendiert.
Wenn eine Person dieses Zeichen gibt, sollten beide Personen innehalten und ggf. die Interaktion für eine kurze Abstimmung unter vier Augen pausieren. Dies erfolgt unabhängig davon, ob man tatsächlich auf einen Konflikt zusteuert, die Wortwahl aggressiv und abwertend wird, oder es auch nur die tendenziöse Wahrnehmung einer Person ist, dass das Gespräch zunehmend aggressiver wird.
Erfolgsindikator ist, dass es gelingt, bereits vor dem Auftreten einer verbalen Aggression zu intervenieren und zu einem konstruktiven Austausch zurückzufinden.

- Vereinbaren, wie man handelt, wenn eine Seite trotz der Absprachen verbal aggressiv agiert und die andere Seite davon getroffen ist.
Dies kann zum Beispiel darin bestehen, dass die aggressive Person eine Pause einlegt, um dem Gegenüber die Möglichkeit zu geben, sich wieder zu sammeln, sowie in einem anschließenden Pausieren der Interaktion und Verlassen des Raumes für eine kurze Abstimmung unter vier Augen. Dieses sollte die gegenseitige Bekräftigung der konstruktiven Absichten und eine Einigung auf den Ansatz zur Fortführung der Interaktion beinhalten.
Erfolgsindikator: Die aggressive Person erzeugt den Raum für die angegriffene Person, sich zu sammeln und das Meeting konstruktiv weiterzuführen.

4.5.4.4 Gesichtswahrende Maßnahmen

Für den Aggressor ist es essenziell, dass er gesichtswahrend „davonkommt" und nach der Einigung nicht als Täter oder Büßer dasteht.

- Eine „goldene Brücke bauen" (nach Ury, 2011), um den ursprünglichen Aggressor im Anschluss gut dastehen zu lassen, was für ihn eine Zustimmung einfacher macht.
Dabei definieren beide Seiten gemeinsam einen Weg, wie die Einigung und die zukünftige konstruktive Zusammenarbeit als ein gemeinsamer Erfolg beider Parteien dargestellt werden kann und das anständige Verhalten während der Einigung in den Vordergrund gestellt wird.
Als Erfolgsindikator wird gewertet, dass im Unternehmen positiv über das Handeln beider Seiten gesprochen wird.
- Eine „Feuerwehruniform bereitstellen" (nach Schranner, 2001), um dem ursprünglichen Aggressor zu ermöglichen, aus der Situation ohne Gesichtsverlust herauszukommen.
Hier steht insbesondere im Vordergrund, dass über die Aggression und den Aggressor so weit wie möglich Stillschweigen bewahrt wird und dass dieser nicht öffentlich angeprangert wird.
Ein Erfolgsindikator ist, dass die Aggression im Unternehmen nicht die Runde macht, insbesondere nicht mit namentlicher Nennung des Aggressors.

4.5.4.5 Geschäftliche Maßnahmen und Indikatoren

Auch auf der Sachebene beziehungsweise hinsichtlich geschäftlicher Aspekte kann man durch die Verabredung von Maßnahmen den Kontakt und das Potenzial für Konflikte reduzieren.

- Ein strukturiertes Treffen vereinbaren, in welchem man die jeweiligen geschäftlichen und persönlichen Ziele miteinander abgleicht. Dabei kann man Zielkonflikte identifizieren und Ansätze für deren Überwindung sowie für gemeinsamen Nutzen finden.
  Ein Erfolgsindikator ist, wenn beide Seiten bestätigen können, dass ein Zielkonflikt sie emotional nicht mehr reizt.
- Bei gegenseitiger Abhängigkeit (Zuarbeit einer Person an die andere mit für diese relevanten Arbeitsergebnissen) regelmäßige Treffen vereinbaren mit dem Ziel, gemeinsam den übergreifenden Geschäftszweck zu verfolgen.
  Dabei präzisiert man die jeweiligen Verantwortlichkeiten und gibt gleichzeitig gegenseitig die Zusage, nicht nur die eigenen Kennzahlen zu optimieren, sondern auch die Kennzahlen der anderen Person und des gesamten Geschäftsbereiches zu berücksichtigen.
  Erfolgsindikator: Gegenseitige Bestätigung, dass keine individuellen Kennzahlen zulasten anderer Ergebnisse optimiert wurden.
- Die jeweiligen Verantwortlichkeitsbereiche klar trennen, um Überlappungen und Missverständnisse zu vermeiden beziehungsweise das Maß an Interaktion zu reduzieren.
  Dies kann durch Präzisierung der Definition der jeweiligen Aufgaben erfolgen, durch Einschaltung von Intermediären (sofern dies auch betrieblich sinnvoll ist), oder auch durch Übertragung von Verantwortlichkeiten an andere Personen oder Stellen.
  Erfolgsindikator: Die Überlappungen und die gegenseitigen Abhängigkeiten im Geschäftsablauf sind auf ein mögliches Minimum reduziert.

4.5.4.6 Ungeeignete Maßnahmen

Eine Reihe von Maßnahmen, die auf den ersten Blick wie gute Ideen erscheinen mögen, haben negative Konsequenzen und destruktive Implikationen. Sie erweisen sich dadurch als unangemessen und ungeeignet, um Konflikte zu lösen und verbale Aggression in Zukunft zu verhindern.

- Eine naheliegende und sogar übliche Maßnahme ist das Einfordern einer förmlichen Entschuldigung, eventuell sogar in einem öffentlichen Rahmen.
Allerdings reduziert dies nicht den Konflikt, sondern kann beim Aggressor, der zur Entschuldigung gezwungen wurde, ein Gefühl der Minderwertigkeit und sogar den Wunsch nach Rache hervorrufen. Diese Forderung schafft zudem eine vertikale Beziehung und belastet dadurch das Miteinander, was zu einem späteren Zeitpunkt weitere Aggressionen sogar noch wahrscheinlicher macht.
Aus individualpsychologischer Sicht sind Entschuldigungen zudem unanständig: Sie legitimieren schlechtes Handeln wider besseres Wissen und ermöglichen so die wiederholte Aggression, da man sich ja anschließend nur zu entschuldigen braucht.
- Ähnlich ungeeignet wie eine Entschuldigung ist die Vereinbarung einer Kompensation, zum Beispiel eine Tafel Schokolade, eine Flasche Wein o. Ä., um eine erfolgte Aggression zu kompensieren oder zukünftige Aggressionen zu verhindern.
Die Kompensation verniedlicht die ernste Situation, und die beabsichtigte Leichtigkeit, die den Konflikt entschärfen soll, bewirkt lediglich, dass die Ernsthaftigkeit der Aggression und ihrer negativen Wirkung übertüncht wird.
Zudem stellt die Kompensation wiederum eine Entschuldigung dar und erteilt quasi gegen Bezahlung die Erlaubnis, sich auch in zukünftigen Situationen aggressiv verhalten zu dürfen.
- Das Einbeziehen der jeweiligen Vorgesetzten ist ebenfalls keine geeignete Maßnahme, solang beide Seiten den guten Willen zeigen, gemeinsam zu einer konstruktiven Lösung zu finden.
Dadurch wird das Problem auf andere abgewälzt und dabei unter Umständen aufgebauscht. Damit stellt es ungewollt eine weitere Eskalation dar.
Dies belastet das Miteinander und erschwert durch Einbinden der hierarchischen Beziehungen zu den Vorgesetzten das Erzielen einer gleichwertigen und respektvollen Beziehung auf Augenhöhe.
- Zuletzt ist eine Verabredung zu einem „Duell" oder einer Auseinandersetzung unter vier Augen gänzlich ungeeignet, verbale Aggression zukünftig zu unterbinden und ein konstruktives Miteinander wiederherzustellen, egal ob diese verbal oder physisch erfolgen soll.
Diese Auseinandersetzung mag spielerisch gemeint sein, soll vielleicht dazu dienen, emotional reinen Tisch zu machen, oder soll wie in Film oder Literatur damit enden, dass sich die Kontrahenten

freundschaftlich in den Armen liegen. In der Realität ist die Wahrscheinlichkeit jedoch hoch, dass am Ende emotionale oder sogar körperliche Verletzungen stehen und die Aggression zu tiefer Feindschaft wird.

4.5.4.7 Vereinbarung von Folgeterminen

Dreikurs (1977) erläutert: „So, wie alle an der Suche nach einer Übereinkunft beteiligt sein müssen, müssen auch alle an der Verantwortung für die erzielte Übereinkunft beteiligt werden." Daher vereinbart man nach der Einigung auf konkrete Maßnahmen und Erfolgskriterien neben einem Folgetermin für die Sachthemen einen Termin für ein persönliches Gespräch unter vier Augen, um den Stand der zwischenmenschlichen Beziehung zu prüfen. In diesem Meeting können beide Seiten die Einigung noch einmal bestätigen und gegebenenfalls weitere Maßnahmen vorschlagen, die einen Beitrag zu einem konstruktiven Miteinander leisten und zusätzlichen gemeinsamen Nutzen erzeugen können, aber die ihnen während der initialen Bewältigung der Aggression nicht eingefallen waren.

Es ist ratsam, hierfür einen neutralen, offenen Raum zu wählen, zum Beispiel eine offen einsehbare, aber ruhige Ecke in der Cafeteria, so dass beide Seiten von einer konstruktiven Konversation ausgehen können.

4.5.5 Schritt E – Abschluss des Austausches

> Der Abschluss des Austausches und die Gestaltung des letzten Eindrucks haben einen wesentlichen Einfluss auf den Erfolg des Vorgehens, da sie die Ausrichtung auf die Zukunft maßgeblich bestimmen.

Dabei ist zwischen zwei Situationen zu unterscheiden:

1. Der Versuch der Konfliktlösung ist gescheitert.
2. Der Konflikt wurde gelöst, und es wurde eine Einigung erzielt.

4.5.5.1 Abschluss ohne Lösung des Konfliktes oder Einigung

Falls der Konflikt nicht gelöst werden konnte, muss man die Interaktion damit beenden, dass man sie vertagt und ein Treffen mit einem Vermittler oder mit einer Autoritätsperson einplant:

- „Lass uns das offline diskutieren."
- „Ich werde über dieses Thema nachdenken und es später zusammen mit … wieder aufgreifen."
- „Wir werden das mit … besprechen müssen."

Selbst wenn die andere Person darauf besteht, die Diskussion über die verbale Aggression weiterzuführen, muss man sich aus dieser Debatte herausziehen, wenn man davon überzeugt ist, dass in diesem Moment keine konstruktive Einigung erzielt werden kann.

Auch ist es an dieser Stelle empfehlenswert, die gesamte Interaktion zu beenden und nicht wieder zur Tagesordnung überzugehen. Auch scheinbar neutrale Themen werden durch den Angriff und den gescheiterten Lösungsversuch überschattet werden. Dadurch ist es zweifelhaft, dass man konstruktiv und im Sinne des Unternehmens weiterarbeiten kann.

4.5.5.2 Abschluss mit Lösung des Konfliktes und gütlicher Einigung

Wenn der Konflikt erfolgreich gelöst wurde, muss man entscheiden, ob es sinnvoll ist, mit der ursprünglichen Tagesordnung fortzufahren – möglicherweise nach einer kurzen Pause, um sich mental neu zu orientieren – oder die weitere Interaktion zu vertagen und zu einem späteren Zeitpunkt wieder aufzugreifen.

Nachdem man das weitere Vorgehen angekündigt hat, fasst man kurz die Ergebnisse und Absprachen zusammen, dankt der anderen Person für ihre Konstruktivität und erklärt, dass man sich auf die geplanten Folgetermine freut, um weiter auf eine gute Beziehung hinzuarbeiten.

Dieser konstruktive Impuls an das Gegenüber für die zukünftige Zusammenarbeit sollte auch eine kurze Äußerung der Wertschätzung und der Zusage für eine konstruktive und sich verbessernde Beziehung sein. Dahinter steht die Absicht, das Miteinander zu stärken und am Ende der Konversation noch einmal eine positive Emotion hervorzurufen:

- „Danke für das offene Gespräch und für deine Zusage, unsere Beziehung zu verbessern. Ich bin fest entschlossen, das Gleiche zu tun, und freue mich bereits auf unsere nächsten Gespräche zu dem Thema."
- „Danke, dass du dir die Zeit genommen hast und auch den Mut bewiesen hast, diese knifflige Situation mit mir gütlich zu lösen. Ich weiß das sehr

zu schätzen und werde bei unserem nächsten Treffen meinen Einsatz für eine bessere Beziehung deutlich machen."
- „Ich schätze deine Offenheit außerordentlich, diese Situation gemeinsam anzugehen, Deine Absichten klarzumachen und gemeinsam auf eine bessere Beziehung hinzuarbeiten. Sei bitte versichert, dass ich mich ebenfalls für eine bessere Zusammenarbeit einsetzen werde, und ich bin bereits neugierig darauf, was wir gemeinsam erreichen können, wenn wir uns das nächste Mal treffen."

Dieser positive Impuls beeinflusst maßgeblich die Emotion, mit welcher beide Seiten die Interaktion verlassen, sowie die Richtung, in welche sie sich im Nachgang bewegen werden.

Daher sollte man sich unbedingt die Zeit nehmen, über den Inhalt dieses positiven Impulses nachzudenken, am Ende der Interaktion noch einmal für Ruhe und Konzentration sorgen und nach dem ernsten und bestimmten Vortragen dieses Impulses sicherstellen, dass die Worte gehört wurden und Wirkung entfalten können.

Nachdem in diesem Abschnitt das Vorgehen zur Umwandlung von Konfrontation in Kooperation anhand typischer Situationen mit einer persönlichen Interaktion zwischen Personen mit einer langfristigen Beziehung vorgestellt wurde, vermittelt der folgende Abschnitt Varianten des Vorgehens, welche in andersgearteten Situationen zum Einsatz kommen können.

4.6 Anwendung des Vorgehens auf weitere Situationen im Beruf

Der vorhergehende Abschnitt vermittelt die Kenntnis über das generelle Vorgehen zur Bewältigung verbaler Aggression und geht dabei von typischen Situationen aus, in denen man handlungsfähig ist und mit dem Aggressor auf ein konstruktives Miteinander in Zukunft hinarbeiten kann.

Diese Rahmenbedingungen sind jedoch nicht immer gewährleistet. Dieser Abschnitt erläutert daher anhand einer Reihe weiterer Szenarien, wie das Vorgehen abgewandelt werden kann, um unter anderen Bedingungen die Aggression zu begrenzen und einen positiven Ausgang zu erzielen.

4.6.1 Situationen, die eine unmittelbare Begrenzung erfordern

4.6.1.1 Eingeschränkte Handlungsfähigkeit

In gewissen Situationen sind die Möglichkeiten einer Person, auf eine verbale Aggression zu reagieren, deutlich eingeschränkt:

- Beim Steuern eines Fahrzeugs, beim Überwachen kritischer Prozesse oder beim Bedienen einer Maschine.
- Beim Durchführen einer dringlichen und zeitkritischen Tätigkeit.
- In einem großen Forum, während einer Präsentation vor einem größeren Publikum, oder während man einen Unterricht leitet.
- Beim Bedienen oder Versorgen eines Kunden.
- In Anwesenheit externer Parteien wie wichtigen Kunden, Lieferanten, Geschäftspartnern oder Behördenvertretern.
- Beim Essen in der Kantine oder im Restaurant.
- Auf der Toilette.

Diese Situationen erfordern ein unmittelbares und sehr knappes Begrenzen der Aggression mit einer Aufforderung zur Unterlassung: „Ich werte das als persönlichen Angriff. Lass das gefälligst."

Einen Hinweis auf die eigenen konstruktiven Absichten und die Folgeaktivitäten kann man nur geben, wenn dies für die gerade ausgeführte Tätigkeit nicht zu disruptiv ist: „Das ist ein Vorwurf, der mich tief verletzt, und ich will das nicht. Ich kann darauf jetzt nicht eingehen, aber ich stelle später noch einen Termin für uns beide für morgen ein."

Insbesondere in Situationen, in welchen die Aggression eine Gefährdung des Geschäftserfolges oder gar von Personen darstellt, sollte direkt eine Eskalation angekündigt werden: „Dein aggressives Verhalten gefährdet hier den Erfolg. Das geht so absolut nicht. Ich werde so bald wie möglich mit … über Konsequenzen sprechen."

4.6.1.2 Grenzüberschreitendes Verhalten

Grenzüberschreitendes Verhalten kann verschiedene Formen annehmen:

- Androhen physischer Gewalt, Überschreiten der persönlichen Distanz, ungewünschte Berührung, Bedrängen

- Sexuelle Abwertung, sexuelle Belästigung oder sogar sexuelle Nötigung
- Rassismus und Diskriminierung, egal, ob hinsichtlich des Geschlechts oder sexueller Präferenzen, der Herkunft, des ethnischen Aussehens, Behinderungen oder des Alters.
- Kriminelle Handlungen und Äußerungen wie Erpressung, Korruption, Vorschlag zur kriminellen Zusammenarbeit, Äußerung strafrechtlich relevanter Aussagen

Solche extremen Verhaltensweisen erlauben keine Klärung und kein Wiederherstellen eines konstruktiven Miteinanders; zudem erfüllen sie zum Teil Straftatbestände.

> Grenzübergreifendes Verhalten muss daher direkt unterbunden werden und durch Anrufung von Autoritäten auch für die Zukunft verhindert werden.

Kurze, klare und unmissverständliche Worte sind hier gefordert:

- „Lass das, das ist absolut inakzeptabel. Ich werde das jetzt an … melden."
- „Nein! Hör auf damit und lass mich in Ruhe. Das geht so nicht, und ich bin gezwungen, … darüber zu informieren."
- „Stopp! Ich will das nicht hören, und ich will keinen weiteren Kontakt zu dir. Ich werde jetzt zu … gehen und mit ihr über die Konsequenzen sprechen."

Dabei muss auf jeden Fall auf die eigene physische Sicherheit und die von weiteren anwesenden Personen beachtet werden. Es ist zu empfehlen, dass man sich sofort von dem Aggressor entfernt und die Aggression mündlich an Vorgesetzte meldet.

Wenn andere Personen anwesend waren, muss man diese Menschen direkt auffordern, als Zeugen zur Verfügung zu stehen, und feste Zusagen hierfür einholen.

Anschließend sollte man den Vorfall schriftlich dokumentieren und vorzugsweise von den Zeugen bestätigen lassen. Diese Dokumentation sollte man an mindestens zwei relevante Stellen schicken, zum Beispiel die eigenen Vorgesetzten sowie Repräsentanten der Personalabteilung, eine Ombudsperson oder einen Betriebsrat. Durch die breite Kommunikation stellt man sicher, dass die Aggression nicht durch konfliktscheue oder nach Harmonie strebende Einzelpersonen bagatellisiert und unter den Teppich gekehrt wird.

4.6.2 Geringe Wahrscheinlichkeit einer Klärung

Verschiedene Situationen lassen eine Klärung und eine gegenseitige Zusage eines konstruktiven Miteinanders unwahrscheinlich erscheinen.

Trotzdem erfordern diese Situationen nicht in jedem Fall eine unmittelbare Begrenzung und Eskalation. Allerdings sollte sehr frühzeitig geprüft werden, wie hoch die Erfolgsaussichten für eine gemeinsame Lösung sind und ob man sofort oder in einem Folgetermin zu einer gemeinsamen Lösung finden kann.

4.6.2.1 Fehlendes Interesse an zukünftiger Zusammenarbeit

Bei einem Austausch mit Menschen ohne vorherige oder zukünftige Zusammenarbeit ist das Interesse an einem künftigen konstruktiven Miteinander gering. Dies kann zum Beispiel in folgenden Konstellationen der Fall sein:

- Im Dienstleistungsbereich mit stark wechselnden Kundenkontakten, zum Beispiel in der Gastronomie, im Tourismus oder im Kundenservice.
- Bei Interaktion mit Kollegen in weit entfernten Abteilungen.
- Beim Umgang mit Kunden, Lieferanten oder Geschäftspartnern, mit denen sehr selten ein Kontakt zu erwarten ist.
- In Verhandlungen, bevor ein Vertrag abgeschlossen ist und eine formelle Beziehung aufgebaut wird.

Eine Person, die in einer solchen Konstellation verbale Aggression einsetzt, riskiert damit keine Belastung einer zukünftigen Beziehung und kann solche Angriffe sogar strategisch einsetzen.

Trotzdem haben die meisten Menschen ein Interesse an einem angenehmen Miteinander, möchten ein konkretes Ziel erreichen und möchten insgesamt als anständig und „normal" wahrgenommen werden.

Dies eröffnet die Möglichkeit, nach der Begrenzung der Aggression in Schritt A (siehe Abschn. 4.5.1) nicht an ein zukünftiges Miteinander, sondern an andere Werte und Ziele zu appellieren:

- „Auch wenn dies vielleicht unsere einzige Interaktion sein mag, bevor wir uns verabschieden, können wir diese doch sicherlich auch für beide Seiten und auch für alle weiteren Anwesenden angenehm gestalten."
- „Sie möchten in unserem Austausch ja auch etwas erreichen. Die Voraussetzung dafür ist, dass wir einander wertschätzend begegnen und von

persönlichen Angriffen absehen. Andernfalls werde ich mich aus diesem Gespräch herausziehen. Das von Ihnen erwünschte Ergebnis wäre dann für Sie erst einmal nicht erreichbar."
- „Was Sie mir da gerade vorwerfen, und wie Sie das tun, verletzt alle Regeln des Anstandes. Ich bin mir sicher, dass Sie als anständig angesehen werden möchten. Lassen Sie uns also jetzt bitte wieder zu normalen Umgangsformen zurückkehren."

Ein Hinterfragen der Ziele und Motivationen sowie die Vereinigung der Sichtweisen sind in dieser Situation kaum sinnvoll. Daher sollte man gemäß den Fragen in Abschn. 4.4.3 genau prüfen, ob weitere Angriffe ausbleiben werden und Bereitschaft zu einer friedlichen und respektvollen Zusammenarbeit besteht.

Falls dies nicht der Fall ist, muss man die Interaktion abbrechen oder, wenn dies nicht ohne erhebliche Nachteile möglich sein sollte, so kurz und knapp wie möglich halten und baldmöglichst beenden. Die fortgesetzte Aggression sollte man dokumentieren und intern an Vorgesetzte oder eine andere relevante Stelle melden.

4.6.2.2 Heftige, gnadenlose Aggressionen

Wenn die Absicht hinter der Aggression Rache und Vergeltung ist, fällt wahrscheinlich nicht nur die Aggression heftig aus. Auch die Fähigkeit, die eigenen Emotionen unter Kontrolle zu halten und das Gespräch konstruktiv zu führen, ist eingeschränkt.

Oft fühlt sich ein Aggressor zum Angriff berechtigt, zum Beispiel aufgrund empfundenen Unrechts oder vorhergehender Kränkung oder weil er sich moralisch überlegen und im Recht fühlt.

Auch in diesem Fall ist ein direkter Gang zu einer Autorität oder zu einem Mediator nicht zwingend.

Man sollte zunächst eine – auch längere – Pause einlegen, um beiden Seiten die Gelegenheit zu geben, das emotionale Gleichgewicht wiederzufinden.

Anschließend kann man in Schritt A (siehe Abschn. 4.5.1) nach der Begrenzung der Aggression und dem Bekunden der eigenen positiven Absichten die Vermutung äußern, dass hinter der heftigen Aggression eine eigene Verletzung stecken könnte:

- „Ich kenne dich normalerweise als sehr besonnen, aber diese Bemerkung eben war wirklich heftig und irgendwie untypisch. Kann es sein, dass du dich durch irgendetwas verletzt fühlst?"
- „So einen Ausbruch habe ich von dir noch nicht erlebt. Was ist denn los? Bin ich dir irgendwo auf den Schlips getreten?"
- „Wir sind bisher eigentlich ganz gut miteinander ausgekommen, aber jetzt kommt auf einmal so eine heftige Attacke von dir. Habe ich dir irgendetwas getan, weshalb du auf einmal zu solchen Mitteln greifst?"

Hierbei ist viel Fingerspitzengefühl gefragt, da man sich ehrlich nach einem möglichen eigenen Fehlverhalten erkundigen will, aber nicht die Tür für Ausreden und Ablenkungsmanöver oder gar noch heftigere Attacken öffnen möchte.

Auch hier helfen die Fragen aus Abschn. 4.4.3, um zu entscheiden, ob mit einer Klärung zu rechnen ist oder ob die Gegenseite die Öffnung dazu nutzt, „noch eins draufzusatteln".

Im letzteren Fall beendet man nach kurzer schriftlicher Dokumentation die Interaktion umgehend und eskaliert an die entsprechenden Stellen.

4.6.2.3 Zurückkommen nach mehreren Minuten

Es kann sein, dass man im Rahmen einer persönlichen Interaktion erst mit großer Verzögerung von etlichen Minuten dazu kommt, auf eine verbale Aggression zu reagieren. Dies kann beispielsweise durch eine besonders intensive körperliche Reaktion ausgelöst sein. Es kann einem aber auch erst im weiteren Verlauf der Interaktion – durch hämische Blicke anderer Beteiligter oder aufgrund eines Hinweises einer wohlgesonnenen anwesenden Person – deutlich werden, dass eine Bemerkung eine geschickt verschleierte Abwertung war.

Man muss dann entscheiden, ob man dann doch noch im Rahmen der laufenden Interaktion darauf zurückkommt, die Aggression in der nächsten Pause unter vier Augen anspricht, das Thema erst im Nachgang aufgreift oder den Angriff ganz unter den Tisch fallen lässt.

Man hat in dieser Situation viele Freiheiten, wie man verfahren möchte, kann sich für ein Abwägen Zeit lassen und sollte die Entscheidung insbesondere davon abhängig machen, ob man sich besonders stark getroffen gefühlt oder die Aggression lediglich erst mit Verzögerung bemerkt hat.

Falls man durch einen heftigen Angriff und die dadurch ausgelöste Stufe der Abwehrkaskade lange mit der Wiedergewinnung der Selbstkontrolle gerungen hat und eventuell immer noch zittrig ist, sollte man eine Intervention besser verschieben. Man kann in diesem Fall mit einer knappen Begründung den Ort der Interaktion verlassen, wobei man darauf achtet, Ruhe und Souveränität auszustrahlen.

Bei einer Interaktion mit mehreren Teilnehmern kann man die nächste Pause oder das Ende des Zusammentreffens abwarten, um den Aggressor um ein Wort unter vier Augen zu bitten. Hatte man sich zuvor nur zu zweit unterhalten, kann man den Aggressor wieder aufsuchen, wenn man sich dazu im Stande fühlt.

Auch eine Verschiebung der Intervention auf den nächsten Tag ist legitim; wichtig ist dabei, dass man unmittelbar nach der Interaktion dazu einlädt und in der Einladung Klarheit über das Thema schafft. Hierzu fasst man die drei Punkte aus Schritt A in der Einladung kurz schriftlich zusammen.

Alternativ kann man die direkte Klärung angehen, wenn man sich dazu im Stande fühlt, und dafür die Interaktion unterbrechen. Auf Proteste, dass man mittlerweile bei einem ganz anderen Thema sei, kann man mit den Argumenten in Abschn. 4.4.4 reagieren und die umgehende Klärung aufgrund der Wichtigkeit einfordern.

Sollte man die verbale Aggression erst verspätet als solche erkannt haben, kann dies immer noch mit einer erheblichen körperlichen Reaktion einhergehen. Insbesondere kann die Tatsache, dass man zunächst nichts bemerkt hat, das Gefühl der Minderwertigkeit noch weiter verstärken und starke negative Emotionen auslösen. Andererseits ist es auch möglich, dass die eigene Reaktion nur ein erstauntes „Ach so?" ohne weitere emotionale Regung ist.

Im Falle starker emotionaler Berührung ist der oben beschriebene Weg mit einem Herausziehen aus der Interaktion oder einem späten Einhaken empfehlenswert.

Beim Fehlen einer emotionalen Reaktion hat man auch die Möglichkeit, während der Interaktion „die Sache auszusitzen" und einfach nicht auf die Aggression einzugehen. Dabei ist wichtig, trotzdem im Anschluss an die Interaktion den Aggressor zu einer Klärung einzuladen. Weiterhin ist es wichtig, in der Nachsorge sicherzustellen, dass der eigene Ruf unter weiteren Anwesenden und in Berichten als souverän und durch die Aggression unbeeindruckt gestärkt wird.

4.6.3 Aggression über ein Medium

Verbale Aggression kann auch ohne direkte verbale Interaktion über ein Medium vermittelt werden. Diese hat dann in aller Regel Schriftform oder wird als Audiobotschaft versendet; bildliche Darstellungen stellen im beruflichen Umfeld die absolute Ausnahme dar.

Auch auf diese Weise kann ein Gefühl tiefer Verletzung hervorgerufen werden. Diese Situationen verlangen jedoch aufgrund des Umwegs über ein Medium eine Anpassung des Vorgehens zu ihrer Bewältigung.

Dabei kann ein schriftlicher Angriff ohne wesentliche Zeitverzögerung (synchron) über ein Chatsystem erfolgen oder mit Zeitverzögerung (asynchron) über E-Mail, in zunehmend selteneren Fällen auch auf beschriebenem oder bedrucktem Papier.

Audiobotschaften können klassisch auf (virtuellen) Voiceboxen hinterlassen werden, aber auch per Chat verschickt werden.

4.6.3.1 Unterschiede zur mündlichen Interaktion

Gegenüber der mündlichen Interaktion ergeben sich einige wesentliche Unterschiede, die für eine Bewältigung berücksichtigt werden müssen:

- Der Aggressor ist sich meist dessen bewusst, dass die Aggression durch das Medium aufbewahrt wird und potenziell gegen ihn verwendet werden kann.
  Gleichzeitig kann sich der Aggressor für die Formulierung mehr Zeit nehmen und dadurch die Aggression geschickt verschleiern. Zum Beispiel kann er eine Abwertung raffiniert in scheinbar sachorientierten Äußerungen zwischen Fakten verstecken.
- Die angegriffene Person wiederum kann das Medium sichern und sowohl in einer Auseinandersetzung mit dem Aggressor als auch bei einer Eskalation zur Dokumentation nutzen.
- Der Aggressor kann die abwertende Äußerung an einen umfangreichen Verteiler senden, insbesondere bei Verwendung von E-Mail. Dabei muss der Verteiler für die angegriffene Person nicht unbedingt sichtbar sein, zum Beispiel bei Verwendung von Blindkopie oder bei späterem Weiterleiten der ursprünglichen Nachricht.
- Die angegriffene Person hat mehr Zeit, zunächst ihr Gleichgewicht wiederzufinden und sich zu beruhigen, bevor sie die nächsten Schritte durchdenkt. Auch die Abwesenheit des Aggressors und die Möglichkeit, Vertrauenspersonen um Rat zu bitten, vereinfachen eine nüchterne und wirksame Reaktion auf die Aggression.

4.6.3.2 Bewältigung der Aggression über ein Medium

Die Bewältigung der Aggression entspricht dem Vorgehen in Abschn. 4.5 zur Umwandlung der Konfrontation in Kooperation, mit einer direkten begrenzenden Ansprache der Aggression, der Zusage eines konstruktiven Miteinanders und der Ankündigung, in einem persönlichen Gespräch eine Klärung herbeizuführen.

Folgende Anpassungen an dem Vorgehen sind dabei erforderlich:

- Das Medium mit der verbalen Aggression muss in passender Form gesichert werden. Dies kann ein Ausdruck einer E-Mail, eine Kopie eines Briefes, ein Screenshot und ein Ausdruck einer Chatnachricht oder ein Download einer Audiodatei sein. Es empfiehlt sich, eine Kopie bei einem Treuhänder zu hinterlegen; dabei sind unbedingt Datenschutzbestimmungen einzuhalten.
- Entgegen der häufigen Empfehlung, „eine Nacht drüber zu schlafen", ist eine zeitnahe Reaktion wichtig, um eine Weiterverbreitung zu unterbinden und andere Personen auf dem Verteiler nicht im Unklaren über das weitere Geschehen zu lassen.
- Auch die Antwort auf Sprachnachrichten sollte in Schriftform erfolgen, vorzugsweise über E-Mail.
- Die Antwort auf eine Aggression durch eine Partei außerhalb des Unternehmens, zum Beispiel durch einen Kunden, Lieferanten oder Partner, sollte man stets mit der vorgesetzten Stelle und gegebenenfalls mit der Rechtsabteilung abstimmen.
- Die Antwort erfolgt an den ursprünglichen Verteiler, auch wenn dieser umfangreich ist. Sollte dieser sehr große Ausmaße haben, zum Beispiel ganze Abteilungen mit dreistelliger Personenzahl, sollte man sofort eskalieren und das weitere Verfahren sowie den Verteiler für die Antwort mit dem eigenen Vorgesetzten und gegebenenfalls auch dem Vorgesetzten des Aggressors abstimmen.
- Die Antwort folgt dem Schema für Schritt A (siehe Abschn. 4.5.1). Dabei zitiert man zunächst die ursprüngliche Aggression. Es wird in der Antwort nicht zu einer Klärung übergeleitet, sondern angekündigt, dass man die Klärung zeitnah in einem persönlichen Gespräch durchführen wird. Bei Aggressionen, die eine Klärung unwahrscheinlich erscheinen lassen, kann man auch eine Eskalation ankündigen.
- Anschließend sendet man eine Einladung für einen Termin zur Klärung an den Aggressor. Dieser sollte so zeitnah wie möglich stattfinden. Man

kann dabei entscheiden, ob man einen neutralen Vermittler, einen Zeugen oder einen Vorgesetzten zugegen haben möchte und daher ebenfalls zu dem Termin einlädt. Die Einladung enthält den Text aus dem vorhergehenden Schritt mit Anpassungen für eine Termineinladung. Alternativ zu einer Einladung zur Klärung kann man auch direkt an die entsprechenden Stellen eskalieren.

Dieses Vorgehen stellt eine zeitnahe Begrenzung der Aggression und die Einleitung einer Klärung sicher. Zudem werden Spekulationen und Unruhe im Unternehmen vermieden und durch die Gewissheit ersetzt, dass verbale Aggression nicht akzeptiert wird und unmittelbar begrenzt und geklärt wird.

4.6.4 Indirekte Aggression

Bei indirekter verbaler Aggression erreicht einen die abwertende Aussage nicht direkt von dem Aggressor, sondern über eine dritte Person.

Dabei kann diese Person wiederum verschiedene Intentionen haben, wenn sie die aggressive Aussage weitergibt:

- Die Person kann auf der Seite des Aggressors stehen und die Abwertung unterstützen.
- Die Person kann auf der Seite des Angegriffenen stehen und den Aggressor durch den Bericht abwerten wollen.
- Die Person kann aus der Notwendigkeit heraus handeln, dass verbale Aggression begrenzt werden muss und dies durch die angegriffene Person erfolgen sollte.

Sofern der Bericht mit einer Ankündigung eingeleitet wird und die verbale Aggression nicht gleich zu Beginn zitiert wird, kann man den Hinweisgeber dazu auffordern, die drei Siebe des Sokrates zu nutzen:

1. Ist der Bericht wahr?
2. Ist der Inhalt des Berichtes gut?
3. Ist der Inhalt des Berichtes wichtig und notwendig?

Hierdurch lassen sich leichtfertige oder durch destruktive Motivlagen getriebene Berichte über unkritische Formen verbaler Aggression unterbinden, zum Beispiel Aussagen, die nur dem Erregen von Aufmerksamkeit dienen sollen und daher lediglich nervig sind.

Schwerwiegende Aggression, die durch ein Motiv des Erringens von Überlegenheit oder gar nach Rache und Vergeltung getrieben ist, erfüllt das dritte Kriterium und ist deshalb so wichtig, dass ihre Übermittlung notwendig ist.

4.6.4.1 Unterstützung der Aggressionen durch den Übermittler

Wenn der Übermittler der Aggression diese unterstützt, sieht sich die angegriffene Person zwei gleichzeitigen Attacken gegenüber.

Die berichtende Person kann den Bericht so darstellen, als würde sie lediglich neutral berichten. Formulierungen, Intonation, Körpersprache oder ausgestrahlte Emotion können jedoch anzeigen, dass auch diese Person ein Ziel der Abwertung verfolgt.

Dies erzeugt möglicherweise eine starke emotionale Reaktion in der angegriffenen Person, welche deutlich heftiger ausfällt, als dies bei einer neutralen Berichterstattung der Fall gewesen wäre.

Diese Situation erfordert folglich zunächst die Begrenzung und Bewältigung der Aggression, die von der berichtenden Person ausgeht. Man muss also die Kontrolle über sich selbst wiedergewinnen, eine Entscheidung über das weitere Vorgehen treffen und dann die Kontrolle über das Gespräch übernehmen. Anschließend verfährt man nach dem in Abschn. 4.5 beschriebenen Verfahren.

Es ist davon auszugehen, dass man mit Ausreden konfrontiert wird, die berichtende Person hätte lediglich über die verbale Aggression des ursprünglichen Aggressors berichten wollen. Diese Ausweichmanöver kann man mit den in Abschn. 4.4.5 erläuterten Maßnahmen beherrschen und die Konversation in Richtung einer konstruktiven Klärung lenken.

Im Anschluss muss die Klärung mit dem ursprünglichen Aggressor gesucht werden. Hierzu ist das in Abschn. 4.6.3 beschriebene Vorgehen bei einer Aggression über ein Medium geeignet, mit einer Dokumentation der kolportierten Aussage und einer Einladung zur Klärung oder Eskalation.

Bei dem darauffolgenden Termin mit dem Aggressor muss zunächst der Wahrheitsgehalt der übermittelten Aussage geklärt werden, da durch die negative Gesinnung des Übermittlers eine Verfälschung oder sogar eine erdachte Formulierung vorliegen könnte.

4.6.4.2 Abwertung des Aggressors durch den Übermittler

Umgekehrt ist es möglich, dass der Überbringer der Nachricht danach strebt, sich bei einem besserzustellen, indem er einen von der Aggression in

Kenntnis setzt. Der Übermittler kann auch anstreben, durch den Bericht über das destruktive Verhalten des Aggressors diesen abzuwerten, um selbst ein Gefühl der Überlegenheit zu erhalten.

Dies stellt den Empfänger vor das Dilemma, dass der Bericht einerseits wegen der Möglichkeit zur Klärung nützlich ist und man die Loyalität einer einem selbst zugeneigten Person nicht belasten möchte, aber die Intention destruktiv und daher zu begrenzen ist.

Der erforderliche erste Schritt besteht folglich darin, den Bericht über die verbale Aggression würdigend aufzunehmen und die eigene Wertschätzung gegenüber dem Übermittler zu bestätigen, gleichzeitig aber die enthaltene negative Intention zurückzuweisen:

- „Danke, dass du mich darauf hingewiesen hast – dies ermöglicht mir, die Sache mit … zu klären. Ich weiß deine Loyalität wirklich zu schätzen. Gleichzeitig höre ich einen negativen Unterton heraus, und ich möchte nicht, dass wir beide uns an destruktivem Verhalten beteiligen. Lass uns im Interesse aller die Emotionen dämpfen und mit … wieder zu einem konstruktiven Miteinander gelangen."
- „Ich weiß es zu schätzen, dass du mir über diesen Angriff berichtet hast. Dadurch kann ich den Fall mit … zur Sprache bringen, und ich bin froh darüber, dass du so an meiner Seite stehst. Ich fühle mich allerdings damit unwohl, dass du so abwertend über … berichtest, als wolltest du sie damit ‚in die Pfanne hauen'. Ich möchte, dass wir beide anständig bleiben und uns nicht in eine Eskalation hineinziehen lassen. Nur so können wir mit … wieder zu einem guten Verhältnis kommen."
- „Es tut zwar weh, das alles zu hören, aber es hilft mir, das Thema mit … zu klären. Danke für deine Unterstützung und dafür, dass du mir darüber berichtest. Wir dürfen dabei allerdings nicht in die Falle tappen, genauso destruktiv zu handeln wie …, und ich spüre in deinem Bericht viel negative Emotion. Ich schlage vor, dass wir uns emotional erst einmal etwas abkühlen und eine konstruktive Haltung einnehmen. Damit können wir dann auch mit … zu einer einvernehmlichen Lösung kommen."

Nach erfolgter Klärung mit dem Übermittler der verbalen Aggression und der Wiederherstellung einer konstruktiven Gesinnung kann in einem weiteren Schritt die Klärung mit dem Aggressor gesucht werden und nach dem im obigen Abschnitt beschriebenen Verfahren vorgegangen werden.

4.6.4.3 Übermittlung der Aggression aus Notwendigkeit

Wenn der Bericht über die verbale Aggression aus einer neutralen Haltung heraus erfolgt und mit der Erkenntnis der Notwendigkeit, die negativen Auswirkungen zu begrenzen und eine Klärung herbeiführen zu lassen, so ist das weitere Vorgehen vergleichsweise unkompliziert.

Nach dem Ausdruck des Dankes und der Verbundenheit für die Meldung geht man zur Klärung mit dem ursprünglichen Aggressor über und nutzt dabei das oben beschriebene Verfahren.

Aufgrund der neutralen Haltung bei der Berichterstattung kann man mit größerer Zuversicht von einer wahrheitsgemäßen und exakten Beschreibung der Aggression ausgehen. Man sollte diese jedoch trotzdem zu Beginn der Klärung überprüfen, bevor man die Aggression bewältigt und das konstruktive Miteinander wieder herstellt.

4.6.5 Aggression gegen anwesende Dritte

Es gibt Situationen, in denen eine verbale Aggression nicht gegen einen selbst gerichtet ist, sondern gegen eine weitere Person.

Dabei ist zu unterscheiden, ob die angegriffene Person anwesend ist und die Aggression selbst miterlebt oder ob die Person abwesend ist – man spricht dabei auch von Lästern.

Wenn man in einer gemeinsamen Interaktion Zeuge einer verbalen Aggression gegen eine andere anwesende Person wird, ist auch in diesem Fall damit zu rechnen, dass man eine starke emotionale Reaktion zeigt.

Dabei können wie in Abschn. 4.4.6 beschrieben wesentliche Unterschiede zwischen der Reaktion der angegriffenen Person und der weiterer Anwesender bestehen: Als Zeuge tendiert man eher dazu, einzufrieren und das Geschehen sehr genau zu beobachten, wobei Reaktionen etwas verlangsamt sind. Im Gegensatz dazu kann die angegriffene Person heftiger reagieren, zum Beispiel eine Kampf- oder Fluchtreaktion zeigen, und ihr Handeln ist gegenüber den anderen Beteiligten tendenziell beschleunigt. In einer Web-Konferenz können diese Grenzen verwischt sein, da alle Teilnehmenden den Aggressor von vorne sehen und im allerersten Moment nicht unbedingt klar ist, gegen wen sich der Angriff richtet.

Dies birgt einerseits das Risiko einer raschen Zuspitzung der Situation, bevor man selbst in der Lage ist, einzugreifen und die Situation zu beruhigen. Andererseits ist es auch möglich, dass man selbst schneller die emotionale Kontrolle zurückgewinnt, was die Möglichkeit einer konstruktiven Intervention eröffnet.

Dabei sollten vier Konstellationen unterschieden werden:

1. Man selbst hat eine Führungsrolle inne oder die Verantwortung für die Interaktion, zum Beispiel als Moderator eines Meetings.
2. Eine Autoritätsperson mit einer höheren Stellung als der Aggressor und der Angegriffene ist anwesend.
3. Eine der Konfliktparteien hat eine höhere Stellung als die anderen Anwesenden inne.
4. Man selbst, die Konfliktparteien und weitere Anwesende nehmen keine Sonderrolle ein.

4.6.5.1 Führungsrolle oder Verantwortung für die Interaktion

Wenn man selbst eine Führungsrolle innehat oder die Verantwortung für die Interaktion trägt, hat man dadurch auch eine Verantwortung für die Begrenzung von Aggression und die Sicherstellung eines konstruktiven Miteinanders.

Weiterhin bietet eine verbale Aggression eine Gelegenheit, die eigene Macht zu demonstrieren und als Beschützer verstärkte Loyalität seitens der angegriffenen Person aufzubauen.

Es ist dennoch in vielen Szenarien empfehlenswert, den Konfliktparteien die Gelegenheit zu geben, selbst zu einer Klärung zu kommen. Dies kann insbesondere die Selbstwirksamkeit der angegriffenen Person steigern und die Selbstverpflichtung des Aggressors zu einem konstruktiven Miteinander stärken, da dieses nicht „von oben" verordnet worden ist.

Es ist daher situativ zu prüfen, welchen der folgenden Ansätze man verfolgen möchte:

- Wenn die angegriffene Person sich rasch fängt, ihr die Möglichkeit geben, auf die Aggression konstruktiv zu antworten und eine Klärung zu verabreden.
- Die verbale Aggression durch eine knappe Aussage begrenzen und die Notwendigkeit konstruktiven Miteinanders unterstreichen. Anschließend um eine Pause bitten, um der angegriffenen Person die Möglichkeit zu geben, sich zu sammeln und ihrerseits eine Aussage zu treffen.
- Die verbale Aggression durch eine knappe Aussage begrenzen, die Notwendigkeit konstruktiven Miteinanders unterstreichen und eine Klärung

im Nachgang ankündigen, da die störungsfreie Fortsetzung der Interaktion Vorrang vor einer unmittelbaren Klärung hat oder diese im aktuellen Rahmen wenig Aussicht auf Erfolg hat.

Die ersten beiden Ansätze ermöglichen den Konfliktparteien, selbstständig zu einer Lösung zu kommen, ohne durch eine Autoritätsperson hierzu gezwungen zu werden. Anderenfalls kann man aufgrund der eigenen Verantwortung diese Schritte selbst einleiten.

In jedem Fall sollte man die Aggression dokumentieren und im Nachgang mit den Konfliktparteien eine Nachbereitung durchführen.

4.6.5.2 Anwesende Autoritätsperson

Sollte eine Autoritätsperson der Interaktion beiwohnen, so trägt diese die Verantwortung, die Aggression zu begrenzen und mit den oben beschriebenen Maßnahmen eine Klärung zu ermöglichen oder selbst herbeizuführen.

Falls die Autoritätsperson dieser Anforderung nicht nachkommt, weil sie die Aggression nicht wahrgenommen hat, als nicht signifikant erachtet oder die Auseinandersetzung scheut, sollte man die Interaktion selbst unterbrechen.

Man zitiert hierzu die verbale Aggression und begründet die Notwendigkeit, diese zu begrenzen und konstruktiv zusammenzuarbeiten. Anschließend bittet man die Autoritätsperson um Bestätigung sowie um eine Entscheidung über das weitere Vorgehen, welches eine unmittelbare Klärung oder eine Einigung im Nachgang beinhalten kann.

4.6.5.3 Konfliktpartei mit Führungsrolle

Die schwierigste Konstellation liegt vor, wenn eine der Konfliktparteien eine Führungsrolle innehat.

Wenn der Aggressor hierarchisch höhergestellt ist als die anderen Teilnehmer, bergen eine Intervention und eine Begrenzung der verbalen Aggression ein erhebliches Risiko für die eigene Karriere und Stellung im Unternehmen. Ebenso kann eine Intervention als anmaßend angesehen werden, wenn es die angegriffene Person ist, die eine Führungsrolle innehat, und anstelle ihrer eine rangniedrigere Person als Erste das Wort ergreift.

Die Vielfalt der möglichen hierarchischen Verhältnisse, der persönlichen Beziehungen sowie der Kultur und Gepflogenheiten der Organisation machen es unmöglich, ein universell anwendbares Vorgehen zu definieren.

Die folgenden Ansätze können in Erwägung gezogen werden:

- Erwartungsvolle Beobachtung der Führungskraft und nonverbale Andeutung oder kurze Frage, dass man eine Klärung erwartet.
- Bei einer Zuspitzung ein knapper Aufruf, einen anständigen Umgang miteinander zu wahren und die allgemeinen Regeln des Anstandes und der Höflichkeit zu achten.
- Empfehlung, die Interaktion abzubrechen.
- Schriftliche Dokumentation der Aussagen; diese sollte gut sichtbar erfolgen.

Im Nachgang kann man die dokumentierte Aggression sowie die festgehaltene Reaktion gemeinsam mit einer Vertrauensperson bewerten, zum Beispiel mit einem Mitarbeiter der Personalabteilung, einer Ombudsperson oder einem Mitglied des Betriebsrates.

Das weitere Vorgehen, welches auch eine Eskalation über mehrere Ebenen beinhalten kann, ist mit dieser Vertrauensperson abzustimmen und festzuhalten.

4.6.5.4 Keine Sonderrolle

Wenn man selbst und die anderen Anwesenden keine Sonderrolle einnehmen, kann man ähnlich wie in dem ersten Szenario dazu geneigt sein, für die angegriffene Person „in die Bresche zu springen" und diese zu verteidigen.

Zielführender im Sinne einer Erhaltung der Selbstwirksamkeit der angegriffenen Person und einer Klärung auf Augenhöhe ist jedoch die Einnahme einer neutraleren Position und die Erleichterung einer Klärung. Hierzu begrenzt man die verbale Aggression mit einer sachlichen Anmerkung und appelliert an den Willen zu einem konstruktiven Umgang aus der Notwendigkeit heraus, im gemeinsamen Interesse zusammenzuarbeiten.

Dabei kann man auch weitere anwesende Personen einbinden, um diese Aufforderung zu bestätigen und damit die konstruktive Ausrichtung zu verstärken.

Hierdurch verschafft man der angegriffenen Person eine Pause, die ihr ermöglicht, sich zu sammeln und anschließend in eine konstruktive Klärung einzusteigen.

Falls dieser gütliche Ansatz nicht wirkt und sich die verbale Aggression im weiteren Austausch fortsetzt, sollte man dies deutlich sichtbar dokumentieren und zum Abbruch der Interaktion auffordern. Dabei kann man bereits eine Eskalation ankündigen, was in aller Regel zu einer Abkühlung der Emotionen und Beruhigung der Situation führt.

Im Nachgang sollte man die verbale Aggression an die passenden Stellen eskalieren und dabei mit der Dokumentation belegen.

4.6.6 Aggression gegen abwesende Dritte

Im Berufsleben ist es ein weitverbreitetes Phänomen, dass Kollegen schlecht über abwesende Personen sprechen. Das gemeinsame Ausgrenzen und Abwerten von Kollegen, Mitarbeitern und insbesondere Vorgesetzten kann eine Verbindung zwischen Gleichgesinnten bestätigen und auch emotional entlastend wirken.

4.6.6.1 Negative Auswirkungen des Lästerns

Gleichzeitig trägt dieses Lästern alle Merkmale verbaler Aggression und zieht negative Folgen nach sich. Die emotional aufgeladenen Berichte mit ihrer oft aggressiven Konnotation belasten die kognitive Leistung und wirken lange nach. Dies führt bei einem späteren Zusammentreffen mit der betreffenden Person zu einem feindseligen oder verdächtig unterwürfigen beziehungsweise heuchlerisch freundlichen Verhalten.

Und auch im Nachklang des Austauschs sind sich die Lästerer ihrer eigenen Positionen unsicher, da sie damit rechnen müssen, dass die anderen lästernden Personen über sie herziehen, wenn sie selbst abwesend sind. Das scheinbar verbindende Element verkehrt sich also in sein Gegenteil und entwickelt eine zersetzende Wirkung auf das Miteinander.

Zuletzt unterminiert die Wiederholung von negativen Aussagen über Kollegen die eigene Bindung an das Team und an das Unternehmen, mit nachhaltigen Auswirkungen auf die Loyalität, Einsatzfreude, Arbeitsleistung und letztendlich den Geschäftserfolg.

4.6.6.2 Proaktive Kontrolle der Konversation

Die abwertenden Äußerungen kommen selten aus heiterem Himmel. Oft wird in gewissen Konstellationen fast schon gewohnheitsmäßig über Kollegen oder Vorgesetzte gelästert. Dadurch kann man sich darauf vorbereiten und im Zusammentreffen proaktiv handeln, wenn das Gespräch in eine abwertende Richtung driftet.

Die in Abschn. 4.6.4 beschriebenen drei Siebe des Sokrates bieten sich hier an: Wenn es zweifelhaft ist, dass ein Anwesender etwas Wahres, Gutes oder Notwendiges über eine abwesende Person sagen will, ist dies ein geeigneter Moment zum Einhaken und für den Hinweis, dass man es nicht hören will und man sich auch nicht an Abwertungen beteiligen möchte.

Die dreiseitige Säule von Kishimi (2020, S. 189) bietet sich als eine weitere Sichtweise auf den Inhalt des Gesprächs. Solange das Thema „Ich Armer" lautet, sucht der Gesprächspartner vermutlich nur emotionale Entlastung oder Aufmerksamkeit. Die konstruktive Seite „Was sollte ich von jetzt an tun?" bietet die Gelegenheit zum Dialog über mögliche Lösungen. Wenn das Gegenüber jedoch „Die bösen Anderen" zum Gesprächsinhalt macht, liegt dahinter eine Absicht der Abwertung. Dies erfordert ein Einhaken und Begrenzen, um nicht in die Negativität mit hineingezogen zu werden.

Dies wird eine gewisse Überwindung erfordern, falls dieses Verhalten bisher üblich war und insbesondere, wenn man in der Vergangenheit mitgemacht hatte. In diesem Fall ist eine Rückbesinnung auf die Grundlagen der Individualpsychologie hilfreich, nach derer alle Menschen die Fähigkeit haben, ihr eigenes Verhalten zu erkennen und zu ändern. Dies ermutigt, die richtigen Entscheidungen zu treffen und die eigene Finalität von destruktiven Nahzielen hin zu konstruktiven Aktivitäten zu ändern.

Auch wird man vermutlich gefragt, wenn das Lästern bisher „zum guten Ton" gehörte, warum man sich nicht mehr daran beteiligen wolle oder was auf einmal so schlimm daran sei. Auch hier kann man mit einem klaren „weil ich es nicht mehr will" oder „weil es unser Miteinander vergiftet", antworten, ohne diese Position weiter zu rechtfertigen. Ein Verhalten, welches mit gesundem Menschenverstand als machtvoll und anständig wahrgenommen wird, wird von den Mitmenschen intuitiv als richtig verstanden und benötigt damit keine weitere Erklärung.

4.6.6.3 Bewältigung des Lästerns

Wenn die abwertende Äußerung nicht proaktiv verhindert werden konnte, ähnelt die Situation der in Abschn. 4.6.4.2 beschriebenen indirekten Aggression, die durch eine Person mit Absicht der Abwertung des ursprünglichen Aggressors übermittelt wurde. Der Gesprächspartner strebt eine positive Beziehung zu einem selbst an, wenn auch mit einem fehlgeleiteten und destruktiven Vorgehen.

Da in diesen Fällen jedoch vermutlich keine Aggression seitens der abwesenden Person vorliegt und auch der Wahrheitsgehalt in Zweifel gezogen werden kann, sollte die Verantwortlichkeit für eine Lösung des vorgeblichen Problems beim Gesprächspartner belassen werden.

Zur Bewältigung wird folglich Schritt A des Vorgehens aus Abschn. 4.5.1 so angepasst, dass man die Beziehung zu der Person hält, bevor man die abwertende Äußerung als Aggression aufdeckt:

- „Dass du mich in dieser Sache ins Vertrauen ziehst, weiß ich durchaus zu schätzen. Ich habe allerdings aus deinen Äußerungen kein Bestreben nach einer Lösung herausgehört. Bei mir entsteht nur ein Gefühl, dass … total versagt hat und dass dir wichtig ist, das auch genauso zu betonen."
- „Ich finde es ja gut, dass wir offen über solche Themen sprechen können. Gleichzeitig kam bei allem, was du gerade gesagt hast, kein einziger Vorschlag für eine Lösung. Ich habe nur Negatives über … gehört, und darauf scheint es dir auch anzukommen."

Da der Gesprächspartner oft im Glauben handelt, etwas ganz Übliches oder sogar Richtiges zu tun, muss man kurz und knapp die Schädlichkeit des Lästerns erklären, damit das Begrenzen und der eigene Wunsch eines nüchternen und konstruktiven Miteinanders auch verstanden werden:

- „Mit all dem, was du mir gerade über sie erzählt hast, wird es uns beiden sehr schwerfallen, ihr in Zukunft gegenüberzutreten, ohne dieses Thema anzusprechen. Das würde sich ziemlich heuchlerisch anfühlen."
- „Wenn du mit mir in dieser Form über … sprichst, während er abwesend ist, gibt es mir ein ungutes Gefühl, wie du wohl über mich sprechen wirst, wenn ich nicht da bin."

Anschließend überträgt man die Aufgabe der Klärung mit der betroffenen Person an den Gesprächspartner:

- „Das gibt mir alles wirklich große Zweifel über ihr Verhalten, und so etwas können wir so nicht stehen lassen. Du warst ja live mit dabei, also solltest du es umgehend mit ihr unter vier Augen besprechen und eine gemeinsame Lösung finden."
- „Was du da berichtest, ist wirklich gravierend – das klingt so, als könnte eine Lösung nicht warten. Du hast das ja direkt mitbekommen – also ist es am sinnvollsten, wenn du die Sache so schnell wie möglich direkt klärst."

Wenn das Gegenüber dies ablehnt, zögert oder auf eine Verschleppung der Sache hofft, kann man das Gespräch mit einer impliziten Terminsetzung forcieren. Dabei drückt man unmissverständlich aus, dass man eine direkte Klärung mit der angegriffenen Person erwartet und diese in Kürze mit dieser in Kürze auch überprüfen wird:

- „Wenn ich nächste Woche … treffe, kann ich dann davon ausgehen, dass ihr beiden für das Thema eine Lösung gefunden habt?"
- „Ich habe jeden Montag mit ihr einen Jour fixe. Von welcher Art der Klärung kann ich ausgehen, wenn ich mit ihr spreche?"
- „Kommenden Freitag habe ich ein Review mit dem Boss. Kann ich dann melden, dass du die Angelegenheit mit … geklärt hast und dass alles wieder läuft?"

Als letzte Maßnahme kann man auch unmittelbar zu einer gemeinsamen Klärung schreiten:

- „Wir wissen ja, dass es bei jeder Geschichte immer zwei Seiten gibt. Ich schlage vor, dass wir ihn jetzt einmal gemeinsam anrufen und seine Seite hören und dann über eine Lösung sprechen."
- „Naja, das Problem ist jetzt auf dem Tisch und muss dann ja auch gelöst werden. Wir wollen ja nicht in den Ruf kommen, schwere Probleme liegen zu lassen. Ich sehe sie gerade drüben an ihrem Platz – lass uns mal hingehen und sie in den Meetingraum bitten."

Wie oben beschrieben kann man Widerstand und Unverständnis erwarten, wenn Lästern bisher ein akzeptierter Teil der Kommunikationskultur war und als Voraussetzung für das Schaffen von Bindung gegenüber anderen gesehen wurde. Dem kann man mit einer geduldigen Erklärung begegnen, dass man die destruktiven Auswirkungen verbaler Aggression – auch gegenüber abwesenden Personen – erkannt hat, und dieser zukünftig konstruktive Gedanken und Äußerungen entgegensetzen möchte. Wenn man dies mit einer freundlichen Gesinnung tut, wird man überrascht sein, wie viele Menschen sich mit einem Gefühl der Erleichterung diesem neuen, konstruktiv ausgerichteten Verhalten anschließen.

4.6.7 Eskalation mit Anstand

Unter einer Eskalation mit Anstand versteht man die Einbindung höhere Stellen in die Konfliktlösung, bei der nicht die Schädigung des Aggressors das Ziel ist, sondern das Finden einer einvernehmlichen Lösung und die Wiederherstellung eines konstruktiven Miteinanders.

Die Eskalation ist also die Delegierung der Aufgabe, eine Lösung zu finden, an eine höhere oder andere verantwortliche Stelle. Diese Delegierung ist in den folgenden Situationen angemessen:

- Eigene Versuche, eine Klärung herbeizuführen, waren ergebnislos, sodass eine Stelle mit mehr Wirkungsmacht die Aufgabe übernehmen muss.
- Die Aggression oder die Reaktion darauf verletzen fundamentale Regeln des Anstandes (siehe auch Abschn. 4.6.1 über grenzüberschreitendes Verhalten) oder sind meldepflichtig.
- Aufgrund der eigenen Rolle wäre es anmaßend, zu versuchen, eine Klärung herbeizuführen.
- Man befürchtet eine Beschädigung der eigenen Position oder Beziehungen, wenn man versucht, eine Klärung herbeizuführen.
- Man fühlt sich der Aufgabe nicht gewachsen, selbst eine Klärung herbeizuführen.

Durch die Beschränkung auf diese Situationen und die positive Ausrichtung wehrt man gleichzeitig einen üblichen Einwand ab, man sollte Konflikte untereinander austragen und nicht „petzen", was angeblich die Solidarität unter den Mitarbeitern unterwandere: Zum einen eskaliert man gerade deshalb, weil man diesen Konflikt nicht direkt lösen kann, und zum anderen ist es die verbale Aggression, welche die Solidarität unter Mitarbeitern zersetzt.

Die Eskalation erfolgt als schriftliche Meldung an eine geeignete Stelle, zum Beispiel einen Vorgesetzten oder HR-Mitarbeiter, gefolgt von einem persönlichen Treffen zur detaillierten Erläuterung.

Die folgenden Elemente sind Bestandteil einer professionellen Eskalation mit Anstand:

- Ausdrückliche Bitte um Lösung der Konfliktsituation.
- Beschreibung der Situation, inklusive Zitat der verbalen Aggression sowie der Reaktionen der angegriffenen Person und weiterer Teilnehmer. Dies beinhaltet auch Klarheit über einen eigenen Anteil an der Konfliktsituation, zum Beispiel Streitigkeiten im Vorfeld oder eine eigene heftige Reaktion.
- Einschätzung der negativen Konsequenzen der verbalen Aggression.
- Grund für die Eskalation (siehe oben).
- Klarheit darüber, was genau von der Autorität erwartet wird. Hierzu gehört insbesondere die effektive Begrenzung des störenden Verhaltens.

- Deutlichkeit über den Wunsch nach zukünftigem konstruktivem Miteinander und Angebot, das Finden einer gemeinsamen Lösung zu unterstützen.
- Ein positiver Impuls zum Abschluss, zum Beispiel Zuversicht, dass durch Intervention der höheren Stelle eine fruchtbare Zusammenarbeit schnell wiederhergestellt werden kann.

Diese Vorgehensweise für eine Eskalation mit Anstand erlaubt einem, die Lösung des Konfliktes an eine Stelle zu delegieren, die ihn mit hoher Wahrscheinlichkeit befrieden kann, und sich dabei aufgrund der konstruktiven Ausrichtung der eigenen Fairness zu versichern.

4.7 Verwendung des Ergebnisses zum gegenseitigen Nutzen

Nachdem eine verbale Aggression im beruflichen Rahmen erfolgreich bewältigt wurde, ist das konstruktive Miteinander geschützt oder wiederhergestellt, aber der zukünftige Verlauf ist durchaus noch unsicher.

Es werden zusätzliche Folgeaktivitäten empfohlen, um die weitere Stärkung des konstruktiven Miteinanders zu gewährleisten und die gewonnenen Erkenntnisse und Erfahrungen aus dem Vorfall für gemeinsamen Nutzen und persönliches Wachstum zu verwenden.

Diese Nachsorge beginnt mit einer emotionalen Entlastung, um verbleibenden Stress abzubauen, sowie einer persönlichen Reflexion über die Situation.

Anschließend trifft man sich wieder mit der anderen Person zu einem persönlichen Gespräch, um die vereinbarten Maßnahmen zu bekräftigen und die Beziehung zu stärken. Die Erkenntnisse aus diesen Aktivitäten können für die weitere Reflexion und für die persönliche Entwicklung genutzt werden.

4.7.1 Emotionale Entlastung schaffen

Der Anspruch, „professionell" und „sachlich" zu sein, „Emotionen außen vor zu lassen" und sich „anständig zu benehmen", führt dazu, dass Menschen im Nachgang einer verbalen Aggression vielfach direkt zu sachorientierten Schritten übergehen oder mit dem Versuch der Verbesserung der zwischenmenschlichen Beziehung beginnen, ohne zunächst für eine emotionale Entlastung gesorgt zu haben.

Wenn man diese jedoch überspringt, hat man während der folgenden Schritte immer noch „die Wut im Bauch", und dieser emotionale Druck beeinflusst dann unbewusst die Reflexion und Folgeaktivitäten. Insbesondere im konstruktiv gemeinten Austausch mit der anderen Person können negative Schwingungen wahrgenommen werden und so den Wiederaufbau des konstruktiven Miteinanders behindern.

> Die Entlastung ist eine sehr private Angelegenheit – niemand kann einem diese Arbeit abnehmen, und sie ist auch für externe Reflexion oder Coaching nicht geeignet.

Man scheut sich häufig, wirklich auszuholen und auch Fäkalsprache zu verwenden, weil man ja anständig sein will. Das Handeln der anderen Person war jedoch nicht anständig, und man muss diese Emotion aus seinem System herausbekommen. In einem Gespräch mit Dritten müsste man zurückhaltender sein, würde kräftige Ausdrücke hinterher bereuen oder gar nicht erst einsetzen und damit den entlastenden Effekt schmälern.

Man muss also mit der emotionalen Entlastung selbst zurechtkommen, eine eigene Entscheidung treffen, wie man sich zu der Situation stellt und sich entlastet, und für sich selbst den emotionalen Druck lösen und alleine Frieden mit der Situation finden.

Es wird dringend empfohlen, diese Aktivitäten noch am Tag der verbalen Aggression durchzuführen, um zu verhindern, dass sich schwärende Ressentiments aufbauen, man ins Grübeln gerät und sogar beginnt, unter psychosomatischen Störungen wie zum Beispiel Schlafstörungen zu leiden. Dadurch würden mögliche Interaktionen in den folgenden Tagen beeinträchtigt. Sollte eine unmittelbare Entlastung nicht möglich sein, so sollte die nächstmögliche Gelegenheit genutzt werden.

4.7.1.1 Methoden zur emotionalen Entlastung

Die emotionale Entlastung kann durch eigene Reflexion, kreative Aktivitäten, körperliche Betätigung oder richtiges „Austoben" erfolgen:

- Als Reflexion kann man aufschreiben, was die andere Person getan hat, was dies ausgelöst hat und was es für einen bedeutet. Dies ist handschriftlich besonders wirksam. Dabei kann man auch durchaus ausholen und weitere Fälle aus der Vergangenheit heranziehen und explizit bezüglich dessen sein, was man in dem Moment über die andere Person gedacht hat.
- Man kann, anstatt zu schreiben, auch reden – in den leeren Raum hinein, gegenüber seinem Spiegelbild, an eine Figur gerichtet („Rubberducking") oder auch zu einem Foto der anderen Person.

- Auch über kreatives Arbeiten, zum Beispiel Malen, Töpfern, Heimwerkern oder Arbeiten mit Holz oder Stein kann man sich entlasten und dabei „am Material abarbeiten". Es ist wichtig, dabei auch die negativen Emotionen zuzulassen und in die Arbeit fließen zu lassen, gegebenenfalls auch mit zerstörerischer Wirkung.
- Auch musikalisch kann man sich durch ausdrucksstarkes, ungestümes Spielen auf seinem Instrument, lautes Singen oder wildes Tanzen abreagieren und seinen eigenen Rhythmus wiederfinden.
- Gut geeignet ist auch Sport – sei es ein intensiver Workout oder ein langes Ausdauertraining, ein vehementes Match im Ballsport oder insbesondere Kampfsport (Boxsacktraining), um sich auszutoben.
- An den gegenüberliegenden Enden des Spektrums möglicher Aktivitäten zur emotionalen Entlastung liegen auf der einen Seite Achtsamkeitsübungen, die allerdings nur für darin bereits Trainierte eine verlässliche Linderung versprechen, und auf der anderen Seite das Herausbrüllen der eigenen Wut, natürlich in geeigneter Umgebung ohne mögliche Zuhörer.

4.7.1.2 Rückkehr in einen entspannten Zustand

Bei all diesen Aktivitäten merkt man selbst, wenn es genug ist – man spürt, dass man entlastet ist, und ein weiteres Verfolgen dieser Aktivität fühlt sich ab einem gewissen Punkt nicht mehr gut an.

Sobald man spürt, dass die Energie nachlässt oder die Anspannung wegfällt, sollte man daher pausieren und in sich hineinhorchen. Wenn man dabei feststellt, „dass es jetzt mal gut ist", beendet man das Abreagieren, schüttelt sich noch einmal aus, und geht zu einer entspannenden Aktivität über. Dies kann zum Beispiel eine gemütliche Tasse Tee sein, ein heißes Bad oder das Hören ruhiger, harmonischer Musik.

Dies ermöglicht einem, entlastet in die Zukunft zu schauen und besonnen die folgenden Schritte anzugehen.

4.7.2 Persönliche Reflexion der Situation

Im Anschluss an die Konfrontation und die emotionale Entlastung ist es empfehlenswert, die Details des Austauschs sowie die Erkenntnisse und Vereinbarungen schriftlich festzuhalten. Damit stellt man sicher, dass man eine präzise Erinnerung an die Ereignisse und wortwörtliche Aufzeichnung der wichtigsten Aussagen festgehalten hat.

Eine persönliche Reflexion über die verbale Aggression und den situativen Kontext sollte innerhalb eines kurzen Zeitraums folgen, vorzugsweise am folgenden Tag, sodass man das Geschehen im Unbewussten verarbeiten kann und trotzdem noch eine frische Erinnerung behält.

Auch wenn es möglich ist, die Betrachtung der Geschehnisse und des eigenen Verhaltens allein durchzuführen, ist es insbesondere bei schwerwiegenden Fällen verbaler Aggression sehr zu empfehlen, die Unterstützung eines professionellen Coaches für die Reflexion heranzuziehen. Dies zwingt einen zu einer Externalisierung der Darstellung und hilft dabei, die eigene tendenziöse Wahrnehmung zu überwinden.

Der Coach kann eine inkonsistente Darstellung durch offene Fragen weiter erforschen und mit verschiedenen Techniken sicherstellen, dass typische Vermeidungsstrategien bei Schmerzpunkten oder bei unanständigem Verhalten überwunden und die Probleme klar angesprochen und analysiert werden.

4.7.2.1 Reflexion über die Situation

Die Reflexion sollte mit den folgenden Punkten beginnen:

- Eine Analyse der Aggression.
- Die eigene tendenziöse Wahrnehmung und Reaktion.
- Finalität und Hintergrund, die man während des Gesprächs mit der anderen Person festgestellt hat.
- Die Gültigkeit der während des Gesprächs gezogenen Schlussfolgerungen.
- Die Eignung der vereinbarten Maßnahmen.
- Der daraus resultierende Zustand der zwischenmenschlichen Beziehung.

Dies wird Aufschluss darüber geben, ob weitere Anpassungen der Maßnahmen oder an der Beziehung im folgenden Meeting mit der anderen Person notwendig sind oder ob weitere Nachforschungen, Überprüfung von Annahmen oder zusätzliche Schlussfolgerungen erforderlich sind.

Die Reflexion kann ebenfalls den psychologischen Lebensstil der anderen Person klar werden lassen und dabei helfen, sie besser zu verstehen. Dadurch kann die Reflexion sogar einen Weg aufzeigen, wie man die andere Person dabei unterstützen kann, sich ihrer eigenen tendenziösen Wahrnehmung und ihrer eigenen privaten Logik besser bewusst zu werden und eine gemäßigtere Haltung anzunehmen.

Zuletzt kann man für sich eine Entscheidung treffen, ob man dem Aggressor mit Milde begegnen möchte und bereit ist, ihm zu verzeihen, oder ob man in Zukunft eher distanziert bleiben möchte und mit nüchterner Konsequenz auftreten will.

4.7.2.2 Reflexion über den Prozess

Im nächsten Schritt wird reflektiert, wie man die Schritte zur Bewältigung der verbalen Aggression durchgeführt hat, beginnend mit dem Moment, in welchem man die Aggression wahrgenommen hat. Man betrachtet die Effektivität der Maßnahmen zur eigenen Beruhigung und Wiedergewinnung der Kontrolle und prüft die Wirksamkeit der folgenden Schritte.

Wichtig ist auch eine ehrliche Auseinandersetzung mit der emotionalen Perspektive: Wie fühlt sich das eigene Verhalten während der einzelnen Schritte zur Bewältigung der verbalen Aggression an? Wie zufrieden ist man mit sich selbst und dem erzielten Ergebnis?

Dieser Schritt kann auch zur Ermutigung genutzt werden, indem man sich positive Aspekte des Geschehens vor Augen führt. Hierzu können solidarisches Verhalten der anwesenden Kollegen gehören, Schritte, welche man besonders gut gemeistert hat, sowie innere Grenzen, die man überschritten hat.

Auch kann man Entlastung erzielen, indem man Themen, die man nicht gemäß den eigenen Idealvorstellungen bearbeitet hat, mit Milde betrachtet und als Chance für Wachstum neu bewertet.

Erkenntnisse können genutzt werden, um weitere Trainingsschritte zu planen, zum Beispiel, wie man Klarheit über die eigenen Ziele und Wünsche schafft, oder mit welchen Taktiken man störendes Verhalten begrenzt.

4.7.2.3 Überprüfung des eigenen Lebensstils

Zuletzt kann eine Überprüfung, wie der eigene psychologische Lebensstil sowie die eigene tendenziöse Wahrnehmung und private Logik den Prozess beeinflusst, gefördert oder beeinträchtigt haben, weitere Bereiche aufzeigen, welche zusätzliche Aufmerksamkeit, Coaching oder Abhilfe erfordern.

Zum Beispiel können ein Zögern, selbstbewusst seine eigenen Ziele auszudrücken, ein Zaudern, störendes Verhalten entschlossen zu begrenzen, oder Ungeduld und übersehene Signale im Gespräch mit der anderen Person auf eine private Logik hindeuten, die verhindert, mit gesundem Menschenverstand und mutig zu handeln, um die verbale Aggression zu bewältigen.

Es ist dabei besonders wirkungsvoll, das Geschehen in den Kontext früherer Erfahrungen zu setzen. Zum Beispiel kann man sich die Frage stellen, ob die Situation an ähnliche Geschehen in der Vergangenheit erinnert oder ob der Aggressor einer anderen Person von früher ähnelt. Weiterhin lohnt sich das Nachdenken darüber, welche persönlichen Glaubenssätze über Aggressionen im Moment des Angriffs im Spiel waren. Hierdurch ist weitere Entlastung möglich, wenn man feststellt, dass die heutige Situation nicht mehr mit früher zu vergleichen war, und man daher Emotionen und Verhaltensweisen ablegen kann.

4.7.3 Nachsorge zum Sicherstellen des konstruktiven Miteinanders

Um die Einhaltung der Vereinbarungen abzusichern und das konstruktive Miteinander zu verstärken, muss eine umsichtige Nachsorge betrieben werden. Diese betrifft sowohl die Interaktion mit dem ursprünglichen Aggressor als auch die Gestaltung der Stimmung des Unternehmensumfelds.

4.7.3.1 Folgetreffen zum Sicherstellen des Gemeinschaftsgefühls

Das Folgetreffen mit dem Urheber der verbalen Aggression ist eine Gelegenheit, die gegenseitige Verpflichtung zum Schutz und zur Verbesserung des konstruktiven Miteinanders durch bessere Abstimmung und Zusammenarbeit noch einmal zu bekräftigen.

Hierzu kann man Erkenntnisse aus der Reflexion nutzen, um das eigene Verständnis der Motivation, Sichtweise und Persönlichkeit der anderen Person zu erweitern, die Schlussfolgerungen und vereinbarten Maßnahmen nach Bedarf anzupassen und um die ersten Fortschritte dieser Aktivitäten zu prüfen und zu bestätigen.

Es empfiehlt sich, dabei der in Abschn. 4.4 vorgestellten Struktur zu folgen, beginnend mit einer kurzen Bekräftigung der eigenen positiven Absicht und einer Erläuterung der Zielsetzung des Meetings, gefolgt von aufmerksamem Zuhören, um Erkenntnisse über weitere Informationen, Einsichten oder Schlussfolgerungen der anderen Person seit dem letzten Meeting zu gewinnen.

Nachdem man ein Update über die eigenen Erkenntnisse gegeben hat inklusive einer Reflexion darüber, wie sich die zwischenmenschliche Beziehung und das Miteinander seit dem letzten Meeting entwickelt haben, kann man dazu übergehen, Schlussfolgerungen zu ziehen und die vereinbarte Liste von Maßnahmen bei Bedarf anzupassen.

Das Meeting kann damit abgeschlossen werden, dass man einander weitere positive Impulse für die Zukunft gibt sowie den Wunsch bekräftigt, weiterhin zusammenzuarbeiten, um die Beziehung und das konstruktive Miteinander zu verbessern.

4.7.3.2 Nachsorge im Unternehmensumfeld

Da verbale Aggression nicht in Isolation auftritt und „pikante" Ereignisse in Unternehmen schnell die Runde machen, ist es wichtig, auch im Unternehmensumfeld für eine konstruktive Ausrichtung zu sorgen.

Hierzu gehören die Pflege der eigenen Beziehungen zu Zeugen der Aggression, die Rückversicherung der gegenseitigen Loyalität, aber auch das Moderieren von abwertenden Tendenzen gegenüber dem Aggressor. Es geht darum, eine gesunde Arbeitsatmosphäre und ein konstruktives Miteinander sicherzustellen; moralische Überlegenheit und Abwertung im Gegenzug würden diesem Ziel entgegenstehen.

Wichtig ist weiterhin die Sicherstellung des eigenen Rufes. Hierzu sollte man die persönlichen Beziehungen und den entstandenen Eindruck eruieren, auf Gerüchte lauschen und die eigene Reputation aktiv gemäß den eigenen Werten gestalten. Als Orientierung kann das Leitbild der x+1Akademie® „machtvoll und anständig" dienen.

Hierzu gehört weiterhin eine gewisse Wachsamkeit. Man sollte durch diskretes Triangulieren über weitere Kollegen prüfen, ob sich der Aggressor an die Absprachen hält oder ob er die Vereinbarung unterläuft, zum Beispiel, indem er „hintenrum" weiter lästert.

4.7.4 Ableitungen für die Entwicklung der eigenen Persönlichkeit

Langfristig können die Erkenntnisse aus der Reflexion nach dem Ereignis in den Kontext des eigenen psychologischen Lebensstils, der tendenziösen Wahrnehmung und der privaten Logik gesetzt werden.

Dadurch werden Bereiche sichtbar, in welchen persönliche Schmerzpunkte verbleiben, welche bisher nicht ausreichend adressiert wurden oder in denen eine private Logik noch immer zu suboptimalen Entscheidungen führt, Irritationen hervorruft, oder eine Lösung in Situationen mit verbaler Aggression verhindert. Diese Bereiche können dann im Coaching angesprochen werden und durch gesunden Menschenverstand ersetzt werden.

Diese Themen können in Schwerpunktbereiche für persönliches Wachstum und Verbesserung ausgearbeitet werden, an denen man mit einem persönlichen Coach oder Mentor arbeiten kann oder die man in einer Gruppensitzung bearbeitet, um hilfreiche Reflexion und Feedback von Gleichgesinnten zu erhalten.

Auf diese Weise können die Ergebnisse der verbalen Aggression und der anschließenden Reflexion als Basis für kontinuierliche persönliche Optimierung und für Wachstum genutzt werden.

Das vorgestellte Vorgehen zur Bewältigung verbaler Aggression im Beruf folgt einer klaren und logischen Struktur. Gleichzeitig sind der Umfang der Methoden und der Detailgrad eines jeden Schrittes erheblich, sodass das Vorgehen in seiner gesamten Komplexität überwältigend erscheinen kann.

Das folgende Kapitel stellt daher drei konkrete Szenarien aus dem Unternehmensalltag vor, um das Vorgehen nachvollziehbarer und greifbarer und damit auch intuitiv verständlich zu machen.

Literatur

Alfred Adler: Psychotherapie und Erziehung, Band 1, (1928), Fischer Taschenbuch Verlag: Frankfurt am Main 1982, ISBN 3-596-26746-3, S. 224.

Agar-Hutton, R (2003). How to deal with verbal aggression. Market Harborough: Troubadour Publications.

Basis-A Inventory. www.basis-a.com (Abgerufen 01.02.2024)

Buss, A, & Durkee, A (1957). An inventory for assessing different kinds of hostility. Journal of Consulting Psychology, Volume: 21, Issue: 4. https://doi.org/10.1037/h0046900

Buss-Durkee Hostility Inventory, https://www.researchgate.net/publication/359521347_BDHI-G_Deutsche_Fassung (Abgerufen 01.02.2024)

Chang, C & Lyons, B (2012): Not All Aggressions Are Created Equal: A Multifoci Approach to WorkplaceAggression. Journal of occupational health psychology, Volume 17, Issue 1, p 79-92. DOI: https://doi.org/10.1037/a0026073

Coleman, P & Deutsch, M (2014). The handbook of conflict resolution: Theory and practice. Jossey-Bass

Corssen, J (2004). Der Selbstentwickler. Wiesbaden: Marix Verlag

Deutsch, M (1994). Constructive conflict resolution: Principles, Training, and Research. Journal of Social Issues, Volume: 50, Issue: 1. https://doi.org/10.1111/j.1540-4560.1994.tb02395.x

Dreikurs, R (1964). Kinder fordern uns heraus. Stuttgart: Klett-Kotta

Dreikurs, R (1969). Grundbegriffe der Individualpsychologie. Stuttgart: Klett-Kotta

Dreikurs, R (1977). Familienrat. Stuttgart: Klett-Kotta

Helmuth von Moltke – "Über Strategie" (1871). In: Kriegsgeschichtliche Einzelschriften, H.13 (1890), hier zitiertnach: Militärische Werke, Band 2, Teil 2. Mittler & Sohn Berlin 1900. S. 291

Janson, S (2020). Schlagfertigkeit – Verbale Angriffe kontern. Düsseldorf: Verlag Simone Janson

Kuschik, K (2022). 50 Sätze, die das Leben leichter machen. Hamburg: Rowohlt Verlag.

Marrs, M (1999). Antecedents and outcomes of verbal aggression in the workplace. University of Missouri -Columbia.

Matheny, K et al (1993). The coping resources inventory for stress: A measure of perceived resourcefulness. Journal of Clinical Psychology, Volume: 49, Issue: 6. DOI: https://doi.org/10.1002/jclp.10219

Rathus, S (1973). A 30-item schedule for assessing assertive behavior. Behavior Therapy, Volume 4, Issue 3. DOI: https://doi.org/10.2466/pr0.1979.45.3.8

Rathus Assertiveness Schedule. http://www.cengage.com/resource_uploads/downloads/0495092746_63633.pdf . (Abgerufen 01.02.2024)

Richards, J et al (2000): Emotion regulation and memory: the cognitive costs of keeping one's cool. Journal ofpersonality and social psychology, Volume: 79, Issue: 3, Page: 410-424. DOI: https://doi.org/10.1037/0022-3514.79.3.410

Rosenberg, M (2015). Non-Violent Communication. Encinitas: PuddleDancer Press.

Rogers, C (1951). Client Centered Therapy. London: Constable & Robinson.

Rogner, J (2020). Ausgewählte Fragebogen zur Lebensstildiagnostik. Zeitschrift für Individualpsychologie, Volume 45, Issue 4.

Ryborz, H (2019). Geschickt kontern: Nie mehr sprachlos! Regensburg: Metropolitan.

Scott, K (2017). Radical Candor. London: Pan Macmillan.

Schranner, M (2001). Verhandeln im Grenzbereich: Strategien und Taktiken für schwierige Fälle. München: Econ.

Tjosvold, D & Ding, D (2001). Conflict management training in China. Journal of Teaching in International Business, Volume: 12, Issue: 2. https://doi.org/10.1300/J066v12n02_05

Ury, W (1993). Getting past No. New York: Bantam Books.

Ury, W et al (2011). Getting to Yes. London: Penguin Books.

Watzlawick u. a. (1972). Menschliche Kommunikation. 12. Auflage. Bern: Verlag Hans Huber. S. 60ff

Weisbach, C (2017). Gekonnt kontern – in jeder Situation. München: dtv Beck Wirtschaftsberater

Weitzmann, P & Weitzman, E (2006). Promoting postformal thinking on the job: A protocol for interpersonal conflict resolution training. Journal of Adult Development 2006/13. https://doi.org/10.1007/s10804-006-9006-z

5

Anwendung des Vorgehens auf konkrete Szenarien

Dieses Kapitel erläutert anhand von drei konkreten Szenarien, wie das Vorgehen zur Bewältigung verbaler Aggression in der Praxis angewandt werden kann.

Um ein breites Spektrum an Situationen zu untersuchen, beziehen sich die Szenarien auf verschiedene hierarchische Konstellationen:

- Abschn. 5.1 zeigt beispielhaft den Umgang mit Aggression durch einen Vorgesetzten, die aufgrund der Stellung zu dem Aggressor ein besonderes Fingerspitzengefühl erfordert.
- In Abschn. 5.2 wird die wohl am häufigsten auftretende Konstellation dargestellt, in der ein Kollege auf derselben Rangstufe der Aggressor ist.
- Schließlich zeigt Abschn. 5.3 beispielhaft das Bewältigen von einer Aggression durch einen Mitarbeiter, die aus naheliegenden Gründen in aller Regel nur stark verschleiert erfolgt.

5.1 Vorgehen mit hierarchisch Vorgesetzten

Im ersten Szenario geht die verbale Aggression von einem Vorgesetzten aus. Aufgrund der damit verbundenen Machtposition des Aggressors erfordert das Begrenzen und Bewältigen der Aggression in dieser Situation besonderes Fingerspitzengefühl.

5.1.1 Hierarchischer Kontext

Das destruktive Nahziel, das der verbalen Aggression zugrunde liegt, ist das Erringen von Überlegenheit, insbesondere durch die Abwertung des Gegenübers. Wenn dies von einem Vorgesetzten in einem hierarchischen Kontext kommt, ist die formelle Überlegenheit bereits durch die Organisationsstruktur gegeben; folglich liegt die Finalität im Erringen von Überlegenheit auch auf der zwischenmenschlichen Ebene.

Der Unterschied zwischen diesen beiden Dimensionen kann von Organisation zu Organisation variieren. Einige Unternehmen können sehr hierarchisch sein, und die Position in der Organisation wird dann die persönliche Beziehung stark beeinflussen, mit dem Ergebnis, dass „der Boss" auch von einem persönlichen Standpunkt aus immer als überlegen angesehen wird. Trotzdem können sich Vorgesetzte in diesem Unternehmen dazu verleitet fühlen, eine Bestätigung dieser Überlegenheit zu suchen, indem sie Mitarbeiter „klein machen", und dieses Verhalten kann sogar Teil der Managementkultur sein.

In anderen, eher egalitären Organisationen hat die hierarchische Stellung einen Einfluss auf Rollen und Verantwortlichkeiten sowie den Entscheidungsprozess, aber nur eine geringe Auswirkung auf die persönliche Beziehung. In dieser Situation könnte der Gebrauch verbaler Aggression durch einen Vorgesetzten häufiger dadurch motiviert sein, sich auch in der zwischenmenschlichen Dimension Überlegenheit zu sichern.

In diesen Fällen müssen Maßnahmen zur Bewältigung verbaler Aggression die fortgesetzte Akzeptanz der hierarchischen Position des Aggressors klar ausdrücken und gleichzeitig eine feste Stellung bezüglich der zwischenmenschlichen Position und des Umgangs miteinander beziehen. Sie müssen somit taktvoll den Versuch unterbinden, unangemessene Überlegenheit auf der zwischenmenschlichen Ebene zu erlangen.

Diese Situation erfordert daher im Vergleich zu den anderen Konstellationen besonderes Geschick und Mut.

5.1.2 Szenario A: Zweifel eines Vorgesetzten an der Kompetenz eines Untergebenen

Sophie ist in ihrem Unternehmen seit längerer Zeit erfolgreich für eine größere Geschäftseinheit verantwortlich.

Es fällt ihr schwer, zu ihrer kürzlich eingestellten neuen Vorgesetzten Martha eine gute persönliche Beziehung aufzubauen. Martha kommt aus einem Unternehmen mit einer anderen Führungskultur, beschäftigt sich kaum inhaltlich mit dem Business, und fokussiert sich auf die finanziellen Ergebnisse. Hierfür setzt sie eine neue Terminserie für die regelmäßige Überprüfung von Geschäftskennzahlen auf.

Die Kennzahl, für die Sophie verantwortlich ist, liegt unter den Erwartungen, da die notwendigen Zuarbeiten von anderen Abteilungen unzureichend sind.

Diese Tatsache ist jedoch in den Berichtssystemen nicht unmittelbar ersichtlich, da der führende Indikator für die Zuarbeiten hervorragend aussieht. Der vorherige Chef hatte Arbeitsweisen gefördert, die diesen Indikator aufblähen, und das daraus resultierende Ungleichgewicht ist im etablierten Führungsteam allgemein bekannt. Daher investiert Sophie vor einem ersten Meeting viel Zeit, um eine ausgeklügelte Gesamtsicht der Zuarbeiten und ihrer Verwertbarkeit vorzubereiten. Sie stimmt diese Sicht mit anderen Beteiligten ab, die weitere Daten beitragen, und erhält ihre Bestätigung der Gültigkeit des Ansatzes und der Zahlen sowie der Klarheit der Darstellung

Während des Meetings betont Sophie die Aktivitäten ihres Teams, die anderen Abteilungen beim Verbessern der Zuarbeiten zu unterstützen, aber Martha stellt die Darstellung bezüglich des führenden Indikators infrage. Sie hinterfragt Sophie wiederholt zum schlechten Ergebnis und verweist auf die scheinbare Qualität der Zuarbeiten.

Sophie bemüht sich, die tatsächliche Sachlage hinter den Zahlen differenziert zu erläutern. Martha unterbricht sie jedoch wiederholt, stellt die Daten infrage, unterstellt Probleme in unproblematischen Bereichen und sagt schließlich: „Ich glaube, Du hast Deinen Bereich überhaupt nicht im Griff."

Dieser Satz trifft Sophie wie ein Schlag. Die schlussendliche Erkenntnis, dass Martha nicht nur ihre Arbeit, sondern auch ihre Führungskompetenz ablehnt, löst bei Sophie ein Wechselbad der Gefühle aus. Obwohl das Meeting per Videokonferenz durchgeführt wird, wird ihr heiß und kalt zumute, und sie hat Schwierigkeiten, sich zu bewegen oder gar zu atmen.

Sie hat ein überwältigendes Gefühl der Unzulänglichkeit, und nach einem Beteuern, das sie ihre Geschäftseinheit sehr wohl unter Kontrolle habe und nach einem Appell, das Präsentierte doch bitte zu verstehen, zieht Sophie sich zurück („Fluchtreaktion").

Sie erklärt unterwürfig, dass sie die Daten überprüfen und zu dem Folgemeeting ein Update mitbringen werde. Martha wiederum setzt noch einen drauf, indem sie eine noch differenziertere Analyse für die nächste Überprüfung einfordert und damit einen überproportionalen Aufwand mit akribischer Datensammlung und -klassifizierung erzeugt.

Die anderen Teilnehmer in dem Meeting geben später an, dass sie von dieser Wendung der Ereignisse überrascht waren, da sie den Eindruck hatten, dass Sophies Präsentation klar und präzise war und dass Martha keine konkreten Gründe für ihre Aussagen genannt habe.

Sie gehen verwirrt aus der Sitzung, da sie nicht verstehen, warum Sophie angezweifelt wurde oder warum sie einen Rückzieher machen sollte, insbesondere da sie für diesen Geschäftsbereich seit Jahren verantwortlich zeichnete und Martha als neue Chefin erst seit wenigen Wochen an Bord war und offensichtlich wenig Einblicke hatte.

Schließlich fragen sie sich, was dieser Vorfall für sie selbst bedeuten könnte, wenn selbst eine etablierte Managerin wie Sophie – als die erfahrenste Teilnehmerin des Meetings – eine valide Analyse nicht so vermitteln kann, dass sie von Martha akzeptiert wird.

Zu einem späteren Zeitpunkt findet Sophie heraus, dass Martha bereits kurz nach ihrem Einstieg ins Unternehmen zu dem Schluss gekommen war, dass Sophie verantwortlich für das Verfehlen der Ziele war. Martha lehnte daher den Gedanken ab, dass es an einem entscheidenden Faktor liegen könnte, auf den Sophie wenig Einfluss hatte.

Eine Zustimmung zu dieser Darstellung hätte das Hauptargument für ihre vorgefasste Meinung über Sophies Leistung beseitigt und hätte Änderungen an ihren bereits gefassten Plänen erfordert. Martha beschloss daher, den Gedanken zu verwerfen und Sophie durch pauschale Infragestellung ihrer Kompetenz abzuwerten.

5.1.3 Die Reaktion im Kontext einer Sicht auf Autoritätspersonen

Als Sophie feststellt, dass ihre neue Chefin Martha davon überzeugt zu sein scheint, dass sie ihren Bereich nicht im Griff hätte, und entsprechend ihre Kompetenz infrage gestellt wird, trifft dies verschiedene Aspekte ihrer Persönlichkeit – ihr Bestreben, stets die Erwartungen von Autoritätspersonen zu erfüllen, und ihre Sicherungstendenz, fortwährend nach Perfektion zu streben.

Sophie hatte ein Muster entwickelt, Ziele überzuerfüllen und das daraus resultierende Lob zu erhalten. Die Tatsache, dass sie für ein Arbeitsergebnis, das sie mühsam erarbeitet hatte und das von anderen bestätigt wurde, nichts als persönliche Kritik erhält, beraubt sie eines Schlüsselaspektes, von dem sie glaubt, dass er notwendig sei für ihre Position in der Gemeinschaft.

Da Diskussionen in ihrer Vergangenheit fast immer rational und faktenbasiert waren, erkennt sie die negative Finalität hinter den Aussagen ihrer neuen Chefin und ihren aggressiven Charakter nicht. Stattdessen betrachtet sie diese nur unter rationalen Aspekten und versucht, Bedenken über Fakten und Logik auszuräumen. Die Absicht ihrer Vorgesetzten besteht jedoch darin, unzureichende Leistung aufzuzeigen sowie ihre Arbeit und damit sie selbst abzuwerten.

Und der Weg der Konfliktlösung, den Sophie ein Leben lang trainiert hat – durch objektive Diskussion –, scheint durch die pauschale Aussage „Ich glaube, Du hast Deinen Bereich überhaupt nicht im Griff" blockiert zu sein.

5.1.4 Reflexion zur Vorbereitung auf Ablehnung

In einem alternativen Szenario, in welchem Sophie gelernt hat, verbale Aggression in geschäftlichen Meetings kompetent zu bewältigen, geht ihre Vorbereitung auf das Meeting über korrekte Zahlen und eine überzeugende logische Darstellung hinaus. Sie reflektiert auch über die Spannungen, die bereits während der ersten Kontakte mit Martha offensichtlich waren, sowie über die Wahrnehmung, die ihre neue Chefin von ihr und ihrer Leistung hat.

Auf diese Weise kann sie erkennen, dass diese Situation für ihre bisherige Karriere ziemlich einzigartig ist, da ihre neue Vorgesetzte offenbar nicht denkt, dass sie ihre Erwartungen erfüllt. Deshalb nutzt sie eine Triangulation, indem sie Kollegen nach ihrer Einschätzung der Beurteilung durch Martha befragt.

Das Feedback der Kollegen zeigt Sophie, dass Martha möglicherweise darauf abzielt, durch Kritisieren und Herabmindern Überlegenheit zu gewinnen. Dies könnte von einem Gefühl der Unterlegenheit verursacht sein, da Martha Sophie als Kernmitglied des etablierten Teams wahrnimmt, während sie sich selbst noch als Außenseiterin fühlt.

Es ermöglicht ihr auch, sich ihrer eigenen Position zu vergewissern, wenn die Zustimmung eines Vorgesetzten ausbleibt, ausgehend von ihrem Beitrag und ihrer Kompetenz sowie aufgrund der Wertschätzung ihrer Kollegen. Diese Ermutigung ermöglicht ihr, ihren persönlichen Wert unabhängig von der Bewertung einer Autoritätsperson zu schätzen. Sie kann diesen Wert sogar in einem kurzen Sinnspruch zusammenfassen, den sie auswendig lernt.

Diese Reflexion hilft Sophie, sich über ihre eigenen Wünsche und Bedürfnisse im Rahmen dieses Austausches klar zu werden. Diese gehen über eine Wertschätzung durch ihren Chef hinaus. Stattdessen nutzt sie ihren Einsatz für den Erfolg des Geschäftsbereichs als Motivator, um die festgestellten geschäftlichen Probleme zu lösen.

Zu dieser Vorbereitung gehört ebenfalls ein Schlachtplan für den Fall, dass die Präsentation nicht richtig verstanden oder nicht akzeptiert wird. Im ursprünglichen Szenario legt Sophie ihr Hauptaugenmerk darauf, die Zahlen und die Logik richtig hinzubekommen. Dies hindert sie daran, die Möglichkeit in Betracht zu ziehen, dass sie es nicht schaffen könnte, Martha zu überzeugen. Wenn sie stattdessen die Möglichkeit eines Scheiterns in Betracht zieht und sich dafür potenzielle Handlungsoptionen ausdenkt, hat sie die Mittel, selbstbewusster und geschmeidiger zu handeln.

Insbesondere erkennt Sophie dadurch mehr und mehr die Sichtweise und die Finalität ihrer neuen Chefin. Sie ist weiterhin in der Lage, über die Beziehung und die breitere Perspektive ihrer gemeinsamen Geschäftsinteressen und der zukünftigen Zusammenarbeit nüchtern nachzudenken.

5.1.5 Alternative Reaktion mit Betonung von Expertenmeinungen

Auch trotz dieser Vorbereitung kommt das Meeting immer noch an den Punkt, an dem Sophies Arbeit und ihre Kompetenz in Zweifel gezogen werden. Sie fühlt sich bedroht und der beschriebenen Stressreaktion ausgesetzt.

Da sie diesen physiologischen Stressmechanismus nun kennt, wird sie sich dessen bewusst und bittet um eine kurze Pause, um etwas zu trinken. Sie schaltet Kamera und Mikrofon aus und steht auf, um sich zu dehnen und zehn Sekunden in einer Power-Pose tief durchzuatmen.

Nach kurzen Nachdenken wird sie sich darüber im Klaren, dass der Rahmen des Meetings nicht geeignet ist, die Finalität ihrer Chefin zu hinterfragen und gemeinsam Konsequenzen und Maßnahmen abzuleiten. Daher entschließt sie sich, nur den ersten Schritt des in diesem Ratgeber präsentierten Vorgehens durchzuführen und anschließend das Meeting zu vertagen, um die folgenden Schritte in einem persönlichen Gespräch angehen zu können.

Nach der Pause und dem Reaktivieren von Kamera und Mikrofon hat Sophie nun die Möglichkeit, die Situation zu externalisieren, indem sie die Teilnehmer bittet, einen Schritt zurückzunehmen und die gegenwärtige Situation zu überdenken.

Sie stellt fest, dass Martha die Ergebnisse – die von den anderen anwesenden Experten unterstützt werden – ohne weitere Begründung nicht akzeptiert, wobei sie darauf achtet, dass diese Beobachtung nicht als Gegenangriff aufgefasst werden kann:

"Wenn wir alle ein paar Schritte zurücktreten und die Situation gemeinsam betrachten, stellen wir fest, dass die von unseren Experten gemeinsam ausgearbeitete Sicht der Dinge in Frage gestellt wird."

Sie leitet daraus die Konsequenz für das Geschäft ab – sie würden eine Gelegenheit verpassen, ein ernstes Problem anzugehen – sowie für die Zusammenarbeit – wenn die Arbeit erfahrener Experten nicht akzeptiert wird, erodiert die sachliche Basis für Kooperation:

"Dies hat aber zur Folge, dass wir nur mit großer Schwierigkeit Schritte unternehmen können, um zu einer gemeinsamen Sichtweise zu kommen, und damit ein ernstes Problem nicht angehen. Stattdessen schleichen sich Unsicherheit und Vorsicht in unsere Zusammenarbeit ein."

Um ihre positive Absicht klar zu signalisieren, fügt sie hinzu, dass sie absolut dazu steht, ihre neue Chefin und das Geschäft mit ihrer bewährten Kompetenz zu unterstützen:

"Ich stehe weiterhin felsenfest dazu, dich als unsere neue Chefin zu unterstützen und meine gesamte Erfahrung einzubringen, um gemeinsam daran zu arbeiten, dass wir unsere Ziele wieder erreichen."

Vor dem Vertagen des Meetings möchte Sophie die dargestellte Expertenmeinung auf eine breitere Basis stellen. Daher, bittet sie die anderen Teilnehmer, mit denen sie für die Erstellung und Validierung der Analyse zusammengearbeitet hat, diese in ihren eigenen Worten zu erklären, um mehr Klarheit und Verständnis zu erzeugen, als ihr möglich war, und um geeignete weitere Schritte vorzuschlagen:

"Wir sollten an dieser Stelle unser Meeting vertagen und die weitere Klärung in kleiner Runde fortführen. Damit wir hierfür den notwendigen Kontext und ein vollständiges Bild haben, möchte ich vorher die Kollegen bitten, noch kurz ihre Sicht auf die Methodik und die nächsten Schritte zu erläutern. Es ist für uns alle hilfreich, wenn wir gemeinsam überprüfen können, inwieweit die Perspektive der Experten übereinstimmt."

Zu guter Letzt, nachdem sie das Meeting offiziell beendet hat, bedankt Sophie sich bei Martha für ihre Geduld, die Erklärungen aus verschiedenen Sichtwinkeln anzuhören. Sie vereinbart anschließend mit ihr für den Anfang der Folgewoche ein Meeting unter vier Augen, um ihre Position besser zu verstehen und um zügig wieder ein positives Verhältnis aufzubauen.

Mit diesem Vorgehen kann Sophie in dieser Situation deutlich selbstbewusster handeln. Damit sendet sie sowohl Martha als auch ihren Kollegen ein Signal, dass verbale Aggression in der Form von unbegründeter Infragestellung der Arbeit und der Kompetenz eines Untergebenen unangemessen und schädlich für das konstruktive Miteinander sowie die geschäftliche Leistung ist.

Und sie eröffnet damit auch einen Weg zu einem ehrlichen Austausch über die gegenseitige Sichtweise aufeinander sowie darüber, wie man die Beziehung in eine bessere Richtung entwickeln kann.

5.1.6 Strukturierte Nachbereitung zur Schaffung von gemeinsamem Nutzen

Nach diesem Ereignis geht Sophie nach Feierabend zunächst eine Runde Laufen, um den Ärger loszuwerden. Einen Tag später führt sie gemeinsam mit ihrem Coach eine persönliche Reflexion durch. Dabei entdeckt sie hilfreiche Erkenntnisse über ihre Sicht auf Autoritätspersonen und ihre eigene Positionierung ihnen gegenüber. Ihr wird außerdem ihr begrenztes Arsenal an Techniken jenseits rationaler Diskussion zur Bewältigung verbaler Aggression deutlich.

Die Überprüfung der Situation schafft Klarheit über die wahrscheinliche Finalität ihrer neuen Chefin. Die von Martha gesendete Botschaft lautet im Wesentlichen: „Dein Arbeitsergebnis ist nicht ausreichend –, und folglich genügst auch du nicht", mit dem Ziel, Sophie kleinzumachen, sodass Martha ihr eigenes Minderwertigkeitsgefühl als Außenseiterin kompensieren kann.

Sophie erkennt, dass ein zeitnahes Nachfassen bei ihrer Chefin unerlässlich ist. Wenn sie mehr Zeit verstreichen lässt, sind die Möglichkeiten für einen konstruktiven Folgetermin eingeschränkt, da Martha ihr gegenüber misstrauisch bleiben könnte oder in der Zwischenzeit Präzedenzfälle geschaffen werden könnten.

Durch das Ansprechen der verbalen Aggression direkt im Meeting und die persönliche Reflexion unmittelbar im Anschluss hat sie die Gelegenheit, in einem strukturierten Folgetermin wieder eine bessere Beziehung und ein konstruktives Miteinander mit ihrer Chefin aufzubauen.

Zu Beginn der Folgewoche beginnt Sophie ihr Meeting mit ihrer Chefin unter vier Augen mit der Zusicherung, dass sie Martha und die gemeinsamen Ziele unterstützen will, und begründet, warum es so wichtig für sie war, die verbale Aggression im Meeting direkt und objektiv anzusprechen.

Die objektive Beobachtung und die Erklärung ihrer Absichten während des Meetings dienen nicht nur ihrem eigenen Nutzen. Sie ermöglichen auch Martha, dass sie beim Expertenteam ihr Ansehen erhält und nicht als eine Person gesehen wird, die Machtspiele spielt, ernste Verständnisprobleme hat oder eine Blockadehaltung einnimmt.

Indem sie diese radikale Offenheit an den Tag legt – durch Klarheit über die positive Absicht und die gleichzeitige klare Benennung des verbesserungswürdigen Teils der Beziehung –, geht sie ein Risiko ein und könnte eine negative Reaktion und einen Tadel von Martha aus ihrer hierarchischen Position heraus hervorrufen.

Dies würde jedoch keine zusätzliche Schädigung des bereits beeinträchtigten Miteinanders darstellen. Im Gegenteil würde es zusätzliche Klarheit und Bestätigung schaffen und Sophie damit Sicherheit bei weiteren Entscheidungen geben. Die Gewissheit über die Haltung einer Chefin, die kein Interesse an einer fruchtbaren und respektvollen Beziehung hat, ermöglicht ihr, selbstbewusst die für sie selbst richtigen nächsten Schritte zu unternehmen.

Wenn das Feedback jedoch wohlwollend und konstruktiv aufgenommen wird, führt dies zu einer Veränderung in der Bewertung der Vorgesetzten über Sophies Absichten, ihre Fähigkeiten und ihren Einfluss.

Dies kann dann die Grundlage sein für eine offene Diskussion darüber, wie man zukünftig zusammenarbeiten will, wie Martha von Sophies Erfahrung und Netzwerk profitieren könnte und was Sophie noch tun könnte, um ihre Erwartungen zu erfüllen, die Arbeitsweise aufeinander abzustimmen und sie zum gegenseitigen Nutzen zu unterstützen.

5.2 Vorgehen mit Kollegen

5.2.1 Aggression seitens Kollegen

Verbale Aggression seitens Kollegen ist die vielleicht häufigste Form in einem geschäftlichen Kontext – während Vorgesetzte ihre hierarchische Position einsetzen können, um ihre Überlegenheit zu demonstrieren, und Untergebene ein erhebliches Risiko eingehen, wenn sie ihre Vorgesetzten aggressiv herausfordern, haben Kollegen ein geringeres Risiko, aber gleichzeitig eine große Bandbreite an Motiven für verbale Aggression.

Eine Person kann zum Beispiel versuchen, ihren Kollegen zu entmutigen, um so selbst besser dazustehen, mit der Finalität, ihm gegenüber einen Vorteil zu erringen, von den Vorgesetzten bevorzugt zu werden, mehr Verantwortung zu erhalten oder ihre Chancen auf eine Beförderung zu erhöhen. Je nach psychologischem Lebensstil könnte sie auch gar keinen Vorteil für sich anstreben, sondern nur erlernte Verhaltensmuster zum Erringen von Überlegenheit über Gleichaltrige weiterführen, die sie vielleicht in der Kindheit als Teil ihrer Position in der Familienkonstellation entwickelt hat.

Das Bewältigen verbaler Aggression in diesem Kontext erfordert ein genaues Verständnis der Finalität des Aggressors sowie die Anwendung der ganzen Palette verfügbarer Methoden. Es hat auch das Potenzial, eine konkurrenzbetonte Beziehung in eine langfristige Zusammenarbeit umzuwandeln, von der alle Beteiligten profitieren können.

5.2.2 Szenario B: Verweigerung der Verbindung zu einer wichtigen Person

Max ist Manager eines Teams, welches für die Umsetzung von Aufträgen verantwortlich ist. Er interagiert eng mit dem lokalen Vertriebsteam, dessen Führungsposition bereits über einen längeren Zeitraum vakant ist. Da das Umsetzungsteam vom Erfolg der Verkäufer abhängig ist, investiert er viel in diese Beziehung und kann gemeinsame Erfolge verbuchen.

Nach einer langwierigen Suche informiert Erik, der regionale Vertriebschef, Max am Rande eines Meetings, dass er endlich einen lokalen Vertriebsleiter eingestellt hat. Max ist befremdet, da er weder konsultiert noch zu Vorstellungsgesprächen eingeladen worden war. Trotzdem erklärt er, dass er froh sei, dass die Suche abgeschlossen ist, und dass er sich darauf freue, die Person bald kennenzulernen.

Erik antwortet jedoch, dass der neue lokale Vertriebsleiter zunächst seine Kollegen in anderen Abteilungen treffen würde, da sie angeblich die primären Interessengruppen seien, und dass er voraussichtlich für mehrere Wochen keine Zeit haben würde, Max zu treffen: „Das wird noch ein paar Wochen dauern. Er muss sich erstmal mit Marketing und Operations treffen – die sind viel wichtiger."

Max fühlt sich, als würde ihm der Boden unter den Füßen weggezogen: „Ich kann ihn nicht treffen, weil andere wichtiger sind?" Dieser Schachzug bedroht sein Gefühl, relevant zu sein. Er versagt ihm eine Verbindung zu einem wichtigen Kollegen und erinnert ihn an Situationen, in welchen er in seiner Vergangenheit von einer Interaktion mit anderen für ihn wichtigen Menschen ausgeschlossen wurde.

Max ringt um Worte für eine Antwort – ein Anzeichen dafür, dass die Stressreaktion seine verbalen Fähigkeiten beeinträchtigt – und versucht, den Ansatz anzuwenden, den er zur Lösung von Konflikten verinnerlicht hat: rationale Diskussion.

Er versucht, auf verschiedene Weise zu erklären, warum es wichtig ist, dass er den neuen Vertriebsleiter trifft, und warum es für diesen mindestens ebenso relevant ist, sich wiederum mit Max zu treffen.

Er argumentiert weiterhin, dass die Interaktion mit ihm als Leiter des Umsetzungsteams mindestens genauso relevant für den Vertriebsleiter ist wie mit den anderen Abteilungen, und dass es für einen Neueinsteiger im Unternehmen ein Leichtes wäre, sich Zeit für ein erstes Treffen zu nehmen.

Diesen Argumenten begegnet Erik mit vagen Ausflüchten oder mit Auffassungen über das Dienstleistungsgeschäft, die eindeutig falsch sind, aber so abstrakt formuliert, dass sie schwer zu widerlegen sind: „Das Onboarding ist so aufwändig, da hat er einfach keine Zeit für Dich" und „Für den Erfolg ist die Abstimmung mit Euch einfach nicht so wichtig." Mit zunehmender Verzweiflung über die vorenthaltene Verbindung geht Max von Argumenten zu Bitten über, die nur auf höhnische Ablehnung stoßen: „Als Erfüllungsgehilfen habt Ihr nun mal wenig Einfluss auf den Vertrieb."

In diesem Moment schaltet sich der Vorgesetzte von Max in das Gespräch ein, und Erik räumt schnell ein, dass ein Treffen sinnvoll sein könnte. Er stimmt großzügig zu, dem neuen Vertriebsleiter die Zeit zu geben, sich mit Max abzustimmen.

Max erfährt später, dass Erik zu diesem Zeitpunkt von seinem eigenen Vorgesetzten wegen seiner Geschäftsergebnisse unter Druck gesetzt wurde.

Diese schwierige Situation gefährdete Eriks Selbstbild und seinen Überlegenheitsanspruch und führte damit zu dessen verbaler Aggression.

5.2.3 Die Reaktion im Kontext einer Sicht auf ältere Kollegen

Max nimmt Erik aufgrund eines erheblichen Altersunterschieds als ranghöher wahr, auch wenn sie formell gleichgestellt sind und obwohl Max ein deutlich größeres Team leitet.

Eriks Verweigerung von Zugang und Interaktion mit dem neuen Mitarbeiter erinnert Max an Situationen aus seiner Vergangenheit, in welchen andere bestimmt hatten, ob er zu Aktivitäten eingeladen wurde oder nicht. Dies trägt zu seiner starken emotionalen Reaktion bei.

Sein eigener Hintergrund hatte dazu geführt, dass er als einzige Methode zur Beilegung von Streitigkeiten auf rationalen Diskurs baut. Dazu kommt ein Mangel an Übung, Machtmanöver und Aggression zu erkennen. Er steckt daher in seinem Ansatz fest, Erik mit zwingenden Argumenten zu überzeugen, ihm Zugang zu gewähren.

Die Tatsache, dass selbst offensichtliche Argumente keinen Sinneswandel hervorrufen, verstärkt seine Verwirrung. Er macht sich selbst Vorwürfe, zu durcheinander zu sein, um ausreichend klare und stichhaltige Argumente zu liefern, die seinen Kollegen zu überzeugen könnten.

Und da er nicht geübt hat, selbstbewusste Forderungen für sich selbst zu stellen und darauf zu bestehen, Beziehungen unabhängig von ranghöheren Menschen aufzubauen, akzeptiert er Erik als Wärter, als dieser sich auf diese Weise positioniert. Da es „sein" neuer Mitarbeiter ist, will Max nicht in Eriks Revier eindringen und nicht ohne dessen Zustimmung Kontakt mit diesem aufnehmen.

Die Angebote von Max, wie er beitragen könnte, und seine Argumente, wie dies für sie beide vorteilhaft wäre, sind nicht erfolgreich. So greift er schließlich auf Flehen zurück, entsprechend seinem Handeln in seiner frühen Vergangenheit, wenn andere Personen seine Teilnahme an Gruppen oder Aktivitäten verhindert hatten. Allerdings erhöht dies seine Abhängigkeit von Eriks Wohlwollen nur noch weiter.

Später äußert der Vorgesetzte des Managers, dessen Auftauchen Erik dazu bringt, schnell einzulenken, dass er den Austausch nicht verstehe. Insbesondere fragt er sich, wie Max Erik erlauben konnte, einen solchen Anspruch auf Zugangsbeschränkung geltend zu machen.

Dieser Vorfall zeigt somit, wie ein Verhalten, das aus der Perspektive der eigenen privaten Logik sinnvoll ist, völlig irrational erscheint, wenn man die Situation von außen mit gesundem Menschenverstand betrachtet.

5.2.4 Erkenntnisse aus der Reflexion über die Position der Beteiligten

In dem hier geschilderten Fall ist eine Vorbereitung auf diese spezifische Interaktion mit dem regionalen Vertriebschef nicht möglich, da der Austausch spontan am Rande eines Treffens zu einem anderen Thema stattfindet und die Neuigkeiten Max noch nicht bekannt sind.

In einem alternativen Szenario profitiert er jedoch davon, dass er regelmäßig seine Beziehung zu Schlüsselpersonen wie Erik als regionalen Vertriebschef überprüft. Er denkt weiterhin über die verschiedenen Implikationen der schwierigen Position von Erik nach, seine eigene tendenziöse Wahrnehmung von ihm und wie er dessen Position mit Bezug auf seine eigene private Logik sieht.

Dadurch kann Max verstehen, dass er Erik unbewusst eine ähnliche Rolle zuweist wie anderen wichtigen Personen aus seiner Vergangenheit. Dies wiederum ermöglicht ihm, diese Vorstellung zu verwerfen und zu einer rationalen Einschätzung der Beziehung zu kommen.

In diesem Szenario hat sich Max zudem mit dem vorliegenden Ratgeber zur Bewältigung verbaler Aggression auseinandergesetzt. Daher durchschaut er, dass diese Form der Blockade eine passive Aggression darstellt. Eine solche Handlung ist also weder rationalem Diskurs noch Appellen zugänglich, da sie von einer Finalität der Abwertung getrieben ist.

Er kann weiterhin begreifen, dass eine solche Blockade nur solange möglich ist, wie er seinem Kollegen erlaubt, die Regeln zu definieren, und solange er selbst einwilligt, sich an diese zu halten. Tatsächlich hätte er ein breites Spektrum an Möglichkeiten, trotz Eriks Mandats mit dem neuen Vertriebsleiter zu interagieren.

Auf diese Weise ist er in der Lage, sich selbst zu ermutigen, sich zu ermächtigen und so seine Abhängigkeit von Zugeständnissen eines Kollegen zu verringern.

5.2.5 Alternative Reaktion mit Widerspiegeln des Verhaltens

Ein vorhergehendes Training für den Umgang mit Situationen, die Max als Bedrohung wahrnimmt, sowie ein besseres Verständnis seiner eigenen Sicht auf Erik und auf verbale Aggressionen im Allgemeinen ermöglichen es ihm, anders zu reagieren und den Versuch zu begrenzen, Überlegenheit zu demonstrieren.

Auch wenn Eriks verbale Aggression, den Zugang zu einer wichtigen Person vorzuenthalten, von Max durchaus als Bedrohung wahrgenommen wird und eine Stressreaktion auslöst, ist er in der Lage, sich selbst zu beruhigen, indem er antwortet:

„*Schwierig. (Eins, zwei, drei.)*"

Dies dient als Hinweis auf das Verhandlungstraining, das beide in der Vergangenheit gemeinsam besucht hatten, und auf die Technik, die in diesen Trainings angewandt wurde, um den anfänglichen Adrenalinschub abklingen zu lassen. Auf diese Weise kann Max einen ruhigen Zustand wiedererlangen und gleichzeitig eine Gemeinsamkeit signalisieren, indem er auf die gemeinsame Erfahrung des Trainings anspielt.

Max bittet danach Erik, „einen Schritt zurückzutreten" und die Situation gemeinsam zu betrachten. Er fühlt sich selbstbewusst genug, um festzustellen, dass sie beide wissen, dass die Aussage über angeblich wichtigere andere Abteilungen faktisch falsch ist, und um auszudrücken, dass eine solche Aussage dem Gemeinschaftsgefühl schadet:

„*Wenn wir beide einen Schritt zurücknehmen und uns das Ganze gemeinsam anschauen, kommen wir garantiert beide überein, dass es Quatsch ist, dass die Zusammenarbeit mit anderen Stakeholdern wichtiger ist. Aber so eine Aussage belastet unser Miteinander.*"

Er öffnet sich auch emotional, indem er erklärt, dass er sich durch diese Aussage herabgesetzt und ausgeschlossen fühlt, und dass er persönlich enttäuscht ist, nach so vielen Jahren konstruktiver Zusammenarbeit so behandelt zu werden:

„Ehrlich gesagt, fühlt sich das so an, als solle ich ausgeschlossen werden, und nachdem wir so lange vertrauensvoll zusammengearbeitet haben, finde ich das wirklich enttäuschend."

Er setzt nach, indem er seinen ausdrücklichen Wunsch bekundet, ihre gute Beziehung fortzusetzen und den neuen Vertriebsleiter nach Kräften zu unterstützen, gefolgt von der Frage, was die wahren Absichten des regionalen Vertriebschefs waren:

„Mir ist sehr daran gelegen, dass wir bei unserer guten Zusammenarbeit bleiben, und dafür möchte ich unserem neuen Sales-Leiter so gut wie möglich helfen, damit wir gemeinsam erfolgreich sein können.

Aber mal im Ernst: Was wolltest Du denn mit der Aussage, dass ich ihn nicht treffen könnte, eigentlich erreichen?"

Indem Max offen über seine eigenen Gefühle und Ziele spricht und Erik den Raum gibt, sich zu erklären, ohne das Gespräch in ein Kreuzverhör zu verwandeln, gibt er seinem Gegenüber die Möglichkeit, ebenfalls offen zu sein und ehrlich über seinen Gemütszustand, sein Bedauern über die grobe Aussage und seine echten und konstruktiven langfristigen Ziele zu sprechen.

Dies unterbindet weitere Versuche seitens Erik, Überlegenheit zu gewinnen, und führt zu dem schuldbewussten Eingeständnis, dass er zunächst eigentlich nur aussagen wollte, wie wichtig es für den neuen Vertriebsleiter sei, mit Leuten in Kontakt zu treten, die Vertriebsgelegenheiten liefern können.

Doch als Max dies als Ausschluss interpretierte und stark darauf reagierte, verleitete ihn seine Frustration mit der Gesamtsituation dazu, dass er diese Priorisierung übertrieb, um Unabhängigkeit auszustrahlen und Max abzuwerten. Er gibt zu, dass die verbale Aggression fehlgeleitet war, aber dass er sich durch seine schlechten Geschäftsergebnisse dazu gezwungen fühlte, eigene Erfolge zu demonstrieren.

Max und Erik vereinbaren anschließend, wie das Vertriebsteam so unterstützt werden kann, dass es durch eine vorbildliche Zusammenarbeit mit dem Umsetzungsteam erfolgreich sein kann.

Auf diese Weise können nicht nur Verwirrung und beschädigtes Miteinander vermieden werden. Die Beziehung wird auch aktiv gestärkt, und man vereinbart ein gemeinsames Vorgehen, das beiden wieder zum Erfolg verhilft und die Wertschätzung ihrer jeweiligen Vorgesetzten einbringt.

5.2.6 Nachbereitung zur Wiederherstellung des Miteinanders

Der positive Ausgang des Gesprächs mit Erik und die Aussicht auf erfolgreiche Zusammenarbeit mit dem neuen Vertriebsleiter versetzen Max in eine positive Stimmung. Trotzdem ist er sich dessen bewusst, dass ihn das Gefühl, ausgeschlossen zu werden, zumindest für ein paar Minuten stark getroffen hat.

Um Reste von Frust und Wut loszuwerden, zieht er sich am Abend für eine Stunde zurück und hört über Kopfhörer sehr laut ein Musikalbum, das ihm schon immer Energie gegeben hat.

Im Anschluss an diesen Austausch zeigt eine persönliche Reflexion mit seinem Coach, dass die Sicht von Max auf ältere Kollegen und seine private Logik, sich an deren Aufträgen zu orientieren, weitere Bearbeitung in persönlichem Coaching erfordert. Die Reflexion liefert außerdem wertvolle Ideen für ein Folgemeeting mit Erik, um das Miteinander zu schützen und weitere Möglichkeiten zur Schaffung von beidseitigem Nutzen zu finden.

Insbesondere gibt dieses Folgemeeting Max die Möglichkeit, Erik Sicherheit bezüglich seiner eigenen Position zu geben, da Max keinerlei Absicht hat, in dessen Verantwortungsbereich einzugreifen oder seine Position anzustreben.

Indem sie die Einsatzregeln sowie Rollen und Verantwortlichkeiten klarer definieren, reduzieren Max und Erik das Risiko für Missverständnisse und Konflikte, optimieren gleichzeitig ihre gemeinsamen Synergien und tragen damit zum Erfolg beider Teams bei.

5.3 Vorgehen mit untergeordneten Mitarbeitern

5.3.1 Aggression durch Untergebene

Verbale Aggression eines Untergebenen gegenüber einem Vorgesetzten kommt vergleichsweise selten vor, da der Aggressor das Risiko trägt, dass der Vorgesetzte auf Basis der hierarchischen Beziehung und Entscheidungsbefugnis direkt zurückschlägt.

Für den Vorgesetzten birgt eine harsche und unerbittliche Reaktion auf eine solche verbale Attacke jedoch ebenfalls Risiken. Die Kollegen des Mitarbeiters könnten diese als schroff und übergriffig wahrnehmen – insbesondere dann, wenn Minderwertigkeitsgefühle oder die Befürchtung einer Bedrohung der eigenen Stellung den Vorgesetzten dazu verleiten, seine Reaktion zu übertreiben. Der Untergebene hat dann die Möglichkeit, sich verletzt und beleidigt zurückzuziehen und die moralische Überlegenheit für sich zu beanspruchen, wodurch er letztlich sein Ziel erreicht, auf der zwischenmenschlichen Ebene Überlegenheit zu erlangen.

Eine solche Situation erfordert daher die Durchsetzung der Autorität nicht auf Basis der hierarchischen Stellung, sondern ausgehend von Kompetenz und gemeinsamem Interesse. Dabei müssen die Auswirkung der verbalen Aggression und die Tatsache, dass solche Manöver daher inakzeptabel sind und logische Konsequenzen für den Aggressor haben, deutlich gemacht werden.

5.3.2 Szenario C: Widerspruch gegen alle Vorschläge

In diesem Szenario leitet die Managerin Diana ein Meeting mit ihren Mitarbeitern. Sie stellt die Schwierigkeiten dar, die sie als Team durch die hohe Dynamik des Geschäfts beim Verfolgen langfristiger Initiativen haben. Daher schlägt sie vor, eine Methode und ein Instrumentarium einzuführen, um Aufgaben zu verwalten und in ihren Initiativen schneller und zuverlässiger voranzukommen.

Trotz allgemeiner Zustimmung zu der Problembeschreibung und der Notwendigkeit, eine Lösung zu implementieren, stößt jeder ihrer Vorschläge bezüglich einer Methodik oder zum Tooling auf Widerstand von Fred, einem langjährigen Teammitglied.

Auch wenn Fred ein paar valide Beobachtungen beisteuert, lehnt er alle Vorschläge von Diana ab mit generischen und abstrakten Begründungen wie „Ich glaube nicht, dass uns das wirklich erfolgreicher machen wird", „Ich denke, das ist in der Praxis zu umständlich", „Das erfordert bestimmt eine Menge Verwaltungsarbeit" und „Ich fürchte, dass das zu viel Zusatzaufwand führt."

Insbesondere die letztgenannten Punkte werden von Fred in verschiedener Form angebracht und immer damit ergänzt, dass er bereits überbeansprucht und unter Zeitdruck sei aufgrund der hohen Anforderungen von Diana: „Du forderst mit einem solchen Tool und Prozess viel zu viel – wieder einmal".

Dieser Satz fühlt sich für Diana an wie ein Schlag in die Magengrube. Sie legt Wert auf eine gute Beziehung zu ihren Teammitgliedern und hat eine private Logik mit der Befürchtung entwickelt, dass überzogene Anforderungen diese Beziehung beschädigen oder sogar zerstören könnten. Daher versucht sie stets, Mitgefühl mit der hohen Arbeitslast zu signalisieren und ihren Wunsch zu betonen, diese nicht noch weiter zu erhöhen.

Nachdem sie sich einigermaßen gefangen hat, bringt sie verschiedene Argumente vor, wie dieser Ansatz dem Team dabei helfen könnte, die Arbeitslast besser zu balancieren, und macht Vorschläge, um den Stress zu reduzieren. Da ihr jedes Mal mit generischen, aber standhaften Gegenargumenten begegnet wird, wird Diana zunehmend verzweifelt und bittet eindringlich, einen der Ansätze zu akzeptieren.

Schließlich wird Diana klar, dass sie Fred nicht wird überzeugen können, irgendeinen der Vorschläge anzunehmen. Sie pausiert daher das Meeting mit der Ankündigung, dass sie die Optionen näher überprüfen werde und mit einem finalen Vorschlag zurückkommen werde.

Nach dem Meeting vertrauen die anderen Teammitglieder Diana an, dass sie von der Situation komplett verwirrt waren. Aus ihrer Sicht hatte sie eindeutig vernünftige und umsetzbare Vorschläge unterbreitet, während Fred als bockig und irrational blockierend gesehen wurde.

Sie verstehen nicht, warum ihre Führungskraft die Diskussion nicht einfach abgebrochen und das Vorgehen, das von der Mehrheit des Teams unterstützt wurde, angewiesen hat.

Sie deuten weiterhin an, dass Fred glaube, eigentlich ranghöher als Diana zu sein – tatsächlich ist er ein paar Jahr älter – und denke, er sei besser geeignet, die Rolle des Managers auszufüllen.

Im folgenden Meeting kündigt Diana an, dass sie die Methode und das Toolset ausgewählt hat, die von allen anderen Teammitgliedern unterstützt wurden. Diese Ankündigung wird ohne weiteren Widerstand aufgenommen, und das Team nimmt die neue Arbeitsweise innerhalb weniger Wochen reibungslos und erfolgreich an.

5.3.3 Die Reaktion im Kontext des Bestrebens, Beziehungen zu bewahren

Da Diana von einem persönlichen Hintergrund kommt, bei welchem sie sich ihre Position stets durch Kompetenz und Beitrag erarbeiten musste, hat sie sich einen sehr kooperativen und konsensorientierten Führungsstil angeeignet, der von den Teams, für die sie verantwortlich ist, sehr geschätzt wird. Dies führte zu einer offenen und ehrlichen Kultur und ermutigte Mitarbeiter dazu, ihren Beitrag so zu leisten, wie es vom Geschäft oder von ihren Kollegen und Vorgesetzten verlangt wird.

Diana hatte weiterhin viel investiert, um ihr Team zu unterstützen und ihm beim Erreichen ihrer gemeinsamen Ziele zu helfen, und diese Praxis der „dienenden Führung" führte zu hervorragenden Ergebnissen und zu einer hohen Arbeitszufriedenheit.

Die Einführung des neuen Verfahrens sollte ihnen helfen, als Team sogar noch besser zu werden. Als dieser Versuch auf Widerstand stößt und mit dem Vorwurf abgewiesen wird, er würde die Arbeitslast erhöhen und eine unzumutbare Belastung hinzufügen, fühlt sich Diana unfähig, diesen internen Widerspruch aufzulösen, und sie fühlt sich blockiert und hilflos.

Zudem legt sie enormen Wert auf persönliche Beziehungen. Aufgrund früherer Erfahrungen fürchtet sie, Beziehungen zu beschädigen oder sogar schlussendlich Ablehnung hervorzurufen, indem sie zu energisch auftritt oder sich nicht nach den Wünschen der Gegenseite richtet.

Rational gesehen versteht sie, dass sie nicht nur die Entscheidungskompetenz besitzt und einen vernünftigen und hilfreichen Ansatz vorgeschlagen hat. Sie begreift auch, dass Fred viel in seine Karriere investiert hat, seine Stelle im Team nicht aufgeben würde und eine Degradierung aufgrund von Arbeitsverweigerung nicht riskieren würde, nur weil es dieses eine Mal nicht seinen Willen bekommen hätte.

Dianas private Logik befeuert jedoch die Befürchtung, dass sie Fred verprellen könnte, wenn sie auf ihrem Vorschlag besteht. Sie glaubt, dass sie die Beziehung schützen müsse, und wendet dabei wiederum Methoden an, die sie in ihrer Vergangenheit gelernt hat, indem sie zunächst auf rationale Argumente und dann auf Bitten setzt.

Ihr Angebot, die Arbeitsweise zu verbessern, und ihr rationaler Ansatz, sich mit Fred zu einigen, funktionieren jedoch aufgrund von dessen Blockadehaltung nicht. Daher findet sie sich in einer Sackgasse wieder, und dies löst eine Stressreaktion aus, die er nur mit Mühe kontrollieren kann.

Ihre nachfolgenden Argumente sind nicht bestimmt und überzeugend genug, und die Bitten sind fehlgeleitet, da sie Diana die Position eines Bittstellers und daher der Unterlegenheit bringen. Sie hätte stattdessen die rationale Position und schlussendlich die hierarchische Überlegenheit für sich beanspruchen müssen.

5.3.4 Reflexion über die Grenzen eines konsensorientierten Ansatzes

In einem alternativen Szenario profitiert Diana von einer ehrlichen Reflexion über ihre konsensorientierte Arbeitsweise mit den ihr unterstellten Teams und von der Vorbereitung auf Situationen, in denen zwischenmenschliche Probleme diesen Ansatz unwirksam machen könnten.

Sie stößt sich stark an Managementmethoden, die Entscheidungen ohne vorhergehenden Input und Erkenntnisse des Teams erzwingen, die eine Bewertung und Diskussion verschiedener Handlungsoptionen überspringen und denen es an strukturierter Entscheidungsfindung mangelt.

Gleichzeitig ist sie neidisch auf Führungskräfte, die mutig genug sind, klare Entscheidungen zu treffen und deren Einhaltung einzufordern, und die dennoch enge persönliche Beziehungen pflegen. Sie kann diese Beobachtung nutzen, um zu erkennen und zu verinnerlichen, dass starke Führung mit klaren Forderungen einer Beziehung nicht schadet, sondern diese sogar fördern kann.

Um dies anzunehmen und diesen Ansatz auch für sich selbst zu übernehmen, muss Diana sich die Tatsache bewusst machen, dass sie immer noch an Verhaltensmustern festhält, die aus ihrer Vergangenheit stammen. Sie muss begreifen, dass diese Muster obsolet geworden sind und neue Herangehensweisen für sie und ihr Team angemessener sind.

5.3.5 Alternative Reaktion auf Basis von Führungsanspruch

Diese Reflexion ermöglicht es Diana, im Meeting selbstbewusster und konsistenter als zuvor auf die Herausforderung durch Fred einzugehen. Die Erkenntnis, dass sie ihn mit ihren Argumenten nicht erreichen kann, erzeugt zwar immer noch eine Stressreaktion. Sie kann sich jedoch beruhigen, indem sie eine kurze Pause anordnet und die Teilnehmer für ein paar Minuten aus dem Raum schickt:

„Ich denke, dass wir an dieser Stelle so nicht weiterkommen. Wir machen jetzt erst mal eine kurze Pause – holt euch einen Kaffee, in zehn Minuten machen wir hier wieder weiter."

Sie begleitet die Teilnehmer zur Tür und schließt diese hinter ihnen. Anschließend atmet sie eine Minute lang mit geschlossenen Augen tief durch, um sich zu beruhigen, und schüttelt anschließend alle Gliedmaßen, um die Anspannung loszuwerden.

Sie denkt kurz über das weitere Vorgehen nach und entschließt sich dazu, nur Schritt A des Vorgehens anzuwenden, da in der größeren Runde eine Befragung des Untergebenen nach seiner Finalität wie eine Inquisition wirken könnte und voraussichtlich noch mehr Widerstand hervorrufen würde.

Diana öffnet die Tür und bittet die Teilnehmer wieder herein. Nachdem sie Platz genommen haben, fasst sie die bisherige Diskussion zusammen. Sie erläutert ihre Beobachtung, dass die Blockade jeder Alternative kein angemessenes Verhalten darstellt und dass der Verweis auf den Aufwand eine Ablenkung darstellt, um den Widerstand zu verdecken:

„Wir alle waren uns einig, dass wir eine bessere Methode benötigen, um uns zu organisieren. Trotzdem ist in der Diskussion eben jeder Vorschlag mit verschiedenen, ziemlich generischen Argumenten abgelehnt worden, sodass wir insgesamt blockiert sind.

Das geht so aber nicht – auf diese Weise können wir unsere Probleme nicht lösen, und alles mit Blick auf den Aufwand abzulehnen, lähmt uns. Jede Aktivität kommt mit einem Aufwand, und die einzig relevante Frage ist, ob dieser Aufwand durch den Nutzen gerechtfertigt ist."

Sie betont danach, dass die Blockade für das gesamte Team von Nachteil ist, nicht nur wegen des fehlenden Fortschritts, sondern auch wegen des Verlusts des gegenseitigen Wohlwollens sowie des latenten Gefühls, dass dahinter ein eigentlicher Kampf um Überlegenheit steht:

„Die Folge davon ist nicht nur, dass wir nicht vorankommen und unsere Probleme nicht gelöst bekommen.

Dies trifft direkt unseren Teamgeist, untergräbt unsere positive Atmosphäre und erzeugt stattdessen das Gefühl, dass hier ein heimlicher Machtkampf im Gange ist.

Und da die Folgen davon dramatisch wären, stoppen wir hier und jetzt damit. Wir konzentrieren uns wieder gemeinsam auf das Sachthema und machen weiter mit dem Ansatz, von dem die meisten überzeugt waren, dass er uns voranbringt."

Sie hält diese Erläuterung so sachlich wie möglich, ohne ihre hierarchische Position auszunutzen. Stattdessen überzeugt sie ihr Team, indem sie aus seiner Position heraus spricht, die auf dem gesunden Menschenverstand beruht sowie auf dem gemeinsamen Interesse des Teams und dem Wunsch, das konstruktive Miteinander zu erhalten.

Danach wählt Diana die Methode zum Aufgabenmanagement aus, die in der vorhergehenden Diskussion die größte Unterstützung erhalten hatte, kündigt an, dass sie diese mit einer agilen Umsetzung angehen werden, und nimmt alle Vorschläge für ihre iterative Verbesserung entgegen, was ausdrücklich Ansätze zur Reduktion der mit der Ausführung verbundenen Aufwände einschließt.

Sie gibt Fred keine Gelegenheit, auf dieses Vorgehen zu reagieren, um zu verhindern, dass er seine Blockade noch verstärkt. Stattdessen bietet sie ausdrücklich an, dessen persönliche Arbeitslast zu überprüfen und nach dem Meeting in einer privaten Session Ansätze für eine Erleichterung zu definieren.

Auf diese Art macht sie ihre Autorität nicht aus seiner hierarchischen Position heraus geltend, sondern aus der logischen Notwendigkeit. Dies verhindert eine weitere Beschädigung des Miteinanders, indem sie das unerwünschte Verhalten anspricht, aber die persönliche Beziehung intakt lässt, da sie ihre Beobachtungen so objektiv wie möglich beschreibt und den Blick weg von der Person und hin zum gemeinsamen Vorankommen als Team verlagert.

5.3.6 Nutzen durch Nachbereitung mit dem Mitarbeiter

Im Hotelzimmer nach Feierabend ist Diana durch den Vorfall noch immer aufgewühlt. Die Tatsache, dass ihre wohlgemeinten Vorschläge allesamt abgelehnt wurden, berührt ihr Gerechtigkeitsgefühl und fühlt sich für sie wie Untreue und Sabotage an.

Vor dem gemeinsamen Abendessen mit dem Team möchte sie sich noch abreagieren, will dies aber nicht im Kraftraum des Hotels tun, weil sie dort eventuell Teammitglieder treffen könnte, und ein Verprügeln des Sandsacks erscheint ihr ohnehin nicht geeignet, da sie damit ihre Wut auf eine Repräsentation ihres Mitarbeiters konzentrieren könnte. Stattdessen entscheidet sie sich für drei intensive Runden Bodyweight Workout mit einer App im Hotelzimmer und einer langen Dusche zum Entspannen.

Das gemeinsame Abendessen nutzt Diana, um auf Hinweise zu achten, ob der Teamgeist beeinträchtigt ist und sich Sicherungstendenzen in die Interaktionen eingeschlichen haben. Den Termin zur Nachbereitung mit dem Untergebenen stellt sie erst am nächsten Tag ein, um den Abend nicht durch eventuelle Befürchtungen des Mitarbeiters zu beeinträchtigen.

Im Anschluss an das Ereignis liefert eine durch ihren Coach geleitete Reflexion über Dianas tendenziöse Wahrnehmung und die private Logik, die ihr Verhalten bestimmt, Erkenntnisse über mögliche persönliche Wachstumsbereiche.

Sie liefert weiterhin Erkenntnisse und Hypothesen über die Finalität des störenden Teammitglieds und gibt Diana die Möglichkeit, diese diskret zu validieren und weiteren Input von den anderen Teammitgliedern zu sammeln.

Es zeichnet sich ein Bild ab, dass Fred glaubt, dass er selbst die Führungsposition innehaben sollte. Dies unterstützt die ursprüngliche Annahme, dass die verbale Aggression von der Finalität angetrieben war, moralische Überlegenheit zu erringen, indem Diana so hingestellt wird, als würde sie eine unverhältnismäßige Arbeitsbelastung verlangen. Sie versteht, dass diese Haltung die Schaffung eines konstruktiven Miteinanders in einem Folgegespräch eher schwierig machen wird.

Sie führt dennoch ein persönliches Gespräch mit Fred und drückt dabei deutlich ihre Absicht aus, die gemeinsame Beziehung und das Arbeitsumfeld zu verbessern. Sie bekräftigt, dass sie Freds Arbeit und Erfahrung schätzt. Sie betont aber auch, dass es unabdingbar ist, ihre Autorität zu respektieren, konstruktiv zu bleiben und den Teamgeist in Meetings zu erhalten.

Diana gibt danach Fred die Möglichkeit, dessen eigene Sichtweise und Wünsche auszudrücken, hört aufmerksam zu und versucht, die Perspektive und Finalität zu verstehen.

So erhält sie ein besseres Verständnis von Freds Persönlichkeit, seiner tendenziösen Wahrnehmung und privaten Logik – und schließlich seiner Finalität. So eröffnen sich neue Möglichkeiten, Wohlwollen und gegenseitigen Nutzen zu erzeugen, indem sie ihre Ziele auf eine konstruktive Weise in Einklang bringen.

Es besteht aber auch die Möglichkeit, dass das Gespräch weitere destruktive Nahziele und unvereinbare Perspektiven zutage fördert. Dies ermöglicht Diana dann, diese offen anzuerkennen und auf eine faire und gesichtswahrende Trennung und den Wechsel von Fred auf eine andere Stelle hinzuarbeiten.

Auch auf diese Weise schafft Diana gegenseitigen Nutzen, indem sie eine Situation vermeidet, in der Fred in seiner Position gefangen und unter konstantem Stress bleibt. Gleichzeitig entfernt sie ein störendes Element aus ihrem eigenen Team, indem sie für das störende Teammitglied neue Möglichkeiten schafft, in einem anderen Umfeld Leistung zu bringen und persönlich zu wachsen.

Nachdem in diesem Kapitel das Vorgehen anhand von drei Beispielszenarien konkret dargestellt wurde, erläutert das nächste Kapitel, mit welchen Schritten man den Kompetenzaufbau für die Bewältigung verbaler Aggression vorantreiben kann.

6

Schritte zur Vertiefung der Kompetenz

Mit der Lektüre dieses Ratgebers erhält man ein Grundverständnis der Individualpsychologie, der verschiedenen Formen verbaler Aggression mit ihren dahinterliegenden Motivation sowie der physiologischen Reaktion auf einen Angriff. Weiterhin lernt man ein intuitiv verständliches Vorgehen kennen, um sich auf Aggressionen vorzubereiten, in der konkreten Situation die eigene Balance wiederzugewinnen und die Situation zu kontrollieren, Konfrontation in Kooperation umzuwandeln und diese im Nachgang zu sichern.

Hierdurch ist man grundsätzlich auf verbale Aggression vorbereitet und hat die grundlegende Kompetenz sowie bewährte Ressourcen und Methoden, um diese zu bewältigen. Vor allem hat man nun viele Formen von Aggression und von ausweichenden Verhaltensweisen kennengelernt. Im Ernstfall reagiert man ruhiger, da man ein aggressives Manöver erkennt und die Überraschung und somit die gefühlte Bedrohung abgemildert sind. Auch wenn man sich nicht explizit an alle vorgestellten Schritte zur Lösung erinnert, kann bereits dieser Gedanke beruhigen und Selbstvertrauen einflößen, dass man der Situation gewachsen ist und sie zum Guten wenden kann.

Für den Erwerb eines tiefer gehenden Verständnisses und größerer Sicherheit in der Anwendung der Methoden empfehlen sich eine Vertiefung der Erkenntnisse der Individualpsychologie, eine eingehende persönliche Reflexion sowie die strukturierte Vorbereitung im Kontext des eigenen Unternehmens und ein darauf aufbauendes Training der vorgestellten Methoden.

Dieses Kapitel gibt einen Überblick über Schritte zum Aufbau dieser Kompetenzen, um die Leser zu befähigen, das Vorgehen zur Bewältigung verbaler Aggression mit großer Sicherheit und Effektivität zu anzuwenden.

Es umfasst die Ausbildung für den Aufbau eines grundlegenden Verständnisses der Individualpsychologie sowie strukturierte und angeleitete Reflexion über den eigenen Lebensstil, die tendenziöse Wahrnehmung und private Logik. Darüber hinaus werden Aktivitäten vorgestellt, um Erkenntnisse über Formen und Auswirkungen verbaler Aggression im beruflichen Kontext zu erhalten, sich für das Bewältigen verbaler Aggression zu trainieren und sich proaktiv auf diese Situationen vorzubereiten.

Auch wenn es sich hierbei nicht um eine Blaupause oder gar ein strukturiertes Programm zum Erwerb dieser Fähigkeiten handelt, kann es als Beispiel und Inspiration für Menschen dienen, die den Aufbau einer tieferen Kompetenz zum Bewältigen verbaler Aggression anstreben.

6.1 Ausbildung im Bereich der Individualpsychologie

6.1.1 Schaffung einer Grundlage durch Einführungskurse

Die Grundlage für das Verständnis und die Anwendung dieses Vorgehens zur Bewältigung verbaler Aggression ist ein solides Verständnis der wissenschaftlichen Prinzipien der Individualpsychologie sowie ihrer Schlussfolgerungen für das Verhalten von Menschen und ihrer Interaktion untereinander.

Dieses Wissen kann zwar auch aus der einschlägigen Literatur gewonnen werden, es ist jedoch ratsam, ein erstes Verständnis zu schaffen, indem man einen Live- oder Onlinekurs über Individualpsychologie besucht. Dies stellt sicher, dass ein allgemeines Verständnis innerhalb eines kurzen Zeitraums geschaffen wird, sodass ein ganzheitliches Begreifen der Theorie mit klaren Verbindungen zwischen den Begriffen und Konzepten vermittelt wird.

Der Dozent kann auch direkt auf Fragen eingehen und bestimmte Aspekte vertiefen, auf typische Einwände und Missverständnisse reagieren sowie die Konzepte mit den persönlichen Erfahrungen und Perspektiven der Teilnehmer verknüpfen. Dies ist insbesondere in denjenigen Bereichen hilfreich, in welchen die Individualpsychologie von gängigen Ansichten über Psychologie oder von alltäglichen Vorstellungen abweicht, wie zum Beispiel bezüglich Kausalität oder der Abwälzung von Verantwortlichkeit auf unbewusste Mängel.

Ein Beispiel ist der Grundkurs (Basisseminar) der x+1Akademie®, einem Institut, das Weiterbildung im Bereich der Individualpsychologie auf Deutsch, Englisch und Spanisch anbietet. Darauf aufbauende Kurse zu professioneller Gesprächsführung und Coaching, Konfliktmanagement und unternehmerischem Denken ermöglichen eine Vertiefung einzelner Aspekte.

Weitere akademische und nicht akademische Kursangebote in verschiedenen Ländern und Sprachen können über eine Internetsuche mit Suchbegriffen wie „Individualpsychologie" oder „Adler'sche Psychologie" und „Grundkurs" oder „Einführungskurs" gefunden werden.

6.1.2 Vertiefung des Verständnisses durch Literatur

Auf dieser Basis bietet die Lektüre von Büchern von Vertretern der Individualpsychologie wie Rudolf Dreikurs, Theo Schoenaker oder Ishiro Kishimi weitere Einblicke in die Wissenschaft und die Anwendbarkeit in einem breiten Spektrum von menschlichen Erfahrungen und Situationen. Auch wenn der Schreibstil dieser Autoren zugänglicher sein mag als der des Begründers dieser Denkrichtung, lohnt es sich ebenfalls, Bücher von Alfred Adler selbst zu lesen, die – obwohl sie etwa ein Jahrhundert alt sind – eine überraschende Klarheit, Relevanz und Anwendbarkeit auf heutige Probleme bewahrt haben.

Das Individualpsychologische Wörterbuch (Brunner 1995) ist ein umfassendes Kompendium von Schlüsselbegriffen der Individualpsychologie und unverzichtbar, um Klarheit über bestimmte Begriffe zu erlangen.

Werke späterer Psychologen, die stark durch Adlers Gedanken beeinflusst wurden, wie Viktor E. Frankl, Carl Rogers, Abraham Maslow und Paul Watzlawick helfen dabei, die Bandbreite an Perspektiven und die Tiefe des Verständnisses dieser Themen zu erweitern.

6.2 Erkenntnisse über die eigene Persönlichkeit

6.2.1 Kontinuierliche persönliche Reflexion durch Coaching

Um schrittweise Einsichten in den eigenen Lebensstil sowie die eigene tendenziöse Wahrnehmung und private Logik zu erlangen, kann man regelmäßig persönliche Coachingsitzungen mit einer ausgebildeten Fachperson aus dem Bereich der Individualpsychologie durchführen. Mit der Zeit erzeugt dies ein tieferes Verständnis der eigenen zugrunde liegenden Motivlagen, aber auch von Fehlvorstellungen und Fehlverhalten. Dies erlaubt einem, mehr Klarheit über sich selbst zu erlangen, innere Ruhe zu finden und äußere Konflikte zu reduzieren.

Insbesondere kann persönliches Coaching dazu genutzt werden, die Wahrnehmung der eigenen Person durch andere Menschen besser zu verstehen. Dadurch kann man Verhaltensweisen identifizieren, die für einen verletzlichen Eindruck oder für einen ungewünschten Ruf verantwortlich sind, wie zögerndes Auftreten, Rückzug aus Konflikten oder unterwürfige Äußerungen. Schrittweise kann man diese Verhaltensweisen dann durch selbstbewusstere Alternativen ersetzen, die man spielerisch mit einem Coach oder einer vertrauten Person übt, bevor man sie im beruflichen Alltag einsetzt.

Im Laufe der Zeit wird ein solches Coaching auch das Verständnis für die Konzepte der Individualpsychologie kontinuierlich vertiefen und viele Impulse für persönliche Selbstermächtigung und Ermutigung geben.

6.2.2 Erweiterung der Perspektive durch Gruppensitzungen

Wenn man ein gewisses Maß an Kompetenz und Selbstsicherheit aufgebaut hat, kann es lohnenswert sein, zusammen mit anderen Personen mit einem individualpsychologischen Hintergrund an Gruppencoachings teilzunehmen. Solche regelmäßigen Gruppensitzungen helfen dabei, die Bandbreite des menschlichen Verhaltens und der Wahrnehmungen im Kontext der Individualpsychologie zu erweitern und die eigene theoretische und praktische Kompetenz auf diesem Feld zu erweitern.

Tatsächlich war Adler einer der Pioniere, der Gruppensitzungen erstmalig methodisch einsetzte, um das Wissen über sich selbst zu erweitern und emotionale Entlastung zu erfahren. Indem man die Erfahrungen und Beobachtungen anderer nutzt, kann man das eigene Verständnis psychologischer und sozialer Prozesse beschleunigen.

Gruppendiskussionen erleichtern auch die Aufdeckung tendenziöser Wahrnehmungen und unangepasster Verhaltensweisen bei anderen und liefern aus erster Hand Belege für die befreiende und ermächtigende Wirkung des Erkennens und Überwindens innerer Grenzen.

Gleichzeitig schärfen sie das Bewusstsein dafür, dass die eigene Wahrnehmung und das eigene Verhalten in weiteren Fällen vom gesunden Menschenverstand abweichen können. Auf diese Weise vermitteln Gruppensitzungen auch ein gewisses Gefühl der Demut und ermutigen zu weiterer Selbstbeobachtung.

6.3 Wahrnehmung verbaler Aggression im Beruf

Bevor man sich auf den Umgang mit verbaler Aggression vorbereitet, ist es wichtig, ein solides Verständnis der verschiedenen Formen verbaler Aggression, der Finalität von Aggressoren und der eigenen persönlichen Wahrnehmung bei der Beobachtung einer Aggression zu entwickeln.

Die Kategorisierung und die Beispiele in diesem Ratgeber können als Anfangspunkt dienen; weitere Lektüre von Internet- oder Zeitschriftartikeln zu diesem Thema wird ebenfalls empfohlen.

Es ist hilfreich, ein strukturiertes Tagebuch zu führen, in dem man Fälle verbaler Aggression notiert, denen man im Laufe der Zeit im eigenen persönlichen Geschäftsumfeld begegnet.

Insbesondere sollte man bei jedem Ereignis die genaue Äußerung, welche die verbale Aggression darstellt, wortwörtlich notieren, zusammen mit dem Namen des Aggressors und der angegriffenen, einer Beschreibung des Kontexts und der vermuteten Finalität. Die unmittelbare und längerfristige Auswirkung der Aggression sowie eventuelle Ereignisse im Nachgang runden die Beschreibung ab. Insbesondere sollte man die Emotionen und Reaktionen, welche man selbst erfahren hat, im Detail dokumentieren.

Die Reflexion in Coachingsitzungen über Ereignisse aus einem solchen Tagebuch kann dazu beitragen, zusätzliches Licht auf die Situationen zu werfen und Muster aufzudecken, wie zum Beispiel wiederholte Aggression durch einen bestimmten Akteur und Klarheit über dessen Finalität.

Die eigene persönliche Reaktion auf diese Fälle gibt auch einen besseren Einblick in den eigenen psychologischen Lebensstil und die eigene tendenziöse Wahrnehmung. Dies wiederum liefert spezifische Hinweise, wie man die eigene Persönlichkeit weiterentwickeln kann.

6.4 Training zum kompetenten Bewältigen verbaler Aggression

Aufbauend auf einem grundlegenden Verständnis der Individualpsychologie, auf Erkenntnissen über die eigene Persönlichkeit aus dem Coaching sowie auf Beobachtungen des tatsächlichen Geschäftskontextes kann man die in Abschn. 4.3 beschriebenen Schritte nutzen, um sich schrittweise auf das kompetente Bewältigen verbaler Aggression vorzubereiten.

Insbesondere führt die ermutigende Wirkung einer umfassenden Reflexion über persönliche Werte, Ziele und Stärken zu einer selbstbewussten Ausstrahlung, die verbale Aggression weniger wahrscheinlich macht, und dient im Fall einer verbalen Aggression als Stütze im Augenblick eines Angriffs.

Das gezielte Training und die Vorbereitung der in Abschn. 4.4 beschriebenen Methoden zur situativen Bewältigung verbaler Aggression liefern ebenfalls ein Gefühl der Ruhe und der Kontrolle im Moment einer Aggression, insbesondere dann, wenn man mögliche Reaktionen auswendig gelernt und geübt hat, sei es allein oder im Rollenspiel mit einem Partner.

Zuletzt kann man durch weitere Maßnahmen die Wahrscheinlichkeit verbaler Aggression vermindern und auch die eigene Fähigkeit steigern, im konkreten Fall eine verbale Aggression zu bewältigen. Dazu gehören insbesondere der Einsatz von Checklisten, mit denen man eine Bewertung der Beziehungen und eine proaktive Konfliktvorsorge in die eigene tägliche Routine einbaut, sowie eine kurze, aber durchdachte Vorbereitung auf individuelle Gespräche.

6.5 Überlegungen zum Kosten-Nutzen-Verhältnis

Die in diesem Kapitel vorgestellten Ausbildungs- und Trainingsmaßnahmen sind umfangreich und können sich über einen längeren Zeitraum erstrecken. Dies wirft die berechtigte Frage auf, ob sich all der Aufwand überhaupt lohnt, um die (hoffentlich) seltenen Fälle verbaler Aggression zu bewältigen, oder ob es nicht lohnender sein könnte, die Energie in das „Aufräumen" im Nachgang zu stecken — oder die Aggression gar zu „schlucken".

6.5.1 Sensibilisierung für verbale Aggression

Tatsächlich wird man nach Lektüre dieses Ratgebers die Interaktionen zwischen Menschen aufmerksamer betrachten und dafür sensibilisiert sein, welche Äußerungen verdeckte oder offene Aggressionen darstellen. Auch wird man solche Aggressionen leichter erkennen, die von weniger schweren destruktiven Nahzielen getrieben sind, wie de, Ablenken von eigenen Fehlern oder dem Erregen von Aufmerksamkeit.

In der Folge wird man überrascht sein von der Häufigkeit, mit der verbale Aggression im beruflichen Alltag auftritt, und von der Heftigkeit, mit der Menschen auf diese reagieren. Und mit dem Verständnis für die Bedeutung des Gemeinschaftsgefühls und der Auswirkung gestörter Beziehungen beginnt man zu ermessen, welche negativen Auswirkungen verbale Aggression auf das Miteinander und schlussendlich auch auf das Unternehmen hat.

Der Bedeutung verbaler Aggression stehen das persönliche Wachstum, die Ermutigung und der Gewinn an Gemeinschaftsgefühl gegenüber, welche man durch die Beschäftigung mit diesen Themen erzielen kann.

6.5.2 Einsichten in das Verhalten von Menschen

Die Auseinandersetzung mit der Individualpsychologie ermöglicht einem nicht nur eine effektive persönliche Reflexion über die eigenen Gefühlslagen und Verhaltensweisen, sondern hilft auch, das Verhalten der Mitmenschen besser zu verstehen. Hierdurch kommt man oft zu überraschenden Erkenntnissen über ihre Absichten und Motivlagen, und dies ermöglicht das Finden von zum Teil kontraintuitiven Ansätzen und damit die Lösung vielfältiger Beziehungsprobleme.

Die persönliche Reflexion mit einem qualifizierten Coach hilft dabei, die eigene tendenziöse Wahrnehmung zu verstehen und schrittweise durch eine realistischere Perspektive zu ersetzen. Durch die Auseinandersetzung mit persönlichen Schmerzpunkten und die Vergegenwärtigung, dass frühere Problemlagen und Bedrohungen heute nicht mehr existieren, kann man eine erhebliche Entlastung erfahren. Und durch Ermutigungsprozesse kann man fehlgeleitete Annahmen über Beschränkungen entlarven, innere Grenzen überwinden und durch den Aufbau von Mut zur Unvollkommenheit einen ungezwungeneren Angang zu seinen Lebensaufgaben finden.

Dies lässt einen realistischer auf das Leben schauen, entspannter mit seinen Mitmenschen umgehen sowie aktiver und spielerischer Möglichkeiten erkennen und ergreifen.

6.5.3 Ermutigung und Konfliktreduzierung

Darauf aufbauend stärkt man das Selbstbewusstsein, lindert Minderwertigkeitsgefühle und erzielt einen gelasseneren und souveränen Umgang mit Menschen und Situationen, indem man sich regelmäßige an die eigenen Werte und Ziele erinnert und seinen eigenen Beitrag für andere Menschen und die Erfüllung der Lebensaufgaben prüft. Durch Aufstellung und fortlaufende Verfeinerung eines Zielsatzes können diese Werte, Ziele und Beiträge auf ihren wesentlichen Kern kondensiert werden, sodass man sich an sie regelmäßig erinnern und daraus Kraft und Selbstvertrauen schöpfen kann.

Im Arbeitsumfeld profitiert man auf vielfältige Art und Weise dadurch, dass man regelmäßig über das Verhalten von Vorgesetzten, Kollegen und

Mitarbeitern sowie das eigene Verhältnis zu ihnen reflektiert. Man löst Spannungen und schafft ein harmonisches Klima, indem man auch kleinere Konflikte frühzeitig anspricht und einvernehmlich löst, und indem man Interaktionen auch jenseits der Sachebene vorbereitet und im Nachgang respektvoll und umsichtig die Reaktionen prüft.

So reichen die in diesem Kapitel beschriebenen Schritte weit über den Anwendungsbereich der verbalen Aggression oder über das geschäftliche Umfeld hinaus und können vielfältige Aspekte des Lebens positiv beeinflussen.

Es ist dem Leser überlassen, wie viel Zeit er investiert, um die verschiedenen Aspekte zu vertiefen und die beschriebenen Fähigkeiten zu erwerben und zu trainieren. Die Lektüre dieses Buches ist ein wichtiger erster Schritt, und dabei es kommt schlussendlich nicht auf einzelne erlangte Techniken an. Wichtiger sind die persönliche Haltung und Ausrichtung sowie auf der Wille, die eigene Wachstumskompetenz zu nutzen und auch mit schwierigen Situationen immer souveräner und professioneller umzugehen.

Eine Bereitschaft für das Erlernen der Theorie und der Techniken sowie für persönliches Wachstum sollte dabei kein Vorwand dafür sein, dass man aufgrund noch offener Lernfelder über einen längeren Zeitraum potenziell schwierigen Begegnungen ausweicht.

> Schon Alfred Adler riet dazu, nicht zu übertreiben: „Die größte Gefahr im Leben besteht darin, dass Sie zu viele Vorsichtsmaßnahmen treffen." Und auch Johann Wolfgang von Goethe (2005) stellt fest: „Es ist nicht genug, zu wissen, man muss auch anwenden. Es ist nicht genug, zu wollen, man muss auch tun!"

Literatur

Adler, A (1920). Praxis und Theorie der Individualpsychologie. München, Wiesbaden: J.F. Bergmann
Adler, A (1927). Menschenkenntnis. Leipzig: S. Hirzel Verlag.
Adler, A (1928). Heilen und Bilden. Prag: e-artnow
Adler, A (1933). Der Sinn des Lebens. Wien / Leipzig: Verlag Dr. Rolf Passer.
Brunner, R (1995). Wörterbuch der Individualpsychologie. Mün-chen, Basel: Ernst Reinhardt Verlag.
Dreikurs, R (1969). Grundbegriffe der Individualpsychologie. Stuttgart: Klett-Kotta.
Kishimi, I & Koga, F (2019). Du musst nicht von allen gemocht werden. Hamburg. Rowohlt Verlag GmbH.

Kishimi, I & Koga, F (2020). Du bist gut genug. Hamburg. Rowohlt Verlag GmbH.
Maslow, A (1954). Motivation und Persönlichkeit. Hamburg: Rowohlt Verlag GmbH.
Maslow, A (1968). Toward a Psychology of Being. Summit: Start Publishing LLC.
Watzlawick, P (2016). Menschliche Kommunikation: Formen, Stö-rungen, Paradoxien. Göttingen: Hogrefe.
Watzlawick, P (2011). Münchhausens Zopf oder: Psychotherapie und «Wirklichkeit». Bern: Verlag Hans Huber.
von Goethe, J.W. (2005) Sprüche in Prosa: Sämtliche Maximen und Reflexionen. Insel Verlag

7

Fazit und Ausblick

Verbale Aggression im Beruf ist eine ernste Angelegenheit, und übliche Ansätze für den Umgang mit diesem Problem greifen zu kurz, weil sie den psychologischen Hintergrund und die physiologische Reaktion nicht berücksichtigen. Auch ziehen sie in der Regel weder die Auswirkung der Aggression in Betracht noch führen sie zu einem konstruktiven Ergebnis. Um diese Defizite zu überwinden, führt dieser Ratgeber daher ein umfassendes und strukturiertes Vorgehen ein, mit welchem man verbale Aggression im Beruf bewältigen kann. Dieses beruht auf einer umfassenden Sicht auf verbale Aggression, der Berücksichtigung der physiologischen Reaktion des Menschen sowie auf den Erkenntnissen aus der Individualpsychologie.

Der Überblick über die Kernkonzepte der Individualpsychologie, die für verbale Aggression relevant sind, und die umfassende Perspektive auf wesentliche Aspekte verbaler Aggression schaffen größere Klarheit darüber, was verbale Aggression ausmacht, und erläutern ihre Ursachen sowie die destruktiven Auswirkungen.

Das vorgestellte Vorgehen trägt der Tatsache Rechnung, dass es nicht ausreicht, verbale Aggression erst in dem Moment anzusprechen, in dem sie gerade auftritt. Eine sorgfältige Vorbereitung durch Selbstreflexion und Training sowie die Vorbereitung auf eine bestimmte Interaktion legen den Grundstein dafür, dass man in der Lage ist, auf einen Angriff unmittelbar zu reagieren und ihn zu bewältigen.

Um dies zu erreichen, stellt dieses Buch eine Reihe logischer und aufeinander aufbauender Schritte vor, die durch eine detaillierte Reihe von

Methoden unterstützt werden, die flexibel und zielgerichtet eingesetzt werden können, wenn eine verbale Aggression erfolgt.

Die Sicherstellung eines positiven Ausgangs nach dem Meeting ist für eine dauerhafte Befriedung der Beziehung unerlässlich. Die Schritte für die Nachsorge mit dem Ziel emotionaler Entlastung, der Bestätigung der gegenseitigen Zusagen und der Maximierung des daraus entstehenden Gemeinschaftsgefühls sind daher ebenso wichtig wie die initiale Reaktion, um verbale Aggression in ein konstruktives Miteinander umzuwandeln.

Die drei exemplarischen Fälle dienen der Veranschaulichung des Vorgehens in der Praxis und zeigen, wie man durch die Anwendung der vorgestellten Grundsätze, Verfahren und Methoden ein konstruktives Ergebnis erzielen kann.

Das letzte Kapitel gibt einen Überblick darüber, wie interessierte Leser die Ausbildung, die Reflexion und das Training angehen können, um Kompetenz in diesem Bereich aufzubauen.

7.1 Wichtigste Erkenntnisse

Die Fülle an Informationen in diesem Ratgeber kann potenziell überwältigen und wirft die Frage auf, welche Aspekte, Ideen und Erkenntnisse das größte Gewicht besitzen und auf das Leben des Lesers die größte Auswirkung haben werden.

Eine Schlussfolgerung aus der Individualpsychologie ist, dass dies tatsächlich für jeden Menschen unterschiedlich ist: Ein Gedanke, der von einer Person eher indifferent zur Kenntnis genommen wird, kann eine andere Person tief berühren und zu einer Änderung von Bewertungen oder Verhalten führen.

Nichtsdestotrotz stellen die folgenden drei Themen durch die Tiefe der Erkenntnis und der Bandbreite der Schlussfolgerungen den Kern dieses Ratgebers dar:

- Verbale Aggression erfordert aufgrund ihrer Häufigkeit und ihrer negativen Auswirkungen eine kompetente Bewältigung.
- Ein Verständnis der physiologischen und psychologischen Hintergründe und Gesetzmäßigkeiten des Verhaltens der Menschen unterstützt die Bewältigung.
- Verbale Aggression lässt sich methodisch bewältigen und in ein konstruktives Miteinander umwandeln.

7.1.1 Verbale Aggression erfordert eine kompetente Bewältigung

Verbale Aggression nimmt vielfältige Formen an. Da direkte Angriffe mit krassen Beleidigungen und wüsten Beschimpfungen heutzutage zu Recht in den meisten Unternehmen nicht mehr toleriert werden, finden Aggressoren kreative Varianten wie vorgebliche Ironie, gespielte rechtschaffende Empörung, Umwege, Respektlosigkeiten oder Blockaden. Diese sind nicht minder verletzend und schädlich für das Miteinander – und durch ihre verschleierte Form sind sie schwierig zu bewältigen.

Das geschärfte Bewusstsein für die verschiedenen Varianten lässt einen sensibler dafür werden, wie häufig verbale Aggression tatsächlich auftritt. Es kann weiterhin zu der unangenehm überraschenden Einsicht führen, dass man selbst regelmäßig verbale Aggression anwendet, ohne sich dessen bewusst zu sein.

Das Verständnis der negativen Absicht, die meistens in der Abwertung der angegriffenen Person und dem Erringen von Überlegenheit besteht, ist die Grundlage für eine wirkungsvolle Bewältigung der Aggression. Es ist deshalb wichtig, den Blick von der Aggression selbst wegzulenken hin zum Aggressor und dessen Motivation, also sozusagen nicht nach dem Stein zu schauen, sondern nach dem Werfer des Steines.

Gleichzeitig kann man Fälle mit weniger destruktiven Zielen erkennen und diesen mit fester Führung begegnen, während man wiederum Aggressionen, die Rache und Vergeltung zum Ziel haben, konsequent begrenzen muss und beizeiten Autoritätspersonen einschalten sollte.

Der Effekt verbaler Aggression auf den Teamgeist und das Miteinander ist erheblich und betrifft nicht nur die angegriffene Person, sondern alle Beteiligten. Ein Gefühl der Unsicherheit und Gefährdung schleicht sich ein und unterminiert Vertrauen, Kreativität und Zuversicht. Vorgelebte verbale Aggression, die nicht begrenzt wird, kann weitere Personen zur Nachahmung verleiten. Und verbale Aggression, die zum Erringen von Überlegenheit eingesetzt wurde, kann – wenn sie nicht zum gewünschten Ergebnis führt – in Rache und Vergeltung umschlagen und noch toxischere Formen annehmen.

Der Effekt auf die angegriffene Person selbst ist beträchtlich. Insbesondere im Moment der Aggression spielt die physiologische Reaktion eine erhebliche Rolle. Der Eingriff ins klare Denken und die Symptome der Abwehrkaskade führen dazu, dass das Verhalten des Angegriffenen als unangemessen beurteilt werden kann. Dies hat Konsequenzen sowohl für das Selbstbild als auch für den Ruf der angegriffenen Person.

Dabei hängt die Heftigkeit der Reaktion vor allem von der ganz individuellen tendenziösen Wahrnehmung des Betroffenen ab.

> Schon Epiktet (2022 S. 50–138) bemerkte: „Es sind nicht die Dinge selbst, die uns beunruhigen, sondern die Meinung, die wir über diese Dinge haben."

Und auch nachdem die physiologische Reaktion abgeklungen ist, wirkt die Aggression noch lange nach und beschäftigt den Angegriffenen mit seinen Minderwertigkeitsgefühlen und ausgelösten Selbstzweifeln.

Die Schwere dieser Auswirkungen bedingt also die Notwendigkeit, der verbalen Aggression kompetent und konsequent zu begegnen, sie zu begrenzen und wenn möglich in ein positives Miteinander umzuformen.

7.1.2 Ein Verständnis der Hintergründe unterstützt die Bewältigung

Für die Wahrnehmung und Einordnung verbaler Aggression und für die zielstrebige Anwendung des vorstellten Vorgehens zu ihrer Bewältigung sind ein Verständnis sowohl der physiologischen Abläufe im Körper als auch der individuellen Persönlichkeitsstrukturen und Zielsetzungen unerlässlich.

Die Kenntnis der evolutionär festgelegten körperlichen Abläufe bei drohender Gefahr lassen einen mit der eigenen Reaktion auf eine Aggression Frieden schließen, auch wenn diese kontraproduktiv oder unprofessionell erscheinen mag. Der Aufbau eines Gefühls für den eigenen Körper hilft dabei, das innere Gleichgewicht wiederzugewinnen und wieder die Initiative in der Konversation zu ergreifen.

Die Individualpsychologie wiederum bietet die Grundlage, die menschliche Entwicklung und das menschliche Verhalten zu verstehen und damit eine tiefe und umfassende Menschenkenntnis zu erlangen. Sie ist damit ein Schlüssel zum Verständnis der Entstehung verbaler Aggression, der eigenen Reaktion darauf, und der Möglichkeiten zur Bewältigung.

Wohlbegründete Grundgedanken wie Gemeinschaftsgefühl und Streben nach Bedeutung und Einzigartigkeit, Minderwertigkeitsgefühl und Familienkonstellation, psychologische Lebensstilmuster und tendenziöse Wahrnehmung bilden die Basis für das Verstehen des Verhaltens anderer Menschen und von sich selbst. Aus diesem kompakten Satz von Konzepten entstehen vielfältige Ableitungen zur treffsicheren Beschreibung der ganzen Bandbreite menschlichen Verhaltens. Damit ist die Individualpsychologie mit ihrer Einfachheit und intuitiven Verständlichkeit eine wissenschaftliche Theorie mit immenser Erklärungskraft.

Das Verständnis des Selbst mit all seinen Zielen und Facetten ist von vielen Denkern als Grundlage für ein erfolgreiches Leben beschrieben worden. Schon in der griechischen Philosophie war der Leitspruch „Erkenne Dich selbst" (griech.: gnōthi sauton) zentraler Bestandteil des Strebens nach Tugend und Selbstbeherrschung. Und Maslow (1954) stellt fest: „Das ultimative Ziel des Lebens ist es, persönliches Wachstum und Verständnis zu gewinnen. Nur durch ständige Selbstverbesserung und Selbsterkenntnis kann ein Mensch jemals wirklich glücklich sein."

Über die Individualpsychologie ist jeder Mensch in der Lage, tiefreichende Erkenntnisse über sich selbst zu gewinnen und fehlgeleitete Bewertungen und verschleierte Motivlagen zu entlarven.

> Dreikurs (1969) bemerkte hierzu sehr pragmatisch: „Wenn du wissen willst, was du willst, musst du schauen, was du tust."

Und obwohl die Bezeichnung „Individualpsychologie" viele Menschen zu der Annahme verleitet, sie nur auf die einzelne Person zu beziehen, erklärt diese im Kern, dass die Entwicklung des Menschen nur in seiner Interaktion mit anderen Menschen zu verstehen ist. Sie liefert dadurch viele überraschende, aber treffsichere und plausible Vorhersagen und Erklärungen für die Interaktion zwischen Menschen.

Egal, ob diese Interaktionen konstruktiv ausgerichtet sind und das Gemeinschaftsgefühl stärken, oder ob sie destruktive Nahziele verfolgen und damit das Gemeinschaftsgefühl belasten, erklären die private Logik und tendenziöse Wahrnehmung sowie die Finalitäten der Protagonisten ihr Handeln, und diese Einsichten helfen, zu einem friedlichen und konstruktiven Miteinander zu gelangen.

7.1.3 Verbale Aggression lässt sich methodisch bewältigen

Mit dem in diesem Ratgeber vorgestellten Vorgehen lässt sich verbale Aggression in verschiedensten Situationen methodisch bewältigen und schrittweise in Zusammenarbeit umwandeln. Und die Kompetenz hierfür kann jeder Mensch zielstrebig aufbauen.

Auch wenn man in seinem Leben bisher Konflikten ausgewichen ist und wenig Training im mutigen und konsequenten Umgang mit Aggression hat, ist es möglich, verbale Aggression mithilfe des vorgestellten Vorgehens zuverlässig zu bewältigen und zu einem konstruktiven Miteinander zu kommen.

Eine tiefgehende persönliche Reflexion und strukturierte Ermutigung sind hierfür hilfreich, aber keine notwendige Voraussetzung. Ebenso sind eine regelmäßige Reflexion über die Menschen im beruflichen Umfeld zur Orientierung im Beziehungsmobile, die bewusste Gestaltung der Beziehungen, eine proaktive Konfliktlösung sowie die strukturierte Vorbereitung wichtiger Interaktionen sinnvoll. Sie helfen im Falle des Falles, sind aber nicht zwingend notwendig, um verbale Aggressionen zu bewältigen.

Unabhängig davon, welche Gestalt eine verbale Aggression annimmt und wie sehr diese einen zunächst aus der Bahn wirft, kann man den weiteren Austausch wieder in eine konstruktive Richtung lenken, indem man

1. sich mithilfe der vorgestellten Techniken wieder beruhigt und die Fassung wiedergewinnt,
2. die Kontrolle über das Gespräch wieder an sich zieht, auch durch höfliches, aber bestimmtes Unterbrechen, und
3. die Aggression klar anspricht und den eigenen Wunsch auf ein konstruktives Miteinander äußert.

Die weiteren Schritte – vom Ermitteln der Finalität über die Vereinigung der unterschiedlichen Perspektiven bis hin zur Verabredung konkreter nächster Schritte und einem positiven Impuls zum Abschluss – hängen stark von den konkreten Gegebenheiten und der Bereitschaft des Gegenübers ab. Sie sind daher in bestimmten Situationen besser zu einem späteren Zeitpunkt unter vier Augen zu besprechen.

Aber bereits mit dem Aussprechen des Wunsches nach einer positiven Beziehung, trotz vorhergehender Aggression, setzt man ein deutliches Zeichen. Man tut das Unerwartete, indem man sich weder zurückzieht noch zurückschlägt, sondern mit ausgestreckter Hand und aufrichtiger Gesinnung auf den anderen zugeht.

Durch das anständige Verhalten gegenüber der unanständigen Aggression kann man die Gegenseite als langfristigen Partner gewinnen und dabei selbst persönlich wachsen.

Und durch emotionale Entlastung und persönliche Reflexion im Nachgang sowie mit Nachsorge in Form von konstruktiven Gesprächen, flankiert mit Maßnahmen für persönliche Weiterentwicklung, kann man die Beziehung von einem bescheidenen positiven Anfang zu einem belastbaren und freundschaftlichen Miteinander ausbauen.

Daher sollte sich der Leser ermutigt fühlen, den Moment nicht verfließen zu lassen, sondern die Situation in eine positive Richtung zu lenken.

> Epiktet (50 - 138) legte dar: „Wir können unsere externen Umstände nicht wählen, aber wir können immer wählen, wie wir auf sie reagieren." Und Adler drängte: „Es ist niemals zu spät, aber immer höchste Zeit."

7.2 Ausblick

Es ist mein Wunsch, dass der Nutzen dieses Ratgebers über eine konkrete Anleitung für das Bewältigen verbaler Aggression im Beruf hinausgeht. Er soll auch Einblicke in das menschliche Verhalten und das Gebiet der Individualpsychologie liefern, die der Leser selbst für sein persönliches Wachstum einsetzen und von ihnen profitieren kann.

Ich selbst werde weiterhin das vorgestellte Vorgehen anwenden und es weiter verfeinern, und ich werde mich freuen, wenn ich von den Lesern dieses Ratgebers Rückmeldungen, Beispiele und weitere Erkenntnisse erhalte, die ich in spätere Versionen einarbeiten kann.

Ich hoffe, dass ich auf diese Weise zu einer besseren Zusammenarbeit und einem konstruktiven und friedlichen Miteinander im Berufsleben beitrage.

Literatur

Adler.
Dreikurs, R (1969). Grundbegriffe der Individualpsychologie. Stuttgart: Klett-Kotta.
Epiktet (2022). Handbüchlein der Moral. Stoische Lebenskunst. Diogenes.
Maslow, A (1954). Motivation und Persönlichkeit. Hamburg: Rowohlt Verlag GmbH.

MIX
Papier aus verantwortungsvollen Quellen
Paper from responsible sources
FSC® C105338

If you have any concerns about our products,
you can contact us on
ProductSafety@springernature.com

In case Publisher is established outside the EU,
the EU authorized representative is:
**Springer Nature Customer Service Center GmbH
Europaplatz 3, 69115 Heidelberg, Germany**

Printed by Libri Plureos GmbH
in Hamburg, Germany